IANCS, CONSHIS A SPAM

IANCS, CONSHIS A SPAM

Golygwyd gan
Leigh Verrill-Rhys

Cyhoeddwyd gan Honno
'Ailsa Craig', Heol y Cawl, Dinas Powys,
Bro Morgannwg, CF6 4AH

ISBN: 1 870206 42 8

Cyhoeddwyd gyda chymorth Cyngor Celfyddydau Cymru.

Llun y clawr wedi'i atgynhyrchu drwy
garedigrwydd Llyfrgell Genedlaethol Cymru.

Cysodydd a chynllunydd y clawr: Chris Lee

Argraffwyr: Gwasg Dinefwr, Llandybïe

I fy mam,
Virginia May Verge Verrill,
am ei chryfder, ei dewrder, a'i storïau
hynod o brofiadau rhyfel a glywais ar
hyd fy mhlentyndod ac a ysbrydolodd
Parachutes & Petticoats a'r gyfrol hon.

Cydnabyddiaeth

Diolch i Eurwen Booth am ei chymorth ieithyddol.

Diolch

Diolch yn arbennig i'r cyfranwyr am eu parodrwydd i rannu o'u profiadau.

CYNNWYS

Mamau ac Athrawon

Nyrsys a'r Lluoedd

RHAGAIR

Yn ystod yr ugeinfed ganrif, gwelwyd peth o'r rhyfela gwaethaf yn hanes y byd – rhyfeloedd cartref di-rif; dau ryfel byd; brwydrau ledled y byd mewn llefydd fel Fiet-nam, Cambodia, Ulster, Affganistan, Tsietnia, Iran, Kosovo, Bosnia, Irac, Angola, Rwanda, Sierra Leone, Nicaragua, Chile – mae'r rhestr yn un hir. Ymhob cwr o'r byd, wynebodd pobl drais a chwalu yn enw un achos neu'r llall. Nid yw pethau wedi gwella llawer ers y ganrif honno.

Erbyn hyn, ni allwn fod mor ddiniwed â meddwl bod rhyfel yn rhywbeth sy'n digwydd draw draw yn . . . Ar yr 11eg o Fedi 2001, gwelodd byd cyfan unwaith eto yr un mileindra sy'n dod o gasineb dall, penboeth ag a deimlodd Hitler yn erbyn Iddewon, Sipsiwn, pobl ag anableddau, ac unrhyw un â gwallt neu groen tywyll. Er gwaethaf ei ymdrech, ni lwyddodd Hitler; ond ni lwyddon *ni* i atal yr un ymdrechion rhag digwydd eto ac eto.

Yn *Iancs, Conshis a Spam*, edrychwn yn ôl ar yr Ail Ryfel Byd trwy lygaid menywod, gan flasu eu bywydau wrth iddynt straffaglu trwy'r dogni, brwydrau, a pheryglon a oedd yn rhan o'r cyfnod. Bryd hynny, roedd llefydd o hyd ble oedd milwyr, gynnau a marwolaeth yn bell i ffwrdd o fywyd pob dydd. Er hynny, daeth rhyfel yn ei ffordd unigryw i fywyd bob un o gyfranwyr y gyfrol hon.

Mewn dinas ac yng nghefn gwlad, yng Nghymru, yn Lloegr ac yng ngwledydd y cyfandir, cawn gipolwg ar fywydau merched, menywod ifanc, mamau, milwragedd a mwy, a hynny mewn cyfnod a welodd y farwolaeth sifil uchaf erioed mewn rhyfel.

Yma, yn ystod un o'r adegau mwyaf erchyll yn hanes ein byd, priododd Marian Henry Jones ac Elin Jenkins, cwrddodd Mair Williams â'i gŵr, collodd Dilys Roderick ei mam a Beryl Mills hithau ei rhieni; collodd sawl un ffrind, cariad neu blentyn ac ataliwyd gobeithion gyrfaoedd Marian Jones, Eluned Jones a sawl menyw arall oherwydd diffyg cyfleoedd yn y prifysgolion a'r colegau – roedd angen eu doniau mewn llefydd eraill.

Ar y cyfandir, ac er y gwahaniaethau, cafodd Ursula Ashton yr un math o brofiad ifaciwî ag a gafodd Kathleen Jones a Beryl Mills pan anfonwyd y tair o'u cartrefi a'u teuluoedd i ddiogelwch yr ardaloedd gwledig yn yr Almaen a Chymru – yr un profiadau â phlant heddiw ym Mosnia, Kosovo, Affganistan, Rwanda ac Ulster.

Er yr holl bwysau gwladgarol o blaid y Rhyfel, safodd rhai'n gadarn yn erbyn y lladd a'r dinistr – eu brwydr nhw oedd atal yr ymladd er mwyn diogelu'r byd. Os na all rhyfela atal rhyfel, ai heddwch oedd yr ateb?

Fel yn *Parachutes & Petticoats*, daeth y cyfraniadau i'r llyfr hwn trwy gyhoeddusrwydd yn y wasg a'r radio, ceisiadau personol at ffrindiau a chydweithwyr, ac ymchwil. Er gwaethaf ansicrwydd a swildod, mae pob un o'r awduron wedi llwyddo i gyfrannu at lun mwy cyflawn o brofiadau menywod y cyfnod sydd â chysylltiad â Chymru.

Fel golygydd, y dasg fwyaf oedd argyhoeddi ambell un bod ei phrofiad hi yr un mor bwysig â'r llall. Er hynny, anfonodd un lyfr hanesyddol am y math o waith roedd hi'n ei wneud ond dim yr un gair am ei hunan. Dywedodd un arall wrthyf i gysylltu â chyd-gyfaill oherwydd roedd ei 'phrofiad hi'n llawer mwy diddorol'. Dywedodd y cyd-gyfaill yr un peth am y llall. Y peth pwysicaf i mi oedd ymestyn y cyfle i fenywod â chysylltiad â Chymru i ysgrifennu eu storïau yn eu geiriau'u hunain.

LEIGH VERRILL-RHYS
Caerfyrddin

PLENTYNDOD
A
LLENCYNDOD

'Any Gum, Chum?'

~

June Jones

Ar ddechrau'r Ail Ryfel Byd, roeddwn yn bum mlwydd oed ac yn byw gartref gyda fy nhad a fy mam, yn ogystal â brawd a chwaer hŷn na fi. Roedd Dat yn arddwr da, ac oherwydd hyn ni fu fyth eisiau ar y teulu o ran unrhyw fath o lysiau. Yr oedd hefyd yn cadw ieir a mochyn ac felly nid oedd prinder cig moch na chig cyw iâr ychwaith. Roedd yr ieir yn dodwy digon o wyau i'r teulu a hefyd rhai dros ben a alluogai Mam eu rhoi neu eu gwerthu i bobl y fro oedd yn llai ffodus na ni. Ar ben hyn roedd cwningod anwes gyda ni'r plant yn y cae bach ar waelod yr ardd.

Roedd ein cartref yng nghanol y wlad, rhyw ddwy filltir o Sanclêr, a thua'r un pellter o Lacharn, a rhyw filltir a hanner o Landdowror, lle roeddem ni'r plant yn cerdded bob dydd i'r ysgol, a chael llawer o hwyl ar y ffordd. Fy mhrif atgofion o fywyd yr ysgol oedd ein bod i gyd yn hapus iawn. Amser cinio, pan oedd y tywydd yn braf (ac roedd y tywydd o hyd yn braf pan oeddwn i'n blentyn!), arferai'r plant eistedd ar wal yr ysgol yn bwyta'n brechdanau. Pan oedd gosgordd o filwyr yn mynd heibio ar eu ffordd i Sir Benfro, roedd y plant yn gweiddi, *'Any gum, chum?'* Roedd y milwyr yn taflu losin a *chewing gum* allan i ni'r plant i redeg ar eu hôl, a ninnau'n eu bwyta gyda blas.

Ambell dro, fe arhosai'r osgordd ac rwy'n cofio cael fy nghodi a'm rhoi i eistedd tu fewn i danc mawr gan filwr â chroen tywyll. Ar ôl mynd adre, cefais stŵr gan fy mam ar ôl i'm brawd adrodd y stori wrthi. Roedd ei hofn am fy niogelwch yn naturiol adeg rhyfel ond rwyf wastad ers hynny wedi teimlo rhyw agosatrwydd at bobl â chroen tywyll oherwydd y stŵr a ges i.

Yr unig losin arall rwy'n cofio cael llawer ohono oedd gan ddau ifaciwî (oedd yn frawd a chwaer) a ddeuai i'n hysgol ni gan eu bod yn aros gyda theulu cyfagos. Roedd eu mam yn gweithio mewn ffatri losin ac anfonai barseli at ei phlant yn aml, a byddent hwythau'n rhannu â'r plant yn yr ysgol. Eto, o ystyried, mae'n rhaid imi fod yn ddiolchgar am brinder pethau melys yn ystod fy mhlentyndod gan fod fy nannedd hyd heddiw yn dal mewn cyflwr da.

Bu raid i'm tad ymuno â'r Fyddin wedi i'r Rhyfel ddechrau ac roedd Mam yn cael ei phensiwn o Swyddfa'r Post yn Lacharn. Tasg fy mrawd, unwaith pob wythnos, oedd mynd ar ei feic i nôl y pensiwn. Nid oedd yn rhy hoff o fynd mewn i Lacharn gan fod y bechgyn yn y pentre yn ei boeni ac yn ei watwar, *'Thee come down to Laugharne again, and I'll pound thee.'*

Ar un ymweliad o'r Fyddin, daeth Dat ag anrheg adre i mi, sef pecyn â defnydd a phatrwm ynddo i wneud tegan i mi. Roedd y defnydd yn wlân coch pert ond credai Mam fod mwy o angen côt fach newydd arnaf yn fwy na thegan. Aeth fy modryb ati i wnïo côt newydd i mi. Doedd dim llawer o arian dros ben i brynu teganau yn ein tŷ ni ar ôl i Mam brynu'r pethau mwyaf angenrheidiol i gadw corff ac enaid ynghyd.

Roedd hiraeth mawr ar Mam yn ystod y cyfnod pan oedd Dat i ffwrdd yn y Rhyfel. Bu fy modryb yn garedig yn edrych ar ein holau ni'r plant o dro i dro er mwyn i Mam gael peth amser i ffwrdd yng nghwmni Dat. Rhaid i mi ddweud fod ein bywydau ni fel plant yn llawn iawn ac ni chofiaf fod yn drist na theimlo unrhyw lygru.

Creithiau'r Fflamau

~

Dilys Roderick (née Owen)

Roedd fy mam, Jenny Owen, yn ogleddwraig i'r carn. Roedd hi'n bwysig iawn iddi hi, er ein bod ni wedi ein geni yng Nghaerdydd, fy mod i a'm dwy chwaer yn gwybod ymhle roedd ein gwreiddiau. Bob blwyddyn, felly, yn syth ar ôl i'r ysgol ddod i ben, roeddem yn dal y trên i Borthmadog. Roedd hi'n ddefod flynyddol ond yn ddieithriad yn gyffrous. Am yr wythnos olaf yn yr ysgol roedd yn rhaid i ni wisgo ein dillad hyna gan fod popeth arall eisoes wedi ei bacio mewn cist morwr yn barod ar gyfer y daith. Ni fyddem yn dychwelyd tan y diwrnod cyn i dymor yr Hydref ddechrau.

Ond un flwyddyn roedd popeth yn wahanol. Roedd ein haf yn dirwyn i ben ac roeddwn yn paratoi i ddweud 'tan tro nesa' i'n byd preifat ym Morfa Bychan, byd lle roeddwn yn cael ein dysgu a'n gwatwar gan ein cefndryd hŷn. Roedd popeth yn union fel arfer ond, yn sydyn, ymddangosodd nifer o fechgyn ifanc ar y traeth a'r strydoedd – bechgyn ag acenion rhyfedd a mygydau nwy mewn bocsys ar eu hysgwyddau. Roedd trenau'n llawn ohonynt wedi cyrraedd – yr ifaciwîs o Lerpwl.

Y trydydd o Fedi, 1939 oedd y dyddiad y sylweddolodd Mam ei bod hi'n hen bryd i ni ddychwelyd i Gaerdydd. Roedd y trenau eisoes wedi eu cymryd ar gyfer yr ifaciwîs a'r milwyr, ac felly roedd yn rhaid i ni ddod o hyd i ffordd arall i gyrraedd adref. Trannoeth, felly, dyma ddal y Crosville i Aberystwyth gan obeithio dod o hyd i fws arall i Gaerdydd. Roedd y fenter yn llwyddiant, ond roedd y daith yn frawychus. Hon oedd ail noson y *blackout* ac aeth y gyrrwr Western Welsh â ni dros Bumlumon heb oleuadau y tu fewn na'r tu allan i'r bws. Doedd dim goleuadau ar y ffyrdd chwaith a phan gyrhaeddon ni Gaerdydd roedd popeth yn gwbl dywyll. Ni wyddai'r un ohonom ble roeddem ni ond fe lwyddasom rywsut i deimlo ein ffordd adref yn y pen draw.

Yno, roedd fy nhad, Tom Owen, unwaith yn rhagor wedi arddangos ei anallu â'i ddwylo. Roedd sawl rhybudd wedi bod ar y weirles bod yn rhaid i bob tŷ ufuddhau i'r *blackout*. Penderfynodd ef mai'r ffordd orau i wneud hynny oedd trwy ddefnyddio un ystafell yn unig. Torrodd un goes i ffwrdd o'i drowsus garddio a'i hongian dros yr unig olau uwchben y bwrdd. Roedd yr ystafell yn ddigon tywyll, ond yn fuan ar ôl i ni gyrraedd, dechreuodd y defnydd fudlosgi. Mynnodd Pop fod yr oglau'n ddim byd – roedd ei hen drowsus yn siŵr o arogli'n rhyfedd! Yn fuan, wrth gwrs, dechreuodd y trowsus losgi'n iawn ac roedd yn rhaid i bawb o'r teulu ruthro i ddiffodd y fflamau. Treuliwyd ein noson gyntaf gartref felly yn y tywyllwch o flaen y tân yn yr ystafell fyw. Ond doedd Pop ddim mor ddi-glem â hynny. Aethom trwy'r tŷ y diwrnod canlynol a darganfod bod pob drâr wedi ei lenwi â siwgr, te, ffrwythau tun, *corned beef* a hufen – nwyddau yr oedd ein tad yn sicr y byddent yn brin cyn bo hir.

Yn ystod wythnosau'r gaeaf cyntaf hwnnw o ryfel daethom i arfer â'r *blackout* a'r dogni. Roedd hi'n anodd mynd allan ar ôl iddi dywyllu ond doedd bywyd ddim yn undonog o bell ffordd. Yn fuan, roedd yn rhaid i ni groesawu ymwelwyr na welwyd eu math o'r blaen yn ein cartref. Roedd rhai ohonynt yn hogiau ifanc o Borthmadog wedi'u galw i'r lluoedd ac yn cael eu hyfforddi yn ardal Caerdydd. Roedd eraill, fel Myrfyn Turner a ddaeth i aros gyda ni ar ôl bod yng ngharchar Abertawe, yn wrthwynebwyr cydwybodol a ddaeth i'r ddinas fel gwylwyr tân neu yrwyr ambiwlans. Roedd eraill eto yn ddynion hŷn ag enwau rhyfedd oedd wedi gadael eu gwledydd eu hunain, 'jyst mewn pryd' yn eu geiriau hwy. Roedd y gaeaf hwnnw'n wahanol ac yn ddifyr. Roedd y gaeaf nesa'n arswydus.

Fy nhad oedd y gŵr ieuengaf ar ôl yn ein stryd a chafodd ei wneud yn warden tân. Roedd hynny'n golygu ei fod ar ganiad y seiren yn gorfod cerdded ar hyd yr heol i sicrhau bod pob tŷ yn dywyll a phawb allan o'r ffordd yn eu cartrefi. Nid oedd yr un lloches yn Colum Road, ein stryd ni, oherwydd fod gan bob tŷ ei seler ei hun, gyda'i nenfwd wedi'i chryfhau â choncrit. Os clywai rhywun awyren uwch ein pennau, yna rhuthrai pawb i'r seler. Ond y tu ôl i Colum Road roedd lein reilffordd oedd yn amhosibl ei chuddio.

Un noson ym mis Ionawr 1941, daeth sŵn awyren uwch ein pennau, yn hedfan yn is na'r un awyren o'r blaen. Roedd fy mam yn feichiog ar y pryd ac er y dylen ni wedi aros gyda hi yn y seler fe ruthron ni allan i weld beth oedd yn digwydd gan ei gadael hi ar ei phen ei hun.

Ar draws y ffordd roedd menyw oedrannus iawn o'r enw Mrs Seymour yn byw ar ei phen ei hun gan dreulio'i hamser yn gofalu am ei phlanhigion. Gwelodd fy nhad fod bom dân wedi glanio ar gyntedd ei thŷ ac wedi dechrau llosgi. Defnyddiodd y peth cyntaf a ddaeth i law i'w diffod – trodd hoff blanhigyn Mrs Seymour ar ei ben ar y bom. Aeth dyddiau heibio cyn i Mrs Seymour sylweddoli cymaint oedd y perygl a maddau i'n tad!

Bu Pop allan am oriau y noson honno gan i dros gant o fomiau tân ddisgyn ar ein stryd. O'r diwedd gwnaed arwydd yr *'All Clear'* ond wrth i ni eistedd i lawr am baned o de i ddathlu, daeth cnoc ar ddrws y ffrynt. Clywsom lais yn dweud, 'Mr Owen, ydych chi'n gwybod bod eich to ar dân?' Rhedon ni'r plant i fyny'r grisiau wrth gynffon ein cymydog a'n tad i weld a oedd e'n gywir ai peidio. Mi oedd e. Wrth i ni edrych ar nenfwd ein hystafell wely, roedd y cyfan yn disgleirio fel golosg. Rhuthrodd fy chwiorydd, Eirys a Nesta, i'r ystafell molchi i lenwi bwcedi â dŵr wrth i'n tad ddefnyddio bwyell i rwygo trwy'r nenfwd. Taflodd y plaster, oedd yn llosgi erbyn hyn, ar ein gwelyau. Yna cododd y dynion y matresi a'u taflu trwy'r ffenest. Yn ôl yn yr ystafell wely, diffoddwyd y fflamau gyda phwmp llaw a'r dŵr a gariwyd gan fy chwiorydd o'r ystafell molchi.

Roedd cymaint o dannau y noson honno yng Nghaerdydd doedd dim gobaith cael cymorth gan y frigâd dân. Tra oedd hyn i gyd yn digwydd roedd fy mam i lawr grisiau ar ei phen ei hun yn disgwyl ac yn pendroni ymhle y gallem ni dreulio'r noson. Roedd ei phryderon a'i gofal i gyd ynghylch ni'r plant. Llwyddodd i ddod o hyd i le i ni i gyd i gysgu ond, ar ôl deffro bore drannoeth, dywedwyd wrthym fod y babi yr oedd Mam yn ei ddisgwyl wedi troi yn y groth a'i bod hi wedi ei chymryd i'r ysbyty. Yr unig dro i mi ei gweld hi ar ôl hynny oedd pan chwifiais fy llaw arni trwy ffenest y ward. Yn y dyddiau hynny dim ond oedolion oedd yn cael ymweld â chleifion. Llwyddodd Nesta, fy chwaer, i fynd i fewn trwy wisgo dillad menyw hŷn . . . ond dim ond unwaith y cafodd hi lwyddiant. Pythefnos ar ôl y bomio, ganwyd fy mrawd bach, David Gwilym. Roedd y cyfan wedi bod yn ormod i Mam, a bu farw.

Daeth chwaer Mam, Anti Nan, i Gaerdydd i ofalu am y teulu ond aeth y babi bach i Lerpwl at chwaer fy nhad, Anti Lizzie. Nid oedd hwn yr amser i fynd i Lannau Mersi. Treuliodd David Gwilym bob nos yn y lloches ac mewn amser aeth Anti Lizzie ag ef i Borthmadog i ddianc rhag y bomiau. Ond pan oedd yn dri mis oed bu farw – un arall a laddwyd gan y Rhyfel.

Roedd y cyfnod yn galed ond bu adegau da. Aeth bwyd yn brin, y dogni'n fwy llym a'r tuniau a brynwyd cyn y Rhyfel yn dod i ben. Un noson roeddem yn disgwyl fel arfer i'n tad gyrraedd gartref er mwyn i ni swpera gyda'n gilydd. Fe arhosom ac arhosom ac yn sydyn cyrhaeddodd gyda'i wyneb yn welw a chas trwm yn ei law.

Ychydig ddyddiau ynghynt roedd wedi helpu i ddiffodd tân mewn siop groser ac roedd y perchennog wedi ei wobrwyo â phacedi a thuniau o fwyd. Pan ddywedodd Pop nad oedd eisiau derbyn bwyd oedd wedi ei ddogni, atebodd y groser y byddai'r cyfan wedi ei losgi oni bai amdano ef. Derbyniodd Pop y bwyd ond wrth iddo gerdded trwy Barc Cathays fe faglodd a syrthio ar y llawr. Cynigodd plismon ifanc ei helpu a chario'r cas adref. Diolch byth na ofynnodd e beth oedd yn y cas!

Tua'r adeg hon gorfu i Nesta a minnau roi'r gorau i gymryd siwgr er mwyn y Rhyfel, ond nid yn wirfoddol o bell ffordd. Roedd Anti Nan yn hoff iawn o bethau melys a doedd dim siwgr ar ôl yn gyson. Un diwrnod daeth Nesta a finnau'n ôl o'r ysgol i glywed, 'Chi'ch dwy yw'r ieuenga, felly o hyn ymlaen 'dych chi ddim yn cymryd siwgr.' Ni chymerodd Anti Nan ddim sylw o'r ffaith bod plant yn derbyn dogn ychwanegol o ddwy owns o siwgr yr wythnos. Mewn gwirionedd roedd ei phenderfyniad er ein lles. Does yr un ohonom ni wedi cymryd siwgr ers hynny ac mae'n dannedd ein hunain gan y ddwy ohonom hyd heddiw! Mae'n ffaith, gyda llaw, bod dannedd plant wedi gwella'n aruthrol yn ystod y dogni. Doedd neb fel plant y De am gnoi bisgedi ac roedd ein harferion bwyta yn ystod y Rhyfel llawer yn iachach.

Nid siwgr oedd yr unig beth oedd yn brin. I Eirys, fy chwaer hyna, roedd diffyg sanau sidan yn golled aruthrol. Ond roedd hi'n argyhoeddedig fod dogn hael o *gravy browning* ar ei choesau yn ddigon i wneud iddi edrych fel Betty Grable. Roedd hi'n iawn . . . nes iddi fwrw glaw. Ar ôl hynny arhosodd y botel lle roedd hi ac roedd yn rhaid iddi ddioddef sanau *lisle* fel pawb arall.

Yn rhyfedd iawn, rywsut neu'i gilydd, daethom i arfer â'r Rhyfel. Ond ni ddaethom fyth i arfer â cholli Mam. Gorfu inni dyfu fyny hebddi a bu i'r rhai a wahoddwyd ganddi i'n cartref ym mlwyddyn gyntaf y Rhyfel barhau'n gyfeillion. Aeth hogiau Port i ymladd mewn gwledydd pell, arhosodd y gwrthwynebwyr cydwybodol yng Nghaerdydd neu yn Llundain i wylio ac ymladd tanau. Cychwynnodd y dynion â'r enwau rhyfedd – Bob Myslig, Erwin Mestitz, Franz Skalitsky – a'r gweddill fusnesau ar stad ddiwydiannol Trefforest. Am bum mlynedd hir, digwyddodd pethau erchyll ledled y byd, ond i mi, yn 69 Colum Road yr ymladdwyd y Rhyfel. Gadawodd y fflamau greithiau ar y tŷ ac arnom ni fel teulu.

Dysgu Byw

~

Mona M. Morris

Pan ddechreuodd y Rhyfel, prin y gwyddwn y byddai amgylchiadau
mewn pentref, gwlad a byd yn mynd yn llanastr noeth, ac na fyddai
bywyd i neb ym Mhrydain yr un fath byth wedyn. Roeddwn i'n rhy
ifanc i ddeall na malio. Ond cyn diwedd yr un mis, roedd bywyd
yn ein tŷ ni wedi'i droi â'i ben i waered, dros nos megis, ac roeddwn
i'n malio. Nid y Rhyfel oedd yr achos am hyn, ond digwyddiad
mwy diniwed o lawer.

Y bore hwnnw tua diwedd Medi 1939 – a minnau'n ddisgybl ar
fy mlwyddyn olaf yn ysgol gynradd y pentref – llusgwn fy nhraed
yn ddi-ffrwt yng nghynffon llinell o blant a ddirwynai o'r iard i
mewn i'r ysgol. Roeddwn i'n dal i fod mewn syfrdan diffrwyth,
cysetlyd byth ers pan gyhoeddwyd rhyw newydd annisgwyl wrthyf
gan fy modryb a ddaeth i'm hystafell wely i'm codi'r bore hwnnw.

Cyn cyrraedd drws yr ysgol, pwniais yr eneth o'm blaen a sibrwd
wrthi: 'Rydw i wedi cael brawd bach!'

'Be? Ifaciwî?' meddai hithau.

'Na, brawd bach go-iawn!' Rhyw gogio bod yn falch. Balch! . . . a
minnau, a fu'n unig blentyn bron am un mlynedd ar ddeg, yn
dechrau sylweddoli y byddai'n rhaid i mi, o hynny ymlaen, rannu'r
cariad a'r gofal a gawn gan fy rhieni efo rhyw ymwelydd bach
dieithr na chefais i ran o gwbl yn ei wahodd! Prin y gwyddwn i'r
diwrnod hwnnw, chwaith, y byddai fy mrawd bach yn faban blin
a wrthodai gysgu na'r dydd na'r nos ac y byddai angen i mi dros
rai o'r misoedd nesaf helpu i siglo'i grud ambell noson pan na
fyddai Mam yn teimlo'n dda a 'nhad wedi gorfod mynd dros nos i
warchod dros y gymuned y perthynem iddi.

Roedd 'nhad yn aelod o'r LDV (y *Local Defence Volunteers*), a elwid
yn ddiweddarach yn *Home Guard*, ac, yn wir, y cyfeirid ati gyda
rhyw gymysgedd o sbeit a hoffusrwydd, yn 'Fyddin y Tadau'.
Teimlwn i, fodd bynnag, yn falch o 'nhad yn ei siwt a'i gapan *khaki*
– roedd o bron fel milwr go-iawn; roedd tadau rhai o'm cyfeillion

yn filwyr go-iawn a botymau pres ganddynt ar eu siaced ac nid rhai corn o liw *khaki* fel roedd gan 'nhad. Er gwaetha'r botymau disylw, credwn nad oedd neb yn smartiach na 'nhad. Ond cwyno am y siwt wnâi o ac o orfod gwisgo brethyn bras a chrafog, a mynnu nad oedd gwell na'r siwt a wisgai yn nhrenshys Ffrainc yn y Rhyfel Byd Cyntaf (lle cafodd ei glwyfo ac yntau'n llencyn deunaw oed gan iddo gelu ei oed y flwyddyn cynt er mwyn cael ymuno).

A dyma hi'n awr yn rhyfel arall, a phlentyn arall yn ein tŷ ni. Gwyddwn na fyddai bywyd i mi byth yr un fath ar ôl y diwrnod hwnnw.

Dair blynedd yn ddiweddarach roeddwn i'n disgwyl am y bws i fynd adref o Ffair y Borth. Roedd yna bedair ohonom wedi cael blas da ar firi'r ffair, ac roedd gennym bob un rholyn o India Roc Llannerch-y-medd, wedi'i lapio'n rhwydd mewn darn tila o bapur gwrth-saim, yn sbecian allan o'n pocedi a'r pedair ohonom wedi'i brynu i fod yn anrheg i'n rhieni er mwyn ennill eu maddeuant am aros tan y bws diwethaf!

Eisteddem ar ben rhyw bwt o wal wrth arhosfan y bysiau, yn siglo'n traed i fyny ac i lawr ac yn slyrpian sudd a hadau melys creigiog y lletem o'r pomgranad yr oeddem wedi'i dorri'n bedwar rhyngom ar ôl llwyddo i berswadio rhyw werthwr ffrwythau i'w werthu o'i fasged gudd dan y cownter (basged a guddiwyd ar gyfer cwsmeriaid a brynai fwy o'i nwyddau na ni a'n tebyg).

Daeth y slyrpian i ben. Bob yn ail â rowlio'n tafodau o gwmpas ein cegau i gael gwared ar yr hadau a lechai rhwng ein dannedd, caem wefr wrth hel atgofion am hwyl ac asbri'r noson. Oedd, roedd tyfu'n llancesi ifanc yn hwyl. Dyma sôn am y bechgyn hynny o Ysgol Friars a fu'n cadw cwmni'r pedair ohonom ar y meri-go-rownd a'r siglenni. Mae'n wir bod gan un ohonyn nhw blorod (prinder orenau ffres). A chlustiau go fawr oedd gan yr un a'm tywysodd i o gwmpas y ffair – o stondin rowlio ceiniogau ymlaen i stondin taflu cylchau ac ymlaen wedyn i ddangos ei allu herfeiddiol fel gyrrwr car bympio. Gresyn hefyd i'r un a gadwai gwmni Megan fynd yn hyfach na'i groeso a pheri iddi hel ei chandi fflos ar hyd ei gwallt i gyd wrth iddo geisio dwyn cusan ganddi. Ond efallai mai ei hafiaith hi a'i llygaid duon direidus a ddenodd ei branciau, ac nad ar ei egni arddegol ef yr oedd y bai'n gyfan gwbl. Wrth gwrs, ar ôl iddi gyrraedd adref, fe fyddai'n rhaid iddi gadw'i ffunen am ei phen nes cyrhaeddai ei hystafell wely, a cheisio golchi ei gwallt yn ddiweddarach heb i'w mam sylwi.

Yn sydyn, torrwyd ar ddifyrrwch ein hatgofion, torrwyd ar bob gweithgaredd o'n cwmpas, gan glochdar croch y seiren cyrch awyr. Sobrwyd pawb am eiliad. Safodd pob enaid yn stond. Llonyddodd ystwyrian cyffrous y ffair, fel petai'r bobl i gyd yn awtomata difywyd a rhyw un swits wedi'u diffodd efo'i gilydd. Ac wedi iddynt gael ennyd o sylweddoli, trowyd y 'swits' ymlaen unwaith eto a phrysurodd pawb tua thref, pob un i'w ffordd ei hun. Ond fe aeth pob man yn dywyll a llesteiriodd hynny eu llwybrau i ryw raddau. Roedd y plismyn wedi gorchymyn i'r stondinwyr ddiffodd y ffaglau nwy uwchben eu byrddau.

Drwy drugaredd, daeth ein bws ninnau i'r golwg, a chyn pen dim o amser teimlem yn rhyfeddol o saff yng ngŵydd cydnabod a chyfeillion y teithwyr eraill ar y bws, yn gynnes a diddos o oerfel calan gaeaf, yn ymdeimlo â rhyw glydwch dirprwyol, rhyw glydwch amddiffynnol – fel y teimlad diogel a chysurus a gaiff baban yng nghroth ei fam.

Roedd y bws dan ei sang yn llusgo'n swnllyd a llafurus i fyny'r allt i gyfeiriad Llanfairpwllgwyngyll; hyd yn oed petai'n wacach o bobl, ni allai fod wedi teithio'n gyflym gan mor bŵl oedd y golau a oedd yn cyndyn dreiddio drwy'r holltau yn y mygydau haearn a roed ar ei lampau (i leihau'r goleuni pe bai cyrchoedd awyr). Yn ddiarwybod, i lawr o'r fagddu rhyngom a bryniau Pentir, tywalltodd cawod araf o fflêrs, yn stribedi ysgafn o fagnesiwm llachar, gan droi'r holl wlad o amgylch – Ynys Tysilio, Ynys Gorad Goch a choed Treborth – yn olau ddydd, a'r Fenai'n ariannu llwybr y ddwy awyren a wyrasai o'u taith feunosol arferol i hedfan dros Fôn ac Arfon yn lle mynd ar eu teithiau uniongyrchol arfaethedig i ddwyn gwarchae ar Lerpwl. Cawsai'r Luftwaffe ei argymell i drefnu hynny gan 'Haw-Haw', William Joyce, y Gwyddel hwnnw a oedd yn gyhoeddwr newyddion yn yr Almaen, ac a wyddai rywsut am y cannoedd a fyddai'n mynychu Ffair y Borth, ac am y difrod a wnâi bom neu ddwy pe trawent dref Porthaethwy neu'r pontydd ar draws y Fenai. Clywyd ei fod wedi cyhoeddi'r bwriad i wneud hynny y flwyddyn cynt hefyd, ond gan na ddigwyddodd dim ar ôl y bygythiad hwnnw yn 1941, ni chymerodd neb ei eiriau o ddifrif y tro hwn.

Yn sŵn y bws yn rhygnu dan ei phwn, ni chlywsom y bomiau'n disgyn ar stad tai cyngor Maesgeirchen ar gyrion Bangor ac ar dir Ardalydd Môn ym Mhlas Newydd. Do, fe gollodd un ei bywyd ym Maesgeirchen y noson honno. Ond methu'r targed wnaethai'r awyren; pe byddai'r bom wedi'i gollwng filltir i'r gorllewin, fe fyddai wedi lladd cannoedd.

Pan gyrhaeddodd y bws at Swyddfa'r Post ym Mrynsiencyn, gwelwn 'nhad yn disgwyl amdanaf, a'r pryder ar ei wedd yn troi'n ollyngdod wrth fy ngweld i wrth ddrws y bws. Doedd dim dwrdio. Doedd dim rhaid cyflwyno'r India Roc. Dros y ffordd, mewn cilan ar y palmant o flaen ein tŷ ni, a'r drws wedi'i dynnu i gau o'r tu ôl iddi, rhag torri rheolau'r *blackout*, safai Mam gyda 'mrawd bach teirblwydd oed yn ei ddillad nos yn ei breichiau. Pan welodd hi fi, rhoddodd fy mrawd i lawr a'i anfon i'r tŷ. Clywn ef yn preblian efo'r Tedi a gofleidiai: 'Mona 'di dŵad! . . . Ma' nhw'n bomio, Tedi! . . . Ma' nhw'n bomio!'

'Lle buost ti mor hir, 'nghariad i?' gofynnodd Mam, gan afael amdanaf yn dynn.

'Mewn baw y mae hel pres,' meddai'r hen ddywediad, ac ar gloddiau blêr ac anghymen y mae'r mwcog gorau'n tyfu hefyd. Ni chefais mo dalent gerddorol na gallu arbennig ar faes chwarae, felly ychydig iawn o gyfraniad y gallwn ei roi i oruchafiaeth ein 'tŷ' ni yn Ysgol Ramadeg Biwmares (sut bynnag, rhoed y gorau i gyflwyno bathodynnau efydd i'r goreuon pan ddechreuodd y Rhyfel – felly, meddyliwn, pa ddiben?). 'John Williams' oedd enw fy 'nhŷ' i, ac ni bu llawer o lwyddiant yn ei hanes ers rhai blynydd-oedd, yn ôl a ddywedid. 'Austin Dobson' oedd y 'tŷ' a gâi'r marciau uchaf ym mhob maes. Rhyw 'Saeson dŵad' oedd y mwyafrif yn y 'tŷ' hwnnw – 'Dobs y snobs' gan blant y 'tai' eraill. Roedd llawer o'r Dobs wedi dechrau eu gyrfa addysgol mewn ysgolion yn Lloegr cyn i'w rhieni fudo i ddiogelwch cymharol Môn a chael gwaith yn ffatri Saunders-Roe i gynhyrchu cychod awyr fel y Catalina a gweithio ar ddarpariaethau eraill ar gyfer y Rhyfel.

Sut bynnag, daeth yn awr gyfle i ennill pwyntiau i'm 'tŷ'. Gallwn innau hel mwcog cystal ag unrhyw un! Ac roeddwn wrth fy modd pan fyddwn allan yn y caeau a'r lonydd cefn. Adwaenwn bob twll a chornel o'r ardal y'm magwyd ynddi. Gwyddwn ble tyfai'r briallu harddaf, y fioledau peraf a'r mefus gwyllt blasusaf. Pan aeth orenau'n brinnach ar silffoedd siopau'r wlad, penderfynodd y Llywodraeth y gellid diwallu'r angen am Fitamin C naturiol i feithrin babanod a phlant iach drwy wneud syrup maethlon o ffrwyth lliw oren y rhosyn gwyllt. Gwnaed ymgyrch yn ein hysgol i gynaeafu'r rhain oddi ar y perthi yn yr hydref; rhoddid marciau i'r 'tŷ' a gasglai'r mwyaf, ac fe roddai'r Llywodraeth chwe cheiniog am bob pwys. Y 'tŷ' gorau a gâi ddewis yr elusen y cyflwynid y ceiniogau iddi.

Roedd Selwyn, fy mrawd, newydd gael ei bedair oed erbyn hyn, ac, yn aml iawn, os byddwn yn gorfod ei warchod, awn ag ef gyda mi pan âi fy ffrindiau a minnau am dro i lefydd fel lôn Waterloo i hel blodau cynffonnau ŵyn bach neu i lôn Efail Gwydryn a llwybr Gwydryn Bant i hel cnau cyll.

Y Sadwrn braf cyntaf ym mis Hydref, penderfynais mai ar fy mhen fy hun, heb na Selwyn na'r un o'm ffrindiau, yr awn i hel mwcog y diwrnod hwnnw. Fi yn unig a gâi eu casglu yn y llecynnau y gwyddwn i amdanynt yn well na neb o blant cwr uchaf y pentref. Fi fyddai piau cyfoeth y gwrychynnod. Onid oedd ar 'John Williams' angen y pwyntiau? A'm dyletswydd i'm 'tŷ' – ac i Brydain, mae'n debyg – oedd cael cymaint ag oedd yn bosib o fwcog.

Rhwng osgoi'r mieri, a gorfod sugno fy mys bob tro y methwn â'u hosgoi, roeddwn wedi ymgolli'n llwyr ar bigo'r ffrwythau tewion melyngoch ar fy mhen fy hun yn yr unigeddau, ac anghofiais am bawb a phopeth. Doedd 'na neb ond fi'n bodoli yn yr holl fyd. Fi oedd piau'r aeron i gyd; fi oedd piau'r byd i gyd, wel, am y rhawg, fi oedd piau'r gongl fechan honno o gae Cae'r Pant beth bynnag!

Wrth ymestyn yn uwch nag arfer drwy'r mieri i geisio cael at y rhysedd o'r mafon arbennig o euraid a oedd bron allan o'm cyrraedd, gallwn weld Hugh y Garreg Wen yn cerdded ar hyd y lôn gul yr ochr arall i'r gwrychyn. Cariai biser hanner galwyn yn ei law – a chofiais am ei arferiad o nôl llaeth enwyn i'w fam o Dre'r Beirdd.

'Be wyt ti'n neud yn fan'na?' gofynnodd, a chyn pen chwinciad roedd wedi gweld bwlch yn y gwrych ac yn sefyll yn fy ymyl yn y cae.

'Be sy gen ti yn dy biser?' gofynnais iddo.

'Llaeth enwyn . . . gyda'r gora brofaist ti rioed,' meddai. 'Mae o'n frith o dalpia o fenyn . . . Gymeri di lymaid? . . . Mi roi dipyn yn y caead i ti.'

'Na, dim diolch, well gen i beidio.'

Rhoddodd y piser i lawr a dechreuodd fy helpu i lenwi'r fasged 'bili ffwdan' a ddaliai fy ysbail o aur y berth.

'Mae gen ti ogla sent da iawn,' meddai, wrth iddo ymestyn ar fy nhraws i geisio cyrraedd miaren arbennig o ffrwythlon.

'Nid ogla sent ydi o, ogla sebon. Mi fydda i'n golchi fy ngwddw ar ddydd Sadwrn hefyd.'

'Yli, rho'r fasged i lawr. Dwi'n leicio ogla dy sebon di!'

Gwyddwn ei fod am fy nghusanu, a chynhyrfais drwof.

Roedd yr hen Ryfel 'ma wedi gwneud i bawb dyfu i fyny'n gyflym iawn. Doedd hogia ddim yn hogia'n hir. Roedd Hugh dipyn yn hŷn na mi, p'un bynnag. Roedd o yn y chweched dosbarth ac yn aelod o'r ATC (*Air Training Cadets*) a gyfarfyddai yn yr ysgol bob nos Wener, ac roedd hynny wedi gwneud iddo feddwl fel dyn, wedi gwneud iddo feddwl ei fod yn ddyn. Ond beth wnawn i rŵan? Roedd pob cyhyr o'i eiddo'n dweud ei fod yn ddyn, ei holl gorff yn dyheu a'r cynnwrf oddi mewn i minnau yn fy ngwanio.

Beth oedd o'i le ar gusan, p'un bynnag? Roedd un o'm ffrindiau yn yr ysgol yn canlyn yn selog, a beth oedd o'i le petawn innau'n cael cariad? Ond . . . roedd 'na gusan a chusan, a fyddai dim o'i le o adael iddo roi cusan ddiniwed i mi – rywbeth yn debyg i'r un a gawn gan Modryb Myfi pan fyddai wedi bod acw'n swpera ar ei noswaith rydd o wersyll y Fyddin ym Modorgan. Oedd, roedd cusan felly'n iawn, reit siŵr. Ond roedd Eluned Parry'n dweud yn yr ysgol fod eisiau cyfrif deg cyn gadael i gusan iawn ddod i ben.

Be wnawn i? Pe gadawn iddo ef, Hugh, a oedd yn gymaint o Romeo gan y genethod yn ei chweched dosbarth, roi cusan i mi, fe fyddai'n . . . na, nid yn sgalp yn fy ngwregys . . . ond, yn sicr, yn bluen yn fy nghap. Fe fyddai'r cwbl ohonyn nhw'n eiddigeddus ohonof. A phe byddwn yn ei wthio i ffwrdd, mi fyddwn yn 'sgwâr' yn ei olwg. A hynny am byth, reit siŵr.

Roeddwn ar fin gadael i fy masged lithro i'r llawr a dymchwel y ffrwyth i gyd, pan glywsom John Jones, Caer Pant, yn gweiddi: 'Dowch o'r cae 'na, y cnafon i chi! . . . i dresmasu ar dir pobl . . . o'ma, y ffordd gyntaf!'

Roedd John Jones yn sefyll yn yr unig borth allan o'r cae. Cerddodd tuag atom gan godi'i ddwrn yn fygythiol, a dyma ninnau'n cychwyn am y giât a oedd y tu ôl iddo. Wrth i ni nesu ato, gwelodd John Jones beth oedd gen i yn y fasged a rhois ddeall iddo ein bod yn gwneud y cwbl at achos da. Aeth yntau ati wedyn i'n helpu i hel y mwcog! Mewn dim o beth roedd y fasged yn llawn, a throes Hugh a minnau'n ôl tua'r pentref.

'Leciwn i ddod i hel mwcog efo ti'r Sadwrn nesaf eto,' meddai toc.

'A helpu ymgyrch "John Williams"?' meddwn innau.

Wrth sylweddoli na fyddai hynny'n gwneud dim lles i'w 'dŷ' ef yn yr ysgol, rhoddodd bwff o chwerthin. Nid mewn chwyddo unrhyw sach mwcog a safai y tu allan i stydi'r prifathro yr oedd diddordeb Hugh, ac nid yn nhŷ 'John Williams', y tŷ gwyrdd, y tŷ yr oeddwn i am iddo fod yn orau am hel mwcog ychwaith. Aelod o dŷ 'Richard Llwyd' oedd yntau. A choch oedd lliw'r 'tŷ' hwnnw.

'Wela' i di'r un amser y Sadwrn nesa,' oedd ei eiriau wrth iddo droi i lôn y Garreg Wen.

Sadyrnau glawog gafwyd am y gweddill o'r mis Hydref hwnnw, ac erbyn Tachwedd roedd y mwcog wedi duo a chrebachu.

Ganol Tachwedd daeth un o'm cefndryd adref ar egwyl o saith diwrnod o'i wersyll llu awyr yn Padgate. Edrychai'n dda yn ei iwnifform las – yr un glas ag iwnifform ATC Hugh. Cefais anrheg gan fy nghefnder, anrheg o froets yr RAF – dwy adain diamante o bobtu logo'r llu awyr. Ymfalchïwn wrth wisgo broets mor dlos, a theimlo fy mod hefyd yn gwisgo arwydd a ddangosai i bawb fod fy nheulu innau'n cyfrannu at ymdrechion Prydain i oresgyn lluoedd anghyfiawnder. Roedd ymdeimlad o Brydeindod yn rhan o bob agwedd ar fywyd y merched a'r plant 'a adawyd ar ôl'. Gwneid popeth 'er mwyn yr hogia', term a olygai, yn y cyswllt hwn, ferched yn ogystal â dynion.

Fe wneid pob math o ymgyrchoedd cenedlaethol i helpu Prydain: wythnosau 'Brwydr Prydain' pan fyddai lluniau o bobl ifanc yr ardal a oedd yn aelodau o'r Lluoedd Arfog yn cael eu harddangos yn ffenestr Swyddfa'r Post, a lluniau'r rhai a gollodd eu bywydau yn cael lle o barch yno hefyd, wedi'u drepio â rhuban du; wythnosau 'cynilion cenedlaethol' pan gynhelid ymgyrchoedd i gael pawb i gynilo cymaint ag y gallent o'u harian yn y post neu'r banc er mwyn helpu coffrau'r wlad – a cheid elfen gystadleuol rhwng pentrefi cyfagos i gynilo'r swm mwyaf. Byddai'r ysgol hefyd yn gwerthu stampiau cynilo, gan gyfuno hynny ag elfen gystadleuol rhwng y 'tai' a chan geisio rhagori ar swm y flwyddyn flaenorol bob tro.

Digalonnwyd pawb i ryw raddau gan y gaeaf cynnar y flwyddyn honno, a dwysawyd y tywyllwch fwyfwy wrth droi'r awr ddwbl yn ôl (ymgais y Llywodraeth i arbed ynni drwy gael mwy o olau dydd yn yr haf, ac arferiad a barhaodd drwy gydol y Rhyfel). Roedd tanwydd wedi prinhau gan fod cymaint o lowyr wedi cael eu galw i'r Lluoedd Arfog. Dechreuwyd gwerthu briciau o gymysgedd o sment a llwch glo, ond roedd y tân a geid o'r rheini'n ddilewyrch a di-wres, ac os ceisid eu procio fe fyddent yn datgymalu a marw.

Doedd hi ddim yn ddrwg i gyd ar bobl y wlad: caniateid iddynt fynd i'r llwyni coed i gasglu brigau crin. Bron bob Nadolig ers dechrau'r Rhyfel, daethai Ardalydd Môn, yn bersonol, â'i dractor efo llond trelar o goed tân a'i fowntio wrth ddrws cefn pob pen-siynydd yn y pentref. Roedd y coed wedi'u torri'n gatiau cyfleus gan ei weision ef yn llwyni Plas Newydd.

Byddai gan Mam dân croesawus bob amser. Ar gyfer hynny, arbedai hynny o lo a allai ar ddiwrnod golchi drwy fwydo'r boilar â hen deiars beiciau a cheir a dorrai 'nhad yn gatiau. O, a dyna gofio . . . bu'n rhaid iddo wneud hynny'n arbennig ddiwedd Tachwedd i ferwi'r pwdinau Nadolig yn yr hen foilar mawr (ar ôl ei sgwrio a'i sgaldian yn iawn rhag blas sebon!). Yn anffodus, lleihau roedd y nifer o bwdinau a wneid bob blwyddyn a byddai'r rheini'n welwach eu lliw bob Nadolig – o brinder cyrens!

O ran cynhesrwydd, doedd pethau ddim gystal i ni yn yr ysgol. Dim gwres o gwbl ar rai diwrnodau, a chaem ein hargymell i wisgo'n cotiau mawr yn yr ystafelloedd dosbarth y diwrnodau hynny. Roedd mamau rhai ohonom wedi gwau menig di-fysedd inni, er mwyn inni eu gwisgo wrth ysgrifennu.

Un o'r diwrnodau di-danwydd hynny oedd hi pan fanteisiodd ein hathrawes goginio ar y cyfle i'n cadw'n ddiddig yn ystod y wers goginio drwy'n cael i lanhau ffliwiau'r *range* fawr a ddefnyddiem i grasu. Bu'n rhaid inni wisgo'n barclodiau bras (a wnaed gennym allan o hen sachau bwydydd anifeiliaid mewn gwersi gwnïo yn ein tymor cyntaf yn yr ysgol. Byddem yn eu brodweithio ag edafedd tew i guddio unrhyw brint annileëdig, a'u hymylu â beindin bias a dorrwyd gennym ar hydtraws darnau sbâr o ddefnyddiau cotwm).

Gorfodwyd pob un ohonom i gymryd ei thro i dyrchio i gonglau anhygyrch y stôf i chwilio am bob mymryn o huddygl. Ond fel yr oeddem yn rhoi rhai o'r cydrannau diwethaf yn eu hôl . . . ie, yn sicr ddigon! – disgynnodd ein calonnau i'n sanau *lisle* duon wrth glywed seiren y dref yn rhugl-ruo'r rhybudd a ofnid gennym beunydd. Heb oedi dim, prysuro allan i'r iard a mynd drwy'r dril o ymgynnull yn y drefn arferol, cyn rhedeg yn bwyllog mewn rhes ddwbl rownd y gornel i gyfeiriad y castell a'i loches, drwy'r porth lle'r arferid gweld giât haearn gain nes i'r Llywodraeth ei hawlio, fel miloedd o giatau a rheiliau drwy Brydain gyfan, i'w defnyddio i wneud arfau rhyfel.

Tra bu unrhyw berygl yn debygol, buom yn llechu'n garfanau didol o fechgyn a genethod yn siamberi tywyll muriau'r castell, yn canu caneuon poblogaidd am yr hen ffarmwr MacDonald, am y pren ar y bryn ac am y nifer o boteli gwyrdd a ddisgynnai oddi ar ryw wal. Cyn i'r poteli hynny orffen disgyn i gyd, clywyd sŵn derbyniol y seiren yn datgan ei bod yn saff inni ddychwelyd i'r ysgol.

Yn ôl â ni i'r awyr agored ar faes y castell i sŵn bonllefau o chwerthin. Roeddem ni'r genethod wedi llwyr anghofio bod ein dwylo'n huddyglyd, ac wrth ganu a hel straeon yn y fagddu ym muriau'r castell, mabwysiadodd pob un ohonom drwynau du a thalcenni duach. Edrychem yn debycach i eiddilod tlodion nofelau Dickens nag i ddisgyblion dosbarth coginio Ysgol David Hughes, Biwmares.

Daeth prysurdeb y Nadolig i sirioli rhywfaint ar fywyd ysgol a chymuned. Buom yn dysgu gwneud pwdin a theisen 'Dolig a mins peis yn ein gwersi coginio. Daeth merch cigydd lleol â thalp helaeth o siwed inni ei ratio'n grawenni mân ar gyfer gwneud *mincemeat*, a buom yn defnyddio ffrwyth ysgawen, a sychwyd gennym wythnosau ynghynt, yn lle cyfran o'r cyrens angenrheidiol. Arbedodd ein teuluoedd y siwgr yr arferent ei gymryd drwy roi Saccharin yn eu te a syrup Tâte & Lyle mewn pwdinau er mwyn i ni gael eu dognau o siwgr eisin ar gyfer y deisen.

Yn eu tro, cludwyd y pwdin a'r deisen 'Dolig adref yn ddiogel gennym oll, ond rhyw hanner y mins peis gafodd gyrraedd ein cartrefi, gan fod y bechgyn hynaf wedi'n perswadio ar y bws adref i adael i'w chwaeth feirniadol hwy eu hasesu. Wrth gwrs, doedd dim llawer o drafferth i'n perswadio ni. Onid oedd cael sylw'r rhyw arall yn bwysig i arddegolion y cyfnod hwnnw fel ym mhob cyfnod? Dywedodd Hugh fy mod i'n wneuthurwraig mins peis o'r radd flaenaf, ac roeddwn innau'n ddigon ynfyd i'w goelio!

17

Roeddwn i'n coelio popeth a ddywedai Hugh. Ef oedd y monitor a ddeuai o gwmpas bob bore dydd Mawrth i gyfnewid ein hen lyfrau ysgrifennu llawn am rai newydd, ac er mwyn arbed gwastraff papur, byddai'n gorfod sicrhau fod pob llyfr wedi'i lenwi'n gyfan gwbl cyn ei gyfnewid. Anfonid yr hen lyfrau ymarferion iaith a mathemateg i ffwrdd i gael eu hailgylchu, ond caem ein llyfrau nodiadau yn ôl gyda stamp 'CANCELLED' ar y clawr a llyfr newydd glân wedi'i osod oddi mewn.

Un bore Mawrth daeth fy hen lyfr Bywydeg i yn ôl gyda'r stamp wedi'i roi ddwywaith ar siâp croes cusan ar ei glawr, ac yn y mymryn o le gwag ar y dudalen olaf, y geiriau: 'Ti yw fy heulwen, fy unig heulwen' (teitl y gân boblogaidd Saesneg) . . . 'Amo te, Mona, Tuus amicus, Hugus'! O, fel yr edmygwn ei wybodaeth o Ladin. Am weddill y bore ychydig iawn o sylw a roddwn i'r gwersi. Roedd y mynegiant o gariad Hugh wedi mynd â'm holl fryd. Syllwn drwy'r ffenestr ar frigau'r coed y tu allan. Syllwn drwy'r clytiau bychain o lecynnau dir ar y ffenestri, lle roedd bylchau yn y toddiant a daenwyd rhag i'r gwydr falurio pe disgynnai bomiau. Syllwn heibio i'r groes groeslin o stribedi o bapur gwydn a ludiwyd o gornel i gornel ar draws pob cwarel ffenestr i fod yn ddiogelwch ychwanegol. Crwydrai fy meddyliau, esgynnent heibio i frigau'r coed, chwifient heibio i'r adar a wibiai'n ffri, meddyliwn am y froets asgellog a gefais gan fy nghefnder, meddyliwn am yr adenydd ar ysgwydd siwt ATC Hugh, meddyliwn am yr adar glas y dywedid y byddent yn debyg o hedfan dros glogwyni gwynion Dover, meddyliwn am Hugh, dal i feddwl am oesoedd am Hugh . . .

Daeth y Nadolig ac fe aeth. Daeth y gwanwyn a'r haf a bu arholiadau *Higher* Bwrdd Canolog Cymru yn mynd â bryd ac amser Hugh, ac arholiadau'r *Senior* yn mynd â'm bryd innau. Ar ganol yr arholiadau hynny, daeth *D-Day* a'r hanes am yr ymosodiadau grymus a fyddai'n dod â chwrs y Rhyfel yn nes at ei derfyn. Cafodd Hugh ddewis rhwng mynd i'r Brifysgol i wneud rhywfaint o'i gwrs cyn gorfod listio neu fynd yn syth i'r Llu Awyr a chael dod yn ôl wedi'r drin i ailafael yn yr awenau. Ac yntau'n un o natur anturus, dewisodd fynd yn awyrennwr. Dyheai am gael gadael addysg ffurfiol am y tro, am gael bod yn ddyn a chael bod yn rhan o frawdoliaeth ddisgybledig llu o recriwtiaid ifanc, am gael dysgu am weithiad peiriant awyren, ac am gael hedfan.

Oedd, yr oedd y Rhyfel wedi peri i bawb dyfu i fyny'n gyflym a rhoi heibio diniweidrwydd eu plentyndod; yr oedd y Rhyfel hefyd wedi difetha hamddenoldeb bywyd pawb, wedi dod ag elfen o ddifrifoldeb ac o frys i ymagweddiad pobl ifanc – brys am gael aeddfedu'n oedolion, brys am i'r holl helbul ddod i ben, brys am gael gwneud rhywbeth i hybu'r diben hwnnw er mwyn dod â rhyw elfen o normaliti i'r byd afreal a fodolai, a brys am gael 'byw'.

Cafodd Hugh yr alwad swyddogol o'r llu awyr ac aeth i ffwrdd i Dde Lloegr.

Byddwn innau'n mynd i'r pictiwrs efo'r genethod ambell Sadwrn, a gwirionwn ar Gregory Peck a Cary Grant fel hwythau. Aethom hefyd y flwyddyn honno i Ffair y Borth am ryw awr ar ein ffordd adref o'r ysgol. Er mwyn ceisio ymddangos yn hŷn na phlant ysgol, roeddem wedi 'paentio' ein coesau efo *gravy browning* y bore hwnnw i roi'r argraff bod gennym sanau neilon. Dim ond tynnu ein sanau *lisle* duon fu'n rhaid i ni wedyn cyn gadael yr ysgol am y ffair. Roedd hi, ar y pryd, yn anodd iawn cael sanau neilon, y math newydd o sanau a ddaeth ar y farchnad tua diwedd y Rhyfel. Âi degau o bobl ar y bws cyntaf i Fangor ar foreau Sadwrn i giwio y tu allan i siop Pollecoff am y cyfle i brynu pâr.

Anaml y gwnawn i hynny, gan eu bod yn ddrud ofnadwy – yn chweugain y pâr! Peth go amheuthun, felly, oedd bod yn berchen ar bâr o neilons! Mae'n wir bod hylif arbennig, 'Liquid Stockings', yn cael ei werthu mewn siopau fferyllwyr (rhag i bobl orfod gwisgo sanau, a thrwy hynny arbed i'r wlad gynhyrchu nwyddau diangen). Ond, i ni'r genethod ifanc na allai fforddio'r *Liquid Stockings*, roedd cymryd benthyg potel frowning ein mamau'n gwneud y tro i'r dim!

Yr wythnos cyn Ffair y Borth y flwyddyn honno, roeddwn wedi bod yn sgwrsio efo rhyw lanc ifanc o Eidalwr a ddeuai gyda'r nosau i'n siop ni i brynu sigaréts, ac wedi bod yn ei ddarbwyllo y dylai yntau a'i gyd-garcharorion fynd i'r ffair i gael tipyn o hwyl. Câi'r llanciau hyn ganiatâd i fynd am dro i bentrefi cyfagos, allan o'u gwersyll carcharorion rhyfel ar dir Plas Gwyn, ond amheuai Antonio a gaent ganiatâd i fynd i ffair. Aethai ei ymweliadau â'r siop yn amlach o hyd byth ers pan glywodd fi'n canu'r piano yn ein hystafell fyw y tu ôl i'r siop. Wrth aros, yn ôl arfer y bechgyn hyn, i gael sgwrs â 'nhad ac eraill o'r pentrefwyr a gasglai yn y siop am sgwrs a mwgyn, gofynnodd Antonio i 'nhad, mewn Saesneg bratiog, a gâi ef gyfle i roi tôn ar y piano.

Dyna'r dechrau; ni ddeuai i'r tŷ bob tro, ond fe'i gwelid ar ei ben ei hun fwyfwy, ac fe fyddai Mam y troeon hynny'n rhoi panaid a theisen iddo weithiau pan ddeuai drwodd at y piano. Caem ni fwyniant o'i glywed yn cyflwyno'r clasuron mewn modd mor ardderchog a châi yntau bleser o gael bodloni ei awydd i wneud rhywbeth na chafodd gyfle i'w wneud ers pan adawodd ei gartref. Ei hiraeth yntau'n llawn mor ddirdynnol â hiraeth unrhyw un o'n 'hogia' ni. Y balchder digamsyniol yn cronni yn ei lygaid wrth iddo ddangos lluniau o'i dad a'i fam a'r chwaer a oedd â'r un mop o wallt tywyll cyrliog ag yntau. Roedd yr anwyliaid hynny'n sicr o fod yn hiraethu amdano ef fel yr hiraethwn innau am Hugh, ac mewn gwirionedd yn gorfod disgwyl yn hwy am ei weld nag yr oeddwn i am Hugh – petawn i'n ddigon anhunanol i werthfawrogi hynny.

Gweithio ar ffermydd yr ardal yr oedd y carcharorion hyn, yn cymryd lle llawer o weision a alwyd i'r lluoedd. Ar eu horiau cinio, byddent yn chwilio am wiail ar gloddiau'r ffermydd ac yn eu plethu'n fasgedi del – dipyn yn ddi-siâp weithiau, ond pa wahaniaeth ar adeg o brinder? Wrth i'r lorïau eu cludo yn ôl i'r gwersyll ar ddiwedd dydd, byddent yn taflu'r basgedi hyn i unrhyw rai a safai yn nrysau'r tai. Ni fûm i'n ddigon ffodus i fod yn sefyll o gwmpas ar yr iawn bryd, ond fel gwerthfawrogiad o'r croeso a gafodd yn ein tŷ ni, daeth Antonio â basged yn anrheg i minnau – nid basged neges fel y lleill, ond basged wnïo fechan gron o ddau wahanol liw o wiail, un â rhisgl arno â'r llall wedi'i blicio. Trysoraf y fasged honno o hyd, a'i swyddogaeth heddiw yw dal blodau wedi'u sychu ar fwrdd bach ar ben y grisiau.

Daliwn i edrych ymlaen yn awchus at lythyrau Hugh, a byddwn innau'n ysgrifennu ato yntau'n rheolaidd. Pan na fyddai gwaith cartref i'w wneud, hoffwn wau a gwnïo dilladau i mi fy hun, gan eu cynllunio yn ôl y defnyddiau a oedd ar gael. Prynu rhyw hanner llath o ddefnydd newydd a'i gyfuno â phaneli neu fodis allan o ddarnau gorau hen ddillad, defnyddio hen *gym dress* i wneud sgert, gan ei throi i'r tu chwith am y byddai'r haul wedi cochi'r lliw glas tywyll ar yr ochr iawn, gwneud botymau o gnepyn o ddefnydd mewn mowldiau botymau am fod botymau arferol mor brin – ymgolli, yn wir, ar wneud botymau a rhoi rhesi ohonynt fel nodwedd ffasiynol ar blacedau cefn fy ffrogiau (doedd dim sipiau ar gael), gwau siwmperi o bellenni o edafedd sbâr, gan greu patrymau cywrain i gyfuno rhesi o wahanol liwiau o edafedd, gwnïo neu wau coleri rhydd ar siwmperi er mwyn cael newid delwedd.

Gwerthfawrogid pob mymryn o edafedd sbâr, rhag gorfod defnyddio'r edafedd newydd 'di-wlân' a geid yn y siopau, edafedd llipa a oedd â gafaeliad mor oer iddo, ac a gafodd ei alw'n syml yn *yarn* yn hytrach na *wool*, am nad oedd yn haeddu'r enw hwnnw. Buom ni'r bobl ifanc, ac eraill nad oedd yn y Lluoedd Arfog, wrthi'n gwau mits a menig a 'balaclafas' ar gyfer yr 'hogia'. Dosberthid cyflenwadau o edafedd gwlân go-iawn gan y Llywodraeth i unrhyw rai a ddymunai ei wau. Daeth pwysi ohono i'r ysgol – mewn tri gwahanol liw ar gyfer y tair adran o'r Lluoedd Arfog. Dewiswn i'r edafedd glas bob tro; câi eraill y lliw *khaki* neu las tywyll y llynges os mynnent. Yn wir, ar ôl dechrau cael blas ar wneud hyn, prynais i bedair owns o edafedd glas y llu awyr, efo peth o'm pres poced, i wau menig cynnes yn anrheg Nadolig i Hugh.

Ar ôl hir ddisgwyl, daeth yntau am ei egwyl arfaethedig yn ystod ail wythnos Rhagfyr (pan oedd hi hefyd yn digwydd bod yn amser fy mhen blwydd) a chefais gyfle i'w anrhegu â'r menig pan ddaeth i'm gweld.

'Dyma i tithau focs o siocled ar dy ben blwydd,' meddai, 'ac mi awn ni ar y cwch i Gaernarfon fory i brynu pâr o fenig *Fair Isle* i ti erbyn y 'Dolig – rwyt ti 'di bod yn ffansïo rhai erstalwm, on'do? . . . Pwy a ŵyr, falla y medra' i brynu rhwbath gwell i ti y 'Dolig nesa, rhwbath mwy parhaol, rhwbath fydd yn dy atgoffa ein bod ni'n mynd i fod yn perthyn i'n gilydd! Mi bryna' i fodrwy i ti, un â charrag las, falla! Gawn ni feddwl am hynny, Mona? Wyt ti'n fodlon?'

'O, Hugh, dwi . . . dwi ddim yn gwbod be i'w ddeud! Wrth gwrs 'mod i'n fodlon. Wel, mi dwi wrth fy modd dy fod ti'n gofyn i mi, ond rydw i'n rhy ifanc i ddyweddïo.'

'Dwi'n gwbod mai dim ond dwy ar bymtheg fyddi di erbyn hynny,' meddai yntau, 'ac y byddi di'n dal i fod yn yr ysgol. Ond nid meddwl am briodi ymhen blwyddyn rydan ni – dim ond dyweddïo, rhyw un cam yn nes at fod yn eiddo i'n gilydd. Fydd gen i ddim angen mwy o amser i fod yn sicrach o 'nheimlada, ac mi wn dy fod titha'n teimlo'r un fath. Mi fydd gen i dipyn mwy o arian wrth gefn erbyn hynny hefyd, ac mi fyddwn ni ill dau'n fwy pwyllog, siawns. Mi fydd yn rhwbath pendant i ni edrych ymlaen ato, yn bydd?'

'O, bydd, Hugh. O'r gora, 'ta, mi fydd yn grêt! Os wyt ti'n meddwl ei fod o'n iawn. Rydw i'n dy garu di'n ofnadwy, ac mi fydda' i'n gwirioni, a deud y gwir, wrth edrach ymlaen at 'Dolig nesa.'

'Mae'n rhaid i ni fedru gwbod bod 'na ddyfodol sicrach ar ôl yr hen Ryfel 'ma. Mi fyddwn ni'n cysuro'n gilydd yn y lluoedd drwy feddwl mai i hynny rydan ni'n ymdrechu bob dydd. Rydan ni'n teimlo mor ansefydlog yn yr hen wersyll 'cw, ymhell oddi wrth y teulu a phopeth. Ac ma' arna' i isio i ti sgwennu ata' i'n aml. Mae hi mor bwysig i ni'r hogia gael dangos i'n mêts bod gynnon ni rai sy'n meddwl amdanon ni gartra. Yli, Mona, dwi'n gwbod bod 'na ryw wefr eithriadol yn dŵad i mi pan fydda' i wrth banel rheoli'r awyrenna 'na. Ydw, rydw i wrth fy modd yn eu hedfan. Ac rydw i'n cael rhyw fodlonrwydd dieflig wrth ddychwelyd o'n cyrchoedd awyr dros y dŵr – mae'n dda gwbod ein bod yn gneud rhwbath i wella cyflwr y byd yn y blynyddoedd sydd i ddŵad . . . Ond, twt, dyna ddigon o bregethu rŵan. Tyrd, Mona, gad i mi afael yn dy law di. Mi awn ni am dro dros bont Sarn Las i gyfeiriad Melin Bodowyr i weld y rhod yn troi.'

Ar ei *leave* nesaf rywdro'n fuan iawn yn y gwanwyn, roeddwn i'n siomedig na chefais gymaint o gyfle ag y dymunwn i gael bod yn ei gwmni. Bûm yn ei gartref, yn ôl yr arfer, yn cael te ar y Sul, ond aeth y gweddill o'i wythnos heibio ar ffliwch wrth iddo orfod ymweld â rhyw berthnasau dirifedi efo'i fam. Ychydig o amser a gawsom yng nghwmni'n gilydd i wirioni wrth feddwl y byddem yn dyweddïo cyn diwedd y flwyddyn, y byddai ef yn selio'r cytundeb hwnnw drwy brynu modrwy i mi, ac y byddwn i'n ymfalchïo o'i gwisgo fel arwydd o'n ffyddlondeb i'n gilydd. Mae'n dda nad oedd gen i ddim arholiadau o bwys y flwyddyn honno, gan fy mod yn cael trafferth canolbwyntio o ddifrif ar waith ysgol. Ymddangosai'r Nadolig yn andros o bell, ond fe'm cysurwn fy hun y cawn fynd i'r coleg y flwyddyn wedyn yn hapus o wybod bod Hugh yn ddyweddi i mi.

Rhyw brynhawn Sadwrn rai wythnosau'n ddiweddarach, a'r gwanwyn yn ifanc o hyd, roeddwn ar fy ffordd adref ar ôl bod am dro i lawr tua'r Llan efo dwy o'm ffrindiau. Diwrnod heulog braf, ond roedd swildod yr egin ar goed Caeau'r Aur yn dangos eu bod yn dyheu am awelon cynnes Mai. Roedd crinddail yr hydref yn dal i sïo'n greision sych dan ein traed wrth inni oedi ger Sarn Bwll Refail i hel tipyn o ferw'r dŵr i fynd ag o adref i de. Ymlaen â ni wedyn heb ymdroi rhyw lawer, gan fod ias gwynt y dwyrain yn ddigon miniog wrth inni gerdded dan gysgod ambell goeden dewfrig.

Wedi ffarwelio â'r ddwy gyfeilles wrth ddrysau eu cartrefi euthum innau ymlaen adref. Pan gerddais i mewn i'r tŷ, synhwyrwn fod rhywbeth o'i le ar unwaith – oddi wrth wynebau hirion 'nhad a Mam. Wrth fy ngweld, rhoes Mam ei gwaith crosio i lawr ar y bwrdd.

'Yli, Mona, dwyt ti ddim i ypsetio dy hun,' meddai, 'newydd go annymunol am Hugh . . . mae'i fam o 'di bod yma'n deud ei fod o 'di priodi ers wythnos.'

Wrth fy ngweld yn sefyll yn syfrdan ar ganol y llawr, cododd a gafael amdanaf yn dynn. 'Chafodd neb wbod am y briodas nes oedd y cwbl drosodd – ei fam o na neb. Merch o'r ATS ydi hi . . . o rywle yn Lloegr.'

Doedd y manylion hyn ddim yn gwneud unrhyw argraff arnaf – doedden nhw ddim yn bwysig, p'un bynnag. Ni ddaeth dagrau, ni theimlwn un math o emosiwn . . . dim, dim – ond syndod anghrediniol . . . a diddymder a gwacter.

Syllais i'r tân, i ddirgelion ei fflamau, a chyn bo hir daeth ei gynhesrwydd a'i sirioldeb â mi ataf fy hun i sylweddoli lle'r oeddwn. Gwelwn Mam yn taenu'r lliain bwrdd. Clywn Selwyn yn y gegin fach yn estyn llestri te ac yn ymbalfalu yn y tun cacennau, a 'nhad yn cau'r bolltau ar ddrws y siop i gael noswyl gynnar.

Cyri ger y Carneddi

~

Carys Richards

Pan ddaeth fy nhad, William Morgan Richards, o Ferthyr Tudful i fyw i Eryri, bu i'r dyn o'r cymoedd syrthio mewn cariad â'r mynyddoedd mawr. Pan symudodd o Ysgol Friars, Bangor i ddysgu yn yr hen Ysgol Sir ym Mhorthmadog fe syrthiodd mewn cariad drachefn – eithr y tro hwn ag Olwen Jones, merch hynaf Caffi Arvonia. Bu iddynt briodi ym 1927.

Cefais innau fy magu yn un o'r tai sydd uwchlaw'r harbwr yn y Garth, man lle gallai 'nhad ar ôl ei ddiwrnod gwaith fynd i bwyso ar y wal gyferbyn ar fin y dibyn, ac edrych i lawr i'r Cei ac yna draw at y mynyddoedd – at Foel Hebog, Lliwedd, y Cnicht, y ddau Foelwyn ac yna draw i gyfeiriad y Rhinog. Ar ddiwedd yr wythnos byddai'n darllen arwyddion y tywydd yn eiddgar canys yr oedd yn manteisio ar bob cyfle i fynd i ddringo. Yn wir, o bryd i'w gilydd, aeth â channoedd o blant ar deithiau dringo ac ni chredaf i'r un ddamwain ddigwydd erioed ychwaith.

Yr oedd yn arfer gennym ni fel teulu bach o dri fynd ar daith gerdded go sylweddol yn ystod y gwyliau – weithiau i gyfeiriad Braich y Saint, dro arall o Gricieth i'r Greigddu, ond yr un yr oeddwn i fwyaf hoff ohoni oedd y daith honno o Bont Aberglaslyn, drwy bentref Nanmor, ar hyd Blaen Nanmor i lawr i Nant Gwynant nes cyrraedd y ffordd bost i Feddgelert. Ac roedd yn rhaid amseru pob taith yn fanwl i ddal y bws yn ôl i Port. Nid oedd gennym gar modur yn y dyddiau hynny – dau feic, oedd, ond nid car modur!

Daeth yr Ail Ryfel Byd â llawer mwy o gwmni i unig blentyn. Yn eu tro daeth dwy ifaciwî i aros i'n tŷ ni, Barbara o Scotland Road, Lerpwl, ac yna Betty o Ben Bedw. Ymhen hir a hwyr hefyd daeth Sgt Major Crookes, un o'r *Marine Commandos*, i aros i Borthmadog ac i Forth y Gest. Cofiaf fel yr oedd fy rhieni'n poeni'n enbyd yn ei gylch o ar un noson go stormus. Roedd yn rhaid i'r bechgyn a oedd o dan ei ofal fynd â chwch rhwyfo o Port, draw i *HMS*

Glendower lle roedd miloedd o longwyr yn cael eu hyfforddi nid nepell o'r fan lle roedd Gwersyll Butlins. Dangosodd fy nhad fap o'r arfordir iddo a cheisiodd ei ddarbwyllo'r un pryd i gychwyn yn ddigon buan i fedru manteisio ar y llanw a thrwy hynny gyrraedd cyn nos. Wrth gwrs, fel un oedd wedi goroesi helyntion y glanio yn yr Eidal roedd Sgt Major Crookes yn eitha hyderus y gallai ei fintai gyrraedd Afon-wen heb lawer o drafferth ac yn wir llwyddo wnaeth o hefyd. Eithr perthynai rhyw odrwydd iddo weithiau. Clywais Mam yn defnyddio'r geiriau *'bomb happy'* amdano. Fe fyddai, fel enghraifft, yn tanio'i sigarét oddi ar y fflam gylch ar ein popty nwy ac ar adegau yn tanio'i fwstás yn y fargen! Byddai'n neidio'n glir oddi wrth y popty gan ddiffodd ei wyneb yr un pryd a brolio, *'Note my fast reactions, Mrs Richards – note my reactions.'*

Tua Gwanwyn 1942, pan oedd y Luftwaffe yn bomio De Cymru, ac Abertawe yn enwedig wedi cael nosweithiau o fagnelu caled, daeth teulu o'r ddinas honno i aros i Garth Villa, un o'r tai i fyny'r rhiw oddi wrthym ni. Roeddwn i wrth fy modd yn cael cwmni newydd – Jane Smith, geneth ychydig yn iau na mi, a'i chefnder, Huw, oedd dipyn yn hŷn.

Pan ddaeth gwyliau'r haf ac ar ôl cael seibiant byr i ddadluddedu ar ôl gwaith y tymor, dyma 'nhad yn penderfynu ei bod hi'n bryd trefnu un o'n teithiau cerdded arferol. Cefais ganiatâd i wahodd Jane a Huw i ddod efo ni. Yna anfonwyd neges i deulu ffarm y Gerynt i ofyn a gaem ni dorri'n syched yno amser te ar y diwrnod penodedig. Doedd dim ar ôl wedyn ond bod yn amyneddgar ac edrych bob bore dros y wal i gyfeiriad Aberglaslyn i chwilio am arwyddion tywydd braf.

Mae plentyndod, o bell, yn edrych mor ddelfrydol rywsut. Ac fe gawsom un o'r dyddiau perffaith hynny: sych, braf, cynnes, ynghyd â chwmni da ar gyfer y daith. Gwalltiau cochion oedd gan Jane a minnau a'r rheini'n blethi tyn taclus ar ddechrau'r dydd ac yr oeddem ein tri yn rhai garw am siarad. Ac i lawr y rhiw â ni'n pump – Mam yn gwisgo het yn gysgod rhag yr haul, fy nhad efo'i sgrepan dros ei ysgwydd, a Jane, Huw a minnau yn ein crysau *Aertex* glân a throwsusau byr, hafaidd.

Wedi disgyn oddi ar y bws wrth Bont Aberglaslyn ar ôl gwneud yn siŵr y byddai bws Beddgelert yn mynd drwy Nant Gwynant am hanner awr wedi pump, dyma gychwyn cerdded i gyfeiriad

Nanmor. Ar y ffordd cawsom sgwrs efo teulu Gelli'r Ynn a oedd yn mwynhau'r haul yn yr ardd ffrynt. Ymlaen â ni wedyn drwy'r pentref a 'nhad yn troi i mewn i'r siop i brynu melysion gan Mrs Parry. Wedi cael sgwrs arall yn y fan honno gadawsom y ffordd a chychwyn ar hyd llwybr troi i gyfeiriad Carneddi. Roedd olion traed anifeiliaid ar hyd y llwybr a gwyddwn fod Mam yn bryderus. Nid oedd hi'n hoff o gerdded drwy unrhyw gae efo gwartheg neu geffylau ynddo!

Wrth inni ddringo i frig rhyw godiad tir daeth yr awel ag arogleuon go ddiarth i'n ffroenau, er nad oedd gennym yr un syniad arogl beth yn union ydoedd chwaith. Eithr cawsom gryn ysgytwad! Yn y pant islaw roedd cannoedd o bebyll wedi eu codi a'u gosod yn rhengoedd trefnus, ynghyd â thanau wedi eu cynnau yma ac acw, a dynion dieithr yno yn prysur baratoi 'cyri' mewn padelli mawrion ar gyfer cinio. Clywem hefyd yn dod o'r un cyfeiriad sŵn ysgafn, lleddf rhywun yn canu'r ffliwt. Ar un o'r llethrau yn ogystal roedd nifer o fulod yn pori'r byrwellt. Edrychent yn bethau digon bygythiol wrth ddangos gwyn eu llygaid ac wrth iddynt roi ambell gic sydyn bob yn ail ag ysgwyd eu cynffonnau i erlid y pryfetach a oedd yn eu poeni.

Nid oeddwn wedi gweld pobl debyg erioed o'r blaen a syllwn yn gegrwth ar y cannoedd o ddynion a oedd yno'n gwau drwy'i gilydd fel morgrug. Gwisgent ddillad *khaki* ond yr oedd rhai ohonynt – y swyddogion mae'n debyg – â thwrbanau wedi eu dirwyn yn daclus o gwmpas eu pennau.

Os oeddem ni blant wedi'n syfrdanu, roeddynt hwythau yn falch o weld rhywun diarth yn dod ar hyd y ffordd honno oedd yn arwain drwy'r gwersyll heibio i Garneddi i gyfeiriad Tan Rhiw.

'*Look! Come on look! Look! Young ladies with red hair,*' ebe un a rhedodd nifer ohonynt allan o'u pebyll gan sefyll yn gwrtais i rythu arnom ond gan nodio a gwenu yr un pryd.

Cafodd 'nhad sgwrs ag un o'r dynion talgryf – a edrychai'n dalach fyth o dan ei dwrban – a rhoddwyd ar ddeall iddo mai aelodau oeddynt o'r *Royal Indian Army Service Corps* ac mai'r enw a roesant ar y gwersyll oedd 'Rawalpindi'.

'Dowch, ne' mi gollwn y bws,' cymhellodd 'nhad toc a cherddasom yn swil rhwng y rhengoedd o wynebau oedd yn dal i wenu arnom, nes cyrraedd o'r diwedd yn ôl i dir Cymreig, cynefin defaid Blaen

Nanmor. Cawsom fwy o hanes y gwersyll yn Tan Rhiw yn ddiwedd-arach ac yna wrth y bwrdd te a'r wyau ffres yn y Gerynt.

Bu'n ddiwrnod cofiadwy. Roedd blas ar wynt y mynydd. Ac roeddem ni yn ôl yn Nant Gwynant mewn da bryd i ddal y bws yn ôl i Port. Roeddem hefyd wedi cyfarfod â phobl o ben draw'r byd a ddaethai i ymuno â ni yn y Rhyfel. A bellach, waeth pryd y clywaf nodau lleddf y ffliwt fach fambŵ o Asia ar y radio, neu pryd bynnag y daw aroglau cyri i'm ffroenau, fe fyddaf yn reddfol ail-fyw'r profiad ac yn galw i gof y darn o'r India a gyfarfûm ar bnawn o haf ym Mlaen Nanmor.

Gwarchodwyr yr Hen Feistri

~

Helen Royle Lloyd-Edwards (née Evans)

Un ar ddeg oed oeddwn i pan ddechreuodd y Rhyfel. Trigwn i gyda fy mam a'm tad mewn tŷ o'r enw 'Gwyrfai Cottage', ym mhentref y Bontnewydd, y tu allan i Gaernarfon. Rwy'n cofio'n iawn fy mam yn galw ar fy nhad o'r ardd ar y Sul hwnnw ym Medi 1939, a dweud bod neges ar y weirlès, ac fe glywsom gan Alvar Liddell o'r BBC bod yr Ail Ryfel Byd wedi dechrau. Bûm yn holi llawer ar fy rhieni yn ystod y dyddiau nesaf, a cofiaf Mam yn dweud wrthyf, 'Fe fyddi di'n iawn, ac mae dy dad yn rhy hen i fynd i gwffio. Dim ond dy ewythr Harri sy'n ddigon ifanc i orfod mynd.' Brawd ieuengaf Mam oedd fy ewyrth Harri.

Roedd y flwyddyn honno yn un fwy cyffrous nag arfer i mi beth bynnag, gan fy mod wedi gorffen fy addysg yn Ysgol Gynradd Bontnewydd, ac yn dechrau fy ngyrfa addysgol yn yr *Higher Grade* yng Nghaernarfon, sef Ysgol Segontium heddiw. Un o'r atgofion cynharaf sydd gennyf am yr ysgol honno oedd i eneth ymuno â'r dosbarth, a hithau newydd ddod drosodd o'r America gyda'i theulu, ar yr *SS Athenia*. Myfi a gafodd y dasg o'i helpu i ddysgu am arian y wlad hon, gan ei fod yn hollol wahanol i'r *'cents'* a'r *'dollars'* yr oedd hi'n gyfarwydd â nhw. Brawychus oedd clywed, ychydig fis-oedd yn ddiweddarach, i'r *Athenia* gael ei suddo gan yr Almaenwyr.

Fel yr âi'r Rhyfel rhagddo, peth cyffrous i ni fel plant oedd clywed enwau rhyfeddol y trefi a'r dinasoedd tramor ble'r oedd yr ymladd yn ei anterth. Roedd rhyw ramant arbennig yn perthyn i enwau estron na chlwysom mohonynt erioed o'r blaen, fel Sidi-berani a Tobruk – cymaint felly fel y llysenwyd modryb i mi, o'r enw Sydney, yn Sidi-berani – a dyna a fu wedyn weddill ei hoes!

Ar ddiwedd fy nhymor cyntaf yn yr ysgol uwchradd, bûm yn ffodus i basio arholiad, a chefais fy anfon wedyn i'r *County School* – sef Ysgol Syr Hugh Owen heddiw. Roedd nifer o'r athrawon yno eisoes wedi ymadael i wasanaethu yn y Lluoedd Arfog, ac eraill yn weithgar yn yr *Home Guard*, yr ARP ac yn y blaen.

Dyma gân a ganwyd gennym, ar y slei, am ein hathrawon. Ni wn pwy oedd y bardd, ond fe'i cenid ar yr alaw 'Hen iâr fach wen yw fy iâr fach i':

Mr Evans ni sy'n hoff o syms,
Ac yn Five B os gwêl o ddyns
Fe glywch ei lais
Yn esgyn fry
Obor abitum Trigonometry.[1]

Mae Major ni yn dysgu French
A'r hen Home Guard yn torri trench,
Ac od oedd sŵn
Ei lais fel cloch
Je suis, tu es, il est yn Ysgubor Goch.[2]

Cem bach ni sy'n dysgu Gym
I'n helpu ni i fynd yn slim,
Ond cyn hir bydd
Cem bach ni
Yn diffodd tân, tân, tân, gyda'r ARP.[3]

---

1. Mr E. P. Evans – Prifathro'r Ysgol, ac yn fathemategydd gwych iawn.
2. Mr J. Hywel Williams – Athro Ffrangeg.
3. Mr R. T. Cemlyn Williams – Athro Lladin, Daearyddiaeth, ac weithiau Gym. Bu'n Faer Caernarfon.

Ffansïo'i hun mewn Air Force Blue
Wnaeth un o'r staff, O yes it's true,
Ond buan iawn bydd WR
Yn dweud ffarwél
Wrth ei Opel, Opel, Opel, German car.[4]

Un achlysur trist a gofiaf yw bod yn y Neuadd yn y gwasanaeth boreol, a'r Ysgol gyfan yn sefyll am funud o dawelwch i gofio am y cyn-ddisgybl cyntaf a laddwyd yn y Rhyfel. Roedd Olga Hilton Parry wedi mynd i Lundain i nyrsio a chollodd ei bywyd pan fomiwyd yr ysbyty lle roedd yn gweithio yno. Bu galw arnom i godi lawer o weithiau wedi'r diwrnod hwnnw, fel y deuai newyddion am gyn-ddisgyblion eraill a gwympodd ar faes y gad.

Yr oeddem yn cael Dawns Nadolig ac Eisteddfod a Gwasanaeth Carolau yn yr ysgol drwy gydol blynyddoedd y Rhyfel. Roedd gennyf ddwy fodryb oedrannus – Anti Jennie ac Anti Judy, y ddwy yn wniadwragedd galluog. Roeddent wrth eu boddau yn gwneud rhyw fath o wisg addas i mi ar gyfer yr achlysuron hyn. Un tro, ar gyfer parti Gwisg Ffansi, gwnaethant ffrog hardd mewn deunydd du hyfryd gyda secwinau i ddynodi nos. Ni feddyliodd neb yn neuadd yr ysgol y noson honno mai hen ffrog i Lady Goronwy Owen ydoedd, a bod fy modrybedd wedi ei gwneud iddi hi ar gyfer ei gwisgo ym Monte Carlo flynyddoedd ynghynt. Ond dyna fo – roedd llawer o addasu ac ailddefnyddio ar ddillad adeg y Rhyfel! Ni fyddai'r cwponau a gawsem gan y Llywodraeth yn mynd ymhell iawn i'n dilladu yn berffaith y dyddiau hynny.

Cynhaliwyd Eisteddfod yr ysgol yn yr hen *Guildhall* – nad yw'n bodoli mwyach. Roeddwn yn mwynhau cystadlu ar ganu yn fawr iawn, ac enillais lawer gwobr. Byddai rhan o'r adeilad yn cael ei neilltuo ar gyfer arddangos gwaith llaw'r disgyblion. Cofiaf mor llawen oeddwn un flwyddyn pan ddewiswyd darlun a wnaed gennyf o lyffant ar ddeilen lili i'w arddangos yno, a phawb o'r cyhoedd oedd yn mynychu'r Eisteddfod yn cael ei weld.

Gan ei fod yn hen filwr, ac wedi gwasanaethu yn y Rhyfel Cyntaf, bu fy nhad ynghyd â thri arall yn gwarchod darluniau drudfawr o'r Oriel Genedlaethol yn Llundain a anfonwyd er diogelwch i'w

---

4. Mr W. R. Jones – Athro Cymraeg, yn enedigol o'r Bontnewydd.

cuddio yng nghefn gwlad Cymru. Gŵyr pawb am y casgliad mawr a ddiogelwyd mewn chwarel ym Mlaenau Ffestiniog – ond dylid cofio hefyd y cadwyd cyfran o weithiau'r 'hen feistri' ym Mhlas y Bryn, Bontnewydd, am gyfnod o ryw ddwy i dair blynedd. Roeddynt yn cael eu gwarchod ddydd a nos, a byddai fy nhad a'i gydweithwyr yn gweithio shifftiau. Cofiaf fy nhad yn dweud mor bwysig oedd cadw tymheredd yr ystafelloedd yn gyson, fel na ddirywiai'r lliwiau, a byddai'n rhaid mesur y tymheredd yn rheolaidd. Byddai'n dweud hefyd mor fyw yr edrychai'r darluniau, a'i fod yn aml yn teimlo bod llygaid y cymeriadau yn ei ddilyn ble bynnag yr âi yn y Plas!

Un Nadolig, cofiaf i fy nhad ddod â darlun o Blas y Bryn yn anrheg i mi. Cyn i neb ddychmygu iddo ddwyn un o'r gweithiau amhrisiadwy, prysuraf i ychwanegu mai *print* bychan oedd hwn, ac wedi ei daflu i'r bin sbwriel. Achubodd fy nhad ef o'r dynged honno, a'i gludo adref i mi. Rwy'n falch o ddweud bod y darlun gennyf hyd heddiw wedi'i fframio, ac ar wal fy nghartref. Rwyf wedi darganfod bellach mai print o un o weithiau'r arlunydd o'r Iseldiroedd Pieter de Hooch ydyw, sef 'Interior of a Dutch House', ac y mae'n fy atgoffa'n ddyddiol o'r amser pan oedd rhai o drysorau mwya'r wlad yn cael eu gwarchod gan fy nhad.

Wedi i'r darluniau gael eu symud i Flaenau Ffestiniog a lleoedd eraill, aeth fy nhad i weithio i'r *Air Ministry* yn eu canolfannau yn Llanberis a Llandwrog. Yr oedd yn Llandwrog pan ddigwyddodd damwain erchyll gydag awyren yn crashio wrth lanio. Mae gennyf *pendant* bychan a wnaed o wydr yr awyren, ar siâp calon gydag angor a chroes y tu mewn iddi. Un o'r dynion a weithiai yn y maes awyr yn Ninas Dinlle oedd wedi gwneud defnydd o'r peth oedd ar ôl yn y llanastr, mae'n siŵr.

Gan nad oedd ganddi ond un plentyn, a honno yn yr ysgol uwchradd (sef fi), a'i bod hi ei hun yn ifanc ac yn iach, bu'n rhaid i fy Mam fynd i helpu ar fferm er mwyn gwneud ei rhan yn yr ymgyrch ryfel. Byddai'n mynd at Mr a Mrs David Edmunds i fferm Bronant am ddau neu dri diwrnod yr wythnos, yn ôl y galw.

Un prynhawn, ar ôl i mi ddod adre o'r ysgol, dyma rhyw fachgen mawr tal mewn gwisg *khaki* at y drws, ac meddai, 'Ble mae Meg?'

'Mam ydach chi'n feddwl?' meddwn innau. 'Mae hi ar y fferm. Pwy ydach chi felly?'

A dyma yntau'n ateb, 'Bill o'r States, hogyn Anti Sali ac Yncl Jim.'

Wyddwn i ddim byd amdano ef na hwythau, ond euthum ag ef i'r fferm. Pan ddywedais yr hanes wrth Mam, y peth cyntaf ddywedodd hi oedd, 'Bobol mawr, be gaf i roi iddo i swper?'

'Mi ydw i'n iawn,' meddai llais tu ôl i mi, 'Does arna i ddim eisiau llawer!'

Roedd Mam a Mrs Edmunds wedi'u synnu – dyn ifanc wedi ei eni a'i fagu yn yr America, ac yn siarad Cymraeg yn rhugl. Gwasanaethu yn yr Awyrlu Americanaidd yr oedd Bill, ac yr oedd wedi hedfan drosodd i'r Fali, Ynys Môn. Roedd wedi clywed gymaint am y teulu yng Nghymru, fel y penderfynodd ddod i'n gweld. Roedd pawb yn synnu at ei Gymraeg, a dywedodd mai dyna siaradai'r teulu gartref yn Granville, er bod yr Awdurdodau Addysg yn yr America wedi mynnu bod ei rieni yn siarad Saesneg gydag ef a'i chwaer, er mwyn iddynt ddod ymlaen yn yr ysgol yno.

Gan wybod am gyni'r Rhyfel yn y wlad hon, roedd wedi dod â pharsel o nwyddau i ni, yn cynnwys tuniau cig, tuniau ffrwythau, siocled, sanau neilons (a oedd yn bethau prin iawn ar y pryd), a hefyd pacedi o *chewing gum*, oedd yn rhoi pleser arbennig i mi. Roeddwn yn cnoi fel melin bupur drwy'r dydd! Roedd mam Bill, oedd wedi ymfudo o Fethesda ar ôl priodi fy ewythr, yn wniadwraig dda, ac yn gweithio mewn ffatri neilon. Anfonodd hi gobanau a pheisiau i ni, oedd hefyd yn dderbyniol iawn.

Arhosodd Bill gyda ni am ryw wythnos, cyn gorfod mynd yn ôl i'r Fali i hedfan adre i'r States. Y noson yr ymadawodd rwy'n cofio eistedd yn y seiat yn y Capel, yn cnoi *chewing gum* fel coblyn, ac yn edrych drwy'r ffenestr. Yn yr awyr, roedd awyren fawr wen yn mynd heibio, a chofiaf ddweud wrth Mam, 'Eroplên Bill yn mynd yn ôl i Merica ydi hi, dwi'n siŵr!'

Aeth dipyn o flynyddoedd heibio cyn y daeth drosodd wedyn, ond bu'n dod bron yn flynyddol o 1959 ymlaen, hyd ei farw yn ifanc ddiwedd y chwedegau.

Yr oeddem yn lwcus yn y pentref, cyn belled ag yr oedd bwyd yn y cwestiwn, roedd llawer yn tyfu llysiau yn eu gerddi, a deuai nwyddau yn slei weithiau o'r ffermydd hefyd. Byddai'r cigydd lleol Mr William Hughes hefyd yn edrych ar ein hôl yn dda, ac yn medru cael gafael ar dameidiau o ryw fath o gig i ni drwy'r Rhyfel – dipyn bach mwy na gwerth y *rations* yn aml! Dyma'r adeg y dechreuais gael blas ar lobsgows wedi'i wneud gyda *corned beef*, ac rwy'n hoff ohono byth! Am ryw gyfnod bu prinder wyau, a chofiaf fy mam yn piclo wyau a'u cadw mewn hen bot pridd mawr yn y twll dan y grisiau. Yr oedd y gwersi coginio a dderbyniem yn yr ysgol yn adlewyrchu amgylchiadau'r dydd a rhoddid pwyslais mawr ar ein dysgu sut i ddefnyddio wyau powdr, a lleihau ar y defnyddiau eraill wrth wneud cacennau. Pethau prin oedd melysion a siocled, ac anaml iawn y caem ffrwythau tramor fel orenau a bananas.

Yn dilyn bomio mawr yn Lerpwl, daeth yr ifaciwîs i'r ardal. Tair o enethod cefnder fy nhad, sef Edwina, June a Pat a ddaeth atom ni. Plant Lerpwl i'r carn, 'Our Nina' ac 'Our Pat' glywech ganddynt drwy'r amser. Chwarae teg fe wnaethant setlo i lawr yn reit dda acw; mynychu ysgol y pentre bob dydd, a hyd yn oed dysgu adnodau ar eu cof i'w hadrodd yn y Capel. Yr oedd effaith y bomiau yn Lerpwl wedi effeithio ar un ohonynt, sef Edwina, ac roedd yn codi a cherdded yn ei chwsg. Er i fy rhieni roi rhaff ar draws top y grisiau i geisio ei hatal, byddai'n dal i lwyddo i ddod i lawr. Ond yr unig beth fyddai angen i ni ei ddweud oedd 'Go back to bed, Nina,' a byddai'n troi ar ei sawdl, ac i'r llofft â hi. Bu'r tair yn aros gyda ni am ryw ddwy flynedd, cyn dychwelyd i Lerpwl. Y tro diwethaf y clywais amdanynt roedd June yn briod ac yn byw yn Ne Affrica, ac Edwina gyda'i gŵr yn yr Almaen, ond wn i ddim beth ddaeth o'r ieuengaf, sef Pat.

Yr oedd nifer o fechgyn ifanc y pentref yn anfodlon mynd i ymladd. Conshis oedd yr enw a alwyd arnynt, a thros y ffordd i'r Cartref (sef Cartref i Blant Amddifad yn y pentref) roedd rhywun wedi paentio ar wal fawr mewn paent gwyn – 'Our CO's' a thua hanner dwsin o lythrennau, fel W.J. neu R.D. i ddynodi enwau'r rhai oedd yn gwrthod ymladd. Byddai'r geiriau'n serennu ar rywun wrth gerdded i lawr y lôn, ac yn peri llawer o loes i'r bechgyn a'u teuluoedd.

Wrth gwrs, ymunodd llawer o fechgyn lleol â'r Lluoedd Arfog, ac fe'm galwyd innau i helpu yn y gymuned yn ifanc oherwydd hynny. Ymunodd organydd Capel Libanus (Annibynwyr) Bont-newydd â'r Fyddin, sef R. Victor Williams, a doedd neb ond myfi yno allai chwarae'r offeryn. Dechreuais gyfeilio yn y gwasanaethau yn dair ar ddeg oed, a dal ymlaen yn ddi-fwlch hyd nes y priodais, ac rwy'n dal i helpu allan o dro i dro, hyd heddiw.

Wedi gadael ysgol ddiwedd 1943, euthum i Goleg Ysgrifenyddol ym Mangor, a mwynhau bob munud yno yn dysgu llaw-fer a theipio, yn ogystal â chael cwmni hwyliog genethod eraill o Fangor,

Sir Fôn, Bethesda a Phwllheli. Yn ystod fy nyddiau coleg, byddwn yn cynorthwyo yn Swyddfa'r Post yn y pentre, oedd hefyd yn swyddfa ddosbarthu yn y dyddiau hynny. Ar adeg y Pasg a'r Nadolig y byddwn yn helpu yno, gan ddechrau gweithio am bedwar y bore i ddosbarthu'r llythyrau cyn mynd â nhw o gwmpas y tai.

Byddwn yn cael llawer o wyau o gwmpas y ffermydd am ei bod yn Basg, a hefyd byddwn yn cael *Xmas Box* gan rai, ond roeddwn yn teimlo'n euog iawn o dderbyn dim byd, gan y teimlwn mai John Thomas, yr hen bostmon arferol, ddylai gael y rhoddion, gan mai ef oedd wrthi'n danfon y post gydol y flwyddyn. Un gorchwyl trist iawn a syrthiodd i'm rhan oedd danfon llythyr i wraig yn y pentre oddi wrth ei mab, a hithau newydd glywed ei fod ar goll yn y Rhyfel. Mae'n debyg mai hwn oedd y llythyr olaf roedd i dderbyn ganddo, gan y clywodd yn fuan wedyn ei fod wedi cael ei ladd.

Ym 1944, dechreuais weithio gydag Adran Amaeth y Rhyfel yng Nghaernarfon, a dechrau dringo i fyny ysgol y Gwasanaeth Sifil yno. Yn yr Adran Grantiau Aredig a Thatws yr oeddwn yn gweithio i ddechrau, a chael fy symud wedyn i Adran y Peiriannau. Pan ddathlais fy mhen blwydd yn un ar hugain, cefais anrheg gan bennaeth yr Adran Grantiau Aredig a Thatws, sef model bach mewn pres, o ddyn gyda cheffyl yn aredig i'm hatgoffa am yr amser a dreuliais yn yr adran honno; y mae gennyf hyd heddiw, ac yn dal i ddod ag atgofion melys i mi am ddyddiau Amaeth y Rhyfel.

Cofiaf yn iawn y cyffro a'r llawenydd adeg y *VE: Victory in Europe*. Yr oedd dathlu mawr ar y sgwâr yng Nghaernarfon, gyda thyrfaoedd yn dawnsio yno i gyfeiliant cerddoriaeth a chwaraeid o *loud speaker*. Roedd pawb wrth eu boddau o glywed bod y brwydro drosodd. Yr oeddwn i a'm cyfeillion yno, ac wedi taro ar fechgyn ifanc golygus o'r *Army Cadets* oedd yn gwersylla yng Nghoed Helen, dros yr Aber.

I groesawu'r bechgyn gartref o'r Rhyfel cynhaliwyd gyrfa chwist arbennig yn Ysgol Gynradd Bontnewydd, a phawb mewn hwyliau da. Cofiaf i mi ennill *booby prize* yno, sef bocs o fatsys, a chwerthin llawer o achos hynny.

Digwyddiad arall a drefnwyd oedd cyngerdd mawreddog yng Nghapel Siloam (M.C.) gyda'r adeilad yn llawn i'r ymylon, a'r pentrefwyr oll wedi ymgynnull i groesawu'r bechgyn yn ôl i'n plith. Cyfeilio yr oeddwn i y noson honno, ond ni chofiaf fawr am yr achlysur dim ond bod pawb wedi gwneud ymdrech i roi'r croeso gorau bosibl i'r rhai fu'n ymladd yn y Rhyfel.

Ond wrth gwrs, yr oedd rhai teuluoedd na allent ddathlu, am y gwyddent na ddeuai eu meibion byth yn ôl, ac er na fu i mi na'm teulu orfod dioddef llawer yn ystod y Rhyfel, ni ddymunwn weld adeg felly'n digwydd eto.

Menyn

~

Anita Griffith

Menyn oedd un o broblemau mawr llawer gwraig tŷ yn ystod y Rhyfel, yn enwedig y gwragedd hynny oedd â'u gwŷr a'u plant yn gorfod mynd â'u bwyd allan gyda hwy. Roedd pob math o ddyfeisgarwch ar waith i ymestyn y dogn menyn a'r marjarîn.

Cofiaf Mam yn hel yr hufen oddi ar ben y llefrith a'i gorddi mewn jar Kilner pen gwydr. Cofiaf hi hefyd yn cynhesu'r menyn, marjarîn a'r hufen oddi ar y llefrith a'i roi mewn pot pridd bach (fel yr un a arferai ei ddefnyddio i gadw halen) a'i guro â llwy bren – am oriau fel y tybiwn i'r adeg honno.

Byddai rhai o wragedd y ffermydd yn rhoi marjarîn yn y fuddai amser corddi i gael mwy o fenyn, roedd pris da am fenyn bach (fferm) yr adeg honno. Yr arferiad hwn mae'n siŵr fu'n foddion i hen gymeriad o Lŷn ddweud wrth gyfaill nad oedd syndod fod gwraig fferm y lle a'r lle yn cael llawer o fenyn wrth gorddi achos roedd hi'n rhoi *submarine* yn y fuddai!

Rhwng Dau Fyd

~

Nest Lloyd

Roedd hi'n fore Sul. Gwneud cinio oedd Mam gan ymdroi rhwng
y lle tân a'r bwrdd mawr. Yn y cyntedd roedd y forwyn yn sgleinio
ffender pres y gegin orau. Yn bump oed, roeddwn i yn ei helpu,
hynny yw yn dal y Brasso a'r cadachau llwch. Wrth y ford fach,
gron, yng nghornel y gegin waith, eisteddai Dat ar y soffa â'i glust
wrth y radio. Ni chlywais y llais a ddywedodd, *'Therefore, we are at
war with Germany,'* ond cofiaf y dinc yn llais Dat pan ddywedodd,
'Rhyfel 'to.' Ganwyd ef ym 1899 ac er na fu ef yn y Rhyfel Mawr,
cofiai amdano. Bu ei frawd hŷn yn y fyddin a chofiai Mam am
fachgen lleol yn cael ei hela gan blismyn y fyddin ar y rhosydd, ei
ddal a'i gludo i ffwrdd. Nid oedd rhamant i ryfel yn eu golwg hwy.

Treuliais dymor yn yr ysgol gynradd cyn i'r Rhyfel ddechrau.
Tymor hapus fu hwnnw, tymor yr haf a phawb yn garedig wrth y
plant oedd newydd dechrau. Daethai pethau newydd i'm byd.
Roedd yna blant eraill i chwarae â nhw, clai i'w fyseddu a'i foldio,
patrymau papur i'w torri, raffia i wneud pethau rhyfedd ohono,
llythrennau a ffigyrau i'w hysgrifennu. Ar y ffordd adre cawn alw
yn y siop a gofyn am *lucky bag*: sierbert, *spanish*, gwerth ceiniog o
sweets, neu sigaréts. Pethau melys oedd y sigaréts hyn, silindrau
tenau, gwynion â blaenau pinc iddynt, pethau i'w bwyta nid i'w
hysmygu.

Mam-gu Siop oedd perchennog y siop i bob plentyn. Roedd
ganddi felin ddŵr lle deuai ffermwyr oedd heb felin adre â grawn
i'w falu. Ambell dro byddwn yn cael mynd yno i'w gweld wrth ei
gwaith. Byddai llwch ysgafn, gwyn, ym mhobman. A chlywn sŵn
y rhod yn rhygnu tu allan. Rhwng y siop, y swyddfa bost, y felin,
yr eglwys, y neuadd, efail y gof a'r ysgol, roedd y pentre bach
anghysbell yn ganolfan defnyddiol. Roedd yn lle hollol Gymraeg
a Chymreig. Cyn dechrau'r ysgol ni wyddwn ond rhyw ddwsin o
eiriau Saesneg – y rhan fwyaf ohonynt yn enwau anifeiliaid.

Am fisoedd wedi'r dydd Sul tyngedfennol ni fu llawer o newid
ar ein byd. Gan mai ffermwyr, neu bobl yn gweithio ar ffermydd,

oedd mwyafrif ein perthnasau, cyfeillion a chydnabod, ychydig iawn ohonynt a wysiwyd i ryfel. Diflannodd ffrwythau o'r siop, diflannodd yr amrywiaeth melysion; dechreuodd Mam adfer ei hen sgiliau. Corddai fenyn yn wythnosol a gwneud ambell gosyn. Gwnaeth-pwyd crwyn defaid yn fatiau i lorïau. Daeth llyfrau dogni dillad a bwyd i bob tŷ. Hen ddillad a wisgwyd bob dydd ar y fferm a byddai dillad parch yn para yn hir. Aeth ffrogiau'n fyrion a pheidiwyd gorfodi plant ysgol i wisgo iwnifform. Daeth 'Make do and mend' yn slogan gyfarwydd ond felly roeddem wedi byw erioed. Gwastraffu oedd yr wythfed pechod marwol yn ein calendr ni.

Roedd yna dipyn o gwyno am y dogni ar betrol, ond yn y wlad roedd pobl yn dal i ddefnyddio ceffylau a byddem yn cerdded i dreulio min nos gyda chymdogion agos. Wedi'r swper a'r glonc cerddem adre ar hyd y llwybrau culion â golau ein llusern olew neu fflachlamp yn gylch melyn, diogel o'n cwmpas. Un tro, deuthum wyneb yn wyneb â thylluan a safai'n ddisymud ar bost llidiart ein lôn. Am eiliad gyfareddol gwelais rywbeth gwyn, annelwig, yng nghanol y tywyllwch, yn agos iawn ataf, ac yna, roedd hi bant – heb wneud dim sŵn.

Yr ifaciwîs ddaeth â'r newid mwyaf. Roedd hi'n noson o aeaf pan aeth Dat i neuadd yr Eglwys i nôl yr ifaciwî. Merch tua un ar ddeg oed oedd hi, yn llygatlas ac iach ei chroen. Gwisgai gilt Albanaidd a phîn mawr i'w ddal yn gadarn ar y gwaelod. Nid oeddwn wedi gweld y fath bîn erioed a syllwn arno mewn rhyfeddod.

Prin oedd ein Saesneg ni ac ni wyddai hi ddim Cymraeg ond daethom i gyfathrebu yn fuan. Cofiaf ymdrech galed i chwilio am y gair Saesneg am neidr. Ceisiais ddisgrifio'r creadur a'i beryglon. 'Snake,' meddai hi. Dysgodd hithau Gymraeg yn fuan, aeth i'r ysgol Sul, canodd am fynd i'r Hafod a 'torth o fara gen i'n bresant' mewn cyngerdd, dysgodd odro gwartheg a marchogaeth ceffylau a chymhathwyd hi i fywyd bro Tregroes. Deuai parseli o ddillad, melysion, comics a llyfrau Enid Blyton oddi wrth ei mam a byddai hithau'n cael ei chymell i ysgrifennu'n ôl. Daeth y cyfeiriad 37 Maple Grove, Liverpool 8, yn rhan o fy myd chwedlonol. Ffynhonnell Maltesers a'r *Far-away Tree* oedd y porthladd diwydiannol, pell i mi.

Ar y dechrau, roedd gan blant Lerpwl eu hathrawes eu hunain, Miss Bayliss. Rhoddodd hi lyfr i bob un o'i disgyblion a daeth *The Six Gifts and Other Tales from The Earthly Paradise of William Morris* i'n tŷ ni. Roedd llyfrau'n brin a darllenais y llyfr hwn amled fel imi dal i gofio dechreuad y stori gyntaf, 'Ogier the Dane':

> *On a rock bound coast of the northern sea there stood a great castle which had withstood many battles by land and sea, and had often echoed to the sound of battle array but, on the June night of which I am going to tell you all was silent both within and without . . .*

Wrth glywed am Lerpwl cefais gip o fyd newydd, o gefndir gwahanol i fy un i. Gwelais gardiau lluniau, rhai maint cardiau pecynnau sigaréts, lluniau o angylion ac ati a roddwyd gan yr Eglwys Babyddol i'w phlant. Nid oeddwn wedi clywed sôn am eglwys Babyddol cyn hynny. Gweddw oedd mam yr ifaciwî a byddai'n mynd i weithio bob dydd ac yn rhentu ystafelloedd yng nghartref teulu arall. Roedd clywed am ferch annibynnol felly yn ehangu'n syniad o fyd merched.

Roedd yna bwyso ar ffermwyr i fabwysiadu dulliau modern o ffermio a deuai pobl y *War Ag* i aflonyddu ar rai. Datblygodd *Fireside Chats* pan fyddai ffermwyr yn cyfarfod ar aelwydydd eu gwahanol gartrefi i sgwrsio o dan arweiniad rhyw ddoethwr pwysig am ddulliau ffermio modern. Dirmygwyd yr ymdrech i hyrwyddo 'ffarmo llyfr' gan lawer. Byddai ffermwyr llyfr yn ennill clod ond credid mai ffermwyr eraill a wnâi'r elw mwyaf. Daeth Clwb y Ffermwyr Ieuanc yn boblogaidd fel achlysur i gymdeithasu a goroesodd. Deil ei barch o hyd.

Daeth bomio'n beth real i mi pan fomiwyd Abertawe. Pan oeddem yn gyrru adre yn hwyr rhyw noson dywyll, gwelwyd golau draw ymhell ar y gorwel. Stopiwyd y car, mynd mas a dringo ochr clawdd i weld yn well. 'Abertawe,' meddai 'nhad. 'Abertawe yn cael ei bomio.' Roedd yna gyfnither i mi yn nyrsio yno. Ni allai nyrsys fynd i loches gan fod raid iddynt aros gyda'u cleifion pan fyddai'r bomiau'n disgyn. Roedd cariad y nyrs yn yr awyrlu yn y dwyrain pell a deuai i ymweld â ni pan ddeuai adre. Edmygwn ef yn fawr gan syllu'n arbennig ar yr adenydd ar y wisg las-olau.

Yn yr ysgol, cloddiwyd ffos ymochel yn yr ardd a rhoddwyd stripiau croes o bapurau glud ar y ffenestri. Fe'n hanogwyd i gasglu papur a haearn sgrap a phob dydd Llun casglwyd 'arian sefins', sef arian i brynu stampiau cynilo cenedlaethol. Roedd storïau rhyfel mewn comics ac roedd gennyf jig-sos â lluniau o danciau a llongau rhyfel arnynt. Roedd yna gyngherddau i filwyr a byddem yn ymarfer canu ac adrodd i gyfrannu at y rhain. Byddai bardd lleol a adnabuwyd gennym fel 'Kate Ardwyn' (Kate Davies, awdur *Hafau fy Mhlentyndod*) yn ysgrifennu cerddi yn arbennig i ni eu defnyddio ar yr achlysuron hyn. 'Cerwch at Kate Ardwyn i ofyn am benillion,' fyddai gorchymyn yr athro a deuai'r penillion yn ôl y cais. Byddai yna ganu actol, adrodd a dawnsio gwerin hefyd. Ni allwn ganu ond byddai gwrando ar Megan, Morfudd a Lil yn canu 'Hun Gwenllïan' a 'Phistyll y Llan' yn fy nghyfareddu. Canwyd ymdeithgan Urdd Gobaith Cymru gydag arddeliad ond nid oedd cangen o'r Urdd o fewn cyrraedd.

Pethau digri oedd y masgiau nwy a ddosbarthwyd i bawb. Pan gawsom nhw gyntaf, roedd rhaid mynd â nhw i'r ysgol bob dydd mewn blwch sgwâr a grogwyd ar ein hysgwydd. Prynai rhai orchudd pwrpasol i roi am y blwch. Gydag amser anghofiodd ein hathrawon ein ceryddu am anghofio dod â'n *gas masks* ac anghofiasom ninnau bopeth amdanynt.

Yng Nghaerfyrddin, ugain milltir i ffwrdd, oedd y sinema agosaf ac ni welwn ffilmiau. Gallaf gofio rai lluniau papur newydd yn ymwneud â'r Rhyfel. Digriflun yn dangos Almaenwr yn cael ei gicio mas o'r Ffindir, hysbysebion *Dig for Victory* yn dangos dyn yn palu ei ardd, ac *'Is your journey really necessary?'*. Gwnaeth y 'Squander Bug' bach hyll argraff barhaol. Gallaf o hyd weld y wraig, bryderus yr olwg, â'i phwrs o arian mân yn ei llaw â'r temtiwr wrth ei hysgwydd. Credaf mai *'Don't let Squander Bug tempt you'* a *'Do you really need It?'* oedd y sloganau. Erys llun yn y meddwl wedi i eiriau fynd. Mwy sinistr oedd y rhybudd *'Careless talk costs lives'*. Bryd hynny roedd yna luniau gyda'r storïau yng nghylchgronau merched. Cofiaf lun o ddyn yn iwnifform yr awyrlu yn cynnig Champagne, yn byrlymu mewn gwydr hardd ei siâp, i ferch hudolus mewn gwisg hir, mewn tŷ bwyta moethus. Disgleiriai'r gwin yn y gwydr. Gwahanol iawn oedd ein bywyd ni! Roedd haen o ramant dros erchyllterau'r rhyfel pell – *'the magic of a distant drum'*.

Roedd yna fapiau a phinnau ynddynt yn dangos datblygiad y Rhyfel ar fur tŷ ewythr ond roeddwn i'n rhy ifanc i ddilyn yr hyn a ddigwyddai. Un peth a arhosodd yn y meddwl i oedd y gwarchae ar Monte Casino. Roeddwn ryw bedair blynedd yn hŷn erbyn hyn, a bu'r gwarchae'n hir a chlywn yr enw hudolus yn aml.

Ymunodd Dat â'r *Home Guard* a byddai rhaid iddo fynd i gadw gwyliadwriaeth nos bob hyn a hyn. Dyfarnwyd cwm llydan, gwastad ar ein tir yn lle addas i ymarferion saethu ac ambell ddydd Sul byddai'r *Home Guard* yn ymgynnull yno a chlywn sŵn eu hergydion. Nid dyna'r unig adlais rhyfel a glywn. Pan ddechreuodd awyrennau hedfan uwchben, rhedai pawb mas i'w gweld. Peidiodd y newydd-deb ond byddai'r hogiau'n medru adnabod y gwahanol fathau o awyrennau. Digon i bawb arall oedd gweld ai 'un o'u rhai nhw neu un o'n rhai ni' oeddynt.

Pan ddaeth cynhaeaf ŷd gwnaethpwyd cais i ryddhau llencyn lleol o'r Fyddin i gynorthwyo. Ni fu fawr o help wrth y cynhaeaf ond rhyw fore Sul poeth a'r llaeth yn y fuddai'n gwrthod troi'n fenyn llwyddodd ei ymgais ef i'w gorddi, ar ôl i nerth braich pawb arall fethu. Cofiaf fod ei wallt cyn felyned â'r menyn a ddechreuai gasglu'n dwmpathau yn y fuddai fechan wydr. Goroesodd ef y Rhyfel ond aeth morwr o ffrind teuluol yn *'missing'*. Achubwyd morwr arall a fu mewn cwch agored am ddyddiau. Roedd yr Almaenwyr a suddodd eu llong wedi trugarhau wrthynt a rhoi bara a gwin iddynt. Gan ein bod yn byw ond rhyw wyth milltir oddi wrth y môr roedd halen yng ngwaed llawer o deuluoedd lleol a byddai yna wrando dyfal ar restri llongau aeth ar goll.

Nid oeddwn ymhell oddi wrth Gwmtudu, cwm cul, unig a'i draeth â hanesion am fôr-ladrata ynghlwm ag ef. Yn ôl chwedloniaeth leol byddai llongau tanfor Almeinig yn glanio yng Nghwmtudu am ddŵr. Nid ategwyd hynny ond mae gennyf frith gof o sôn am fom wedi ei gollwng ar Lyn Pontgarreg gan rywun a gamgymerodd ddisgleirdeb y dŵr am oleuni tref.

Trigem rhwng dau fyd, byd gwaith lled fodern a byd personol cyntefig, heb drydan, dŵr na charthffosiaeth yn y ffermdy a osodwyd inni. Defnyddiem lampau olew a chanhwyllau ac, yn nes ymlaen, *Tilly lamp*. Roedd y dyn a fyddai'n dod i ddal cwningod yn defnyddio lamp garbein, lamp â sawr cryf iawn. Roedd yna dân o goed a glo a gadwyd yn fyw ddydd a nos, tegell yn crogi drosto a ffwrn a lle berwi dŵr un bob ochr iddo. Yn y mur gerllaw, roedd yna ffwrn fawr arbennig i grasu bara. Cyneuwyd tân yn y gwagle oddi tani i wneud y pobi wythnosol. Byddai'i du mewn fel ogof eirias goch. Menywod didoreth fyddai'n prynu'u bara o'r siop. Byddid yn prynu sachau o flawd at goginio ac roedd yr enwau dieithr ar y sachau Spillers yn egsotig i mi – enwau fel Hull a Belfast! Crogai cig moch a rhaffau o wynwyn wrth nen y gegin; roedd gennym ddigon o laeth ac o wyau, tyfem gae o datws ac roedd gennym ardd a pherllan. Roedd yna bob amser ddigon o fwyd plaen, hanfodol.

Er nad oedd dim dŵr yn y tŷ roedd gan bob buwch yn y beudy ei chafn dŵr ei hun. Wrth iddi roi ei safn yn y cafn dŵr byddai'n gwasgu teclyn oedd yn ei lanw. Roedd yna beiriant godro, Alpha-Laval, ac offer fferm oedd bryd hynny yn rhai modern, ond er bod yna fodur, dibynnid ar geffylau i wneud y gwaith ar y tir. Colled fawr i ffermwr oedd colli ceffyl. Cofiaf dyndra'r awyrgylch pan ddaeth lori i fynd â chyrff dau geffyl mewn un wythnos. Roedd dwylo Dat wedi'u cau'n ddyrnau wrth ei ddwy ochr. Ar ben hynny ni allai neb reoli'r tywydd ac roeddem yn ddibynnol ar hwnnw. Oherwydd hynny roedd gwrando ar ragolygon y tywydd yn ddefod bwysig. Cyflogwyd gwas a morwyn, y forwyn yn 'cysgu yn y tŷ' a'r gwas yn 'cysgu mas' hynny yw, yn y daflod uwch y beudy. Hoffai gweision y drefn hon gan y byddai'n golygu rhyddid i fod mas yn hwyr y nos, er y disgwylid i wraig y tŷ gadw llygad ar fynd a dyfod y forwyn. Byddai cymdogion yn helpu i gynhaeafu ac roedd yn hanfodol i fod ar dermau da â phawb os oeddech am oroesi. Wedi'r Rhyfel, gyda datblygiad technoleg fferm, byddai'r ffordd hon o fyw yn peidio. Cefais fy magu rhwng dau fyd – byd y bladur a'r cryman a byd y peiriannau.

Yn y tŷ, y teclyn mwyaf modern oedd y radio. Daeth dyn o Lan-ybydder, Jac y Fêl (tafarnwr y 'Vale of Teifi' ond tybiwn i mai ymwneud â gwenyn oedd e!), â dwy 'ar dreial'. Ni wn beth oedd rhagoriaeth yr un a ddewiswyd. Rhaid oedd cael erial ac *earth* a hefyd fatri sych a batri gwlyb. Rhaid oedd mynd â'r batri gwlyb i'w atgyfnerthu tua phob pythefnos. Cofiaf erfyn ar Dat i fynd â'r batri i'w atgyfnerthu i mi gael clywed y ddrama gyfres *The Box of Delights* ond yr hyn oedd o bwys i'r oedolion oedd y newyddion, areithiau Churchill, ambell wrandawiad ar Lord Haw-haw a phob rhaglen Gymraeg. Cofiaf y rhaglenni Cymraeg yn fwy am adwaith Mam iddynt na'u cynnwys. Torrwyd aml i raglen i ffwrdd cyn iddi orffen, a dywedai hithau, 'Maen nhw'n barod iawn i dorri rhaglenni Cymraeg bant.' Anesmwythyd fi gan ei geiriau chwyrn er na ddeallwn eu harwyddocâd. Protestiwn fod rhaid cadw at amserau ac nad oedd yna fwriad drwg. Roedd y radio yn dduw bach difai i mi.

Annibynwraig wedi priodi mewn i deulu o eglwyswyr oedd Mam. Roedd y Parchedig Dewi Thomas, heddychwr a chenedlaetholwr, yn giwrad yn y plwyf ac yn barod i ddangos ei ochr. Safai'n fud ar lwyfan tra byddai'r gynulleidfa yn canu 'God save the King'. Gweithred ddramatig a dynnai sylw plentyn. Roedd yna drafod ar ei safiad ac nid oedd Mam yn hoffi clywed pobl yn lladd arno. 'Dwi ddim yn licio clywed Jane yn difrïo Dewi Thomas,' fyddai ei hymateb.

Agorwyd gwersyll carcharorion yn Henllan a byddai'r carchar-orion yn gweithio ar y ffermydd. Dysgasant Gymraeg a dewisodd rhai beidio mynd adre pan orffennodd y Rhyfel. Deuai ambell un oedd ar fferm cymydog i weithio atom ar dro, a gweithiai un yn barhaol ar fferm modryb imi. Roedd ganddo ofn cael ei anfon yn ôl i'r gwersyll. Ar wahân i'w dillad, oedd â chylch mawr llachar wedi ei wnïo ar gefn y siaced, doedd dim hynodrwydd mawr ynddynt hyd y gwelwn i. Roeddynt yn grefftwyr da a chreasant eglwys fechan o un o gabanau'r gwersyll gan ddefnyddio unrhyw ddefnydd wrth law i'w haddurno. Mae'r eglwys yn dal yn Henllan hyd heddiw.

Agorwyd gwersyll i filwyr Americanaidd yng Nglangwili ger Caerfyrddin. Roeddent yn haelionus i'r brodorion. Er ei brotestiadau talwyd Dat â sigaréts pan roddom lifft i ddau ohonynt o Langwili i'r dre. (Roedd ganddo gefnder yn Efrog Newydd ac anfonai hwnnw lythyrau a pharseli i'w dylwyth yng Nghymru, er mai ond rhyw unwaith y bu iddo eu cyfarfod.) Roedd yr Americanwyr unig, dieithr yn ffynonellau sigaréts, siocled, neilons ac ambell blentyn siawns. Byddai merch a âi mas gydag Americanwyr yn peryglu ei henw da. Roedd yna ddywediad angharedig: 'Overpaid, oversexed and over here.'

Roedd hi'n ddiwedd y Rhyfel cyn imi sylweddoli arswyd yr hyn a ddigwyddai. Rhyddhawyd bachgen lleol ac roedd yna barti i'w groesawu adre. Roeddwn wedi clywed stori am faban wedi marw mewn gwersyll carchar a'r carcharorion wedi ei fwyta, stori am ferch oedd wedi ceisio dianc ac wedi ei chlymu wrth fur a'i thrywanu â phicellau nes iddi golli ei breichiau a'i choesau. Daliai ei chorff i wingo. Dechreuais ar fy ffordd i'r parti ond llethwyd fi gan ofn. Ofn bod yn agos at rywun oedd wedi gweld pethau ofnadwy, mae'n debyg. Trois yn ôl adre ond gorfodwyd fi i fynd. Roedd yna ragor o adroddiadau o erchyllterau gwersylloedd carchar i ddod. Cyhoedd-wyd lluniau o'r pentyrrau o gyrff yn y carcharau hiliol. Roedd ynom wythïen denau o waed Iddewig a dechreuais synfyfyrio ar hyn. Ni fedrwn anghofio'r darluniau. Rhyw ddwy flynedd wedi'r Rhyfel darlledwyd rhaglenni radio ar ddioddefaint Hiroshima a Nagasaki.

Ni fyddem yn mynd i'r cwrdd yn selog ond roeddwn yn byw bywyd digon piwritanaidd. Yr unig ferched a âi i dafarn oedd y *land girls*, merched o bant na wyddai dim gwell. Y tro cyntaf i mi fod mewn tafarn oedd haf 1944 ar noson dathlu buddugoliaeth yn Ewrop. Roedd hyn yn antur i mi. Tebyg fod fy rhieni yn meddwl fod yr achlysur yn galw am ryw fath o dorri tros y tresi. Tafarn Prengwyn oedd y dafarn, tafarn dawel yn y wlad a dim llawer yno. Ni chofiaf fod yna ddathlu pan ddaeth buddugoliaeth yn Siapan.

Deuthum i sylweddoli inni fyw bywyd heddychol ynghanol cyfnod o ing a drygioni eithafol. Flynyddoedd wedyn mewn trafodaeth ar addysg gwnes ryw sylw a wnaeth i'r darlithydd ddweud: 'Esther, fyddech chi byth wedi cael dysgu mewn ysgol Natsïaidd.'

A minnau â'r enw cyntaf Esther ac, erbyn hynny, wedi treulio cyfnod mewn ysbyty meddwl, aeth y neges adref.

Y Jerman Sbei

~

Anita Griffith

Saif pentref Llithfaen ar ochr Mynydd yr Eifl, gyda phanorama gogoneddus Gwlad Llŷn yn ymestyn o'i flaen, a thu ôl iddo dros y gefnen, i lawr y Gamffordd, swatia pentref Nant Gwrtheyrn sydd erbyn hyn yn Ganolfan Iaith nid anenwog. Ond ar ddechrau'r pedwar degau pan oeddwn i'n blentyn, pentrefi bychain chwarelyddol digon cyffredin oeddynt. Roedd mynd gweddol ar chwareli Carreg y Llam, y Nant a Chaer Nant, a'r Rhyfel heb oreffeithio ar y fasnach wenithfaen. Yr unig ffordd i gael y cerrig allan o'r chwareli y pryd hynny oedd eu cludo mewn llongau bychain sef y *coasters* oedd yn hwylio o amgylch y glannau, a'r farchnad i'r cerrig i'w chael yn fwyaf arbennig yn Lerpwl a Glannau Mersi.

Erbyn y pedwar degau, a'r Rhyfel ar ei anterth, yr oedd Lerpwl yn un o brif borthladdoedd Prydain ac oherwydd hyn yr oedd y môr o Ben Llŷn i Lerpwl yn heigio o longau tanfor ac mae'n debyg fod llawer ohonynt yn llochesu yn ogofâu a chilfachau traethau anghysbell Llŷn. Trwy lwc, neu o bolisi, nid oedd gan y llongau tanfor fawr o ddiddordeb yn y llongau cario cerrig, er bod y llongau mawr (a'u cargo yn fwy gwerthfawr at economi'r wlad a llwyddiant y Rhyfel) yn hawlio eu sylw.

Ac yn y cyfnod hwn y daeth Mrs Margaret Gwladys Fisher i fyw i fynglo pren anghysbell 'The Four Winds', ar ystlys Nant Gwrtheyrn ac ychydig lathenni o Chwarel Carreg y Llam. Daeth yma o Sugun Fawr, Beddgelert, y hi a'i phedwar ci mawr blewog, ei chath, ei throell a ffidil. Mae gennyf gof plentyn amdani, dynes solet wrywaidd yr olwg ond digon clên, a'i chyfarchiad i ferched y pentref bron yn ddieithriad fyddai, 'Look after yourselves, ladies.' Mynnai merched y pentref mai dyn oedd hi – roedd siâp gwrywaidd ei chorff, lliw ei chroen garw a rhyw naws estronol o'i chwmpas yn ddigon i gadarnhau greddfau'r merched mai dyn oedd hi mewn gwirionedd.

Oedd, yr oedd hi yn wahanol i bob estron arall a ddaeth i'r ardal i fyw. Roedd yr ardal hyd yn oed yn y cyfnod hwnnw wedi derbyn ei siâr o fewnfudwyr – Gwyddelod, Saeson a rhai o'r cenhedloedd eraill wedi dod i weithio i'r chwareli. Ond yr oedd Mrs Fisher yn wahanol. Dynes ar ei phen ei hun, di-deulu a digyfaill yn ôl pob golwg, yn dod i fyw i fynglo pren digysur anghysbell i ganol dieithriaid, a doedd hi ddim yn edrych yn berson swil meudwyaidd, roedd ganddi wên a chyfarchiad siriol i bawb. Roedd y cŵn ganddi yn gwmni wrth gwrs, a dywedir y byddai'n cneifio'r cŵn ac yn nyddu brethyn o'u blew. Byddai Gwenda Tŷ Lôn yn gwneud negeseuon iddi weithiau a byddai bechgyn y pentref yn gwerthu ambell gwningen iddi ar brydiau.

Ond pam dod i'r fath le i fyw? Wel, yn ôl y pentrefwyr, doedd yna ond un rheswm – Jerman sbei oedd hi wrth gwrs, a pha le gwell na bynglo Carreg y Llam i unrhyw Jerman sbei? Dim cymdogion llygadog, lle rhagorol i fflachio arwyddion i'r gelyn allan yn y môr, ac yn fwy na dim glanfa i'r llongau tanfor, sef cei llwytho llongau Carreg y Llam ar garreg ei drws bron – i'r dim pe bai hi eisiau anfon rhywun allan o'r wlad neu dderbyn rhywun yn slei i mewn i'r wlad yma. Ac onid oedd rhywun dieithr wedi dod rhyw noson ar y bws o Nefyn ac wedi holi am fynglo Carreg y Llam? Hefyd yr oedd yna ogof fawr wrth droed clogwyn Carreg y Llam a hwyrach fod llongau tanfor yn llochesu yno . . .

Wel, ia, meddech chi, stori dda, ffantasi gwerth chweil.

Pa'r un bynnag, yn oriau mân bore Sul Chwefror 21ain, 1943 gwelodd Gwylwyr y Glannau, Porthdinllaen, lewyrch tân ar fynydd Bwlch Llithfaen. Gwelodd Mr E.A. Deane, goruchwyliwr Chwarel Carreg y Llam, oedd yn byw gerllaw, olau'r tân hefyd ac aeth allan i ymchwilio a gwelodd fod bynglo 'The Four Winds' ar dân. Bu ef a Mrs Deane yn ceisio diffodd y fflamau. Cyrhaeddodd y Frigâd Dân o Bwllheli a'r Cwnstabl Jones o Nefyn yno am hanner awr wedi un y bore ond roedd y tŷ pren yn wenfflam a bore drannoeth cafwyd gweddillion dynol a gweddillion y cŵn yn y lludw.

Cofiaf yn iawn fynd y prynhawn Sul hwnnw i weld y fan, a hithau'n ddiwrnod anarferol o braf yn niwedd Chwefror. Yr oedd pob dim wedi ei losgi yn ulw a dim ond drewdod y tân yn aros.

Ai dyna ddiwedd y stori? Dim o gwbwl!

Doedd neb yn coelio mai gweddillion Mrs Fisher oedd ar ôl yn yr adfail. Na, roedd Mrs Fisher wedi dianc, roedd ei gwaith ar ben a doedd dim ar ôl iddi ei wneud ond tanio'r bynglo ac yna dianc mewn llong danfor yn ôl i'r Almaen – roedd hyd yn oed amser y llanw yn cadarnhau'r stori hon! Ar y noson dan sylw yr oedd llong wedi cael ei llwytho yng Ngharreg y Llam. I ddeall pam fod hyn yn allweddol rhaid cofio na ellid llwytho llong ger y cei ond yn ystod y ddwy awr cyn penllanw a rhaid oedd gofalu fod y llong yn gadael y cei llwytho o fewn y ddwy awr ar ôl penllanw. Y noson honno yr oedd criw llwytho Carreg y Llam wedi cyrraedd adref ym mhentref Llithfaen am hanner awr wedi hanner nos, taith o ryw ddwy filltir, gan gerdded wrth gwrs. Hanner awr wedi un y cyrhaeddodd y Frigâd Dân o Bwllheli – taith o dros hanner awr ac felly roedd digon o amser i Mrs Fisher aros i'r criw llwytho glirio a mynd am adref cyn tanio'r bynglo a chyrraedd y llong danfor mewn da bryd.

Ar ben hyn hefyd roedd pedwar o gŵn yn y tŷ ac yr oedd hi'n dywydd eithriadol o fwyn a thawel, ond eto ni chlywodd neb o'r ffermydd cyfagos sŵn cyfarth nac udo, a gŵyr pawb sydd yn byw yn y wlad fel y caria sŵn cŵn yn cyfarth am filltiroedd ar noson dawel yn y gaeaf. Tybed a oedd y cŵn wedi cael eu tawelu cyn y tân?

Ychydig amser yn ôl wrth chwilota drwy hen bapurau newydd yn yr archifdy yng Nghaernarfon, gwelais hanes y cwest, neu'r trengholiad fel y'i gelwid yr adeg honno, yn *Papur Pawb* (dyddiedig Chwefror 25ain 1943). Cynhaliwyd y cwest ym Mhwllheli a'r crwner oedd Mr E. Robyns Owen. Cafwyd tystiolaeth Gwylwyr y Glannau, Mr Deane a'r Heddwas Jones, Nefyn, ac yn ogystal tystiodd Gwenda Mair Thomas, Tŷ Lôn (y Gwenda a arferai wneud negeseuon i Mrs Fisher) fel y bu i Mrs Fisher alw yn Nhŷ Lôn ar ei ffordd o Nefyn y prynhawn Sadwrn hwnnw gan ddychwelyd i'w bynglo tua hanner awr wedi saith o'r gloch y nos. Dywedodd Mrs Fisher wrthynt ei bod wedi prynu dau wic i'r stôf yn Nefyn, gan mai'r unig foddion i gynhesu'r tŷ oedd stôf olew – paraffîn mae'n debyg. Tystiodd Gwenda na chredai y buasai cŵn wedi gallu taflu'r stôf gan ei bod mor uchel ac yn pwyso yn erbyn y pared. Yn y cwest, dywedodd Mr W. George, Cricieth, ei fod ef yn adnabod Mrs Fisher pan oedd yn denant iddo yn Sugun Fawr, Beddgelert a'i fod wedi derbyn llythyr ganddi yn ddiweddar yn cwyno fod y bynglo'n oer ac mai dim ond paraffîn oedd ganddi i'w gynhesu. Onid oedd hi'n od braidd fel yr oedd Mrs Fisher wedi tynnu sylw yn Nhŷ Lôn am ei stôf baraffîn a hefyd wedi ysgrifennu at Mr George i ddwyn sylw at y stôf paraffîn oherwydd, wedi'r cwbl, roedd stôf a lampau paraffîn yn bethau digon cyffredin mewn tai y dyddiau hynny?

Nodwyd ei bod yn hanu o genedl yr Albanwyr ac o Ganada ac wedi cael ei haddysg ym Mhrâg – hwylus dros ben i egluro acen estron. Nodwyd hefyd mai gweddw i Capten Thomas Fisher o'r Llynges oedd hi ac roedd ei mab, yr is-gomander Thomas Fisher, wedi ei ladd yn Singapore. Onid oedd hyn eto yn gyfleus dros ben? Y gŵr a'r mab wedi marw, ac felly nid oedd neb i brofi nac i wrthbrofi mai'r Mrs Fisher go-iawn oedd yn byw yn 'The Four Winds'. Gwyddom erbyn hyn am rai o ystrywiau'r Almaenwyr o ddwyn enw rhywun arall a setlo ysbïwyr mewn gwledydd flynyddoedd cyn i'r Rhyfel ddechrau. Ac yn niwedd yr adroddiad yn *Papur Pawb* dywedir bod y Cadlywydd Goering, ia Goering o bawb, wedi ymweld â hi yn Sugun Fawr, Beddgelert.

Mae amryw o gwestiynau na ofynnwyd yn y cwest, ond y cwestiwn mwyaf hwyrach, o gofio mai amser rhyfel oedd hi, yw tybed faint o'r gwir a gafwyd yn y cwest ym Mhwllheli? Na, dal yn ddirgelwch y mae hanes y wraig y claddwyd ei gweddillion ym mynwent Hen Eglwys Pistyll.

Mae'n hanes difyr a buaswn yn ddigon bodlon fy meddwl ei adael ar hynny ond mae un peth yn fy anesmwytho. Ni fûm i na'm cyfoedion erioed ar ben clogwyn Carreg y Llam. Roedd pen

Carreg y Llam yn waharddedig inni, oherwydd ar nos Sadwrn braf ym 1939 aeth dwy eneth ieuanc o Lithfaen yno am dro yn lle mynd yn ôl eu harfer i Bwllheli. Y bore Sul canlynol cafwyd hyd i'w cyrff drylliedig ar waelod y clogwyn. Ai damwain oedd fod y ddwy wedi syrthio? Ynteu tybed a welsant hwy rywbeth nad oeddynt i fod i'w weld y nos Sadwrn honno a bod crafangau erchyll rhyfel eisoes wedi dechrau cydio yn naear Llŷn?

Yn y Fan a'r Lle ar yr Eiliad Honno

~

Gaenor Hall (née Evans)

Byrddaid o blatiau cinio ar fwrdd yr ysgol – platiau gwynion yn llenwi'r bwrdd a phob un â llwyaid o jam coch neu felyn ar ei ymyl. Dyletswydd dwy o ddosbarth Miss Morgan Fawr bob dydd oedd gosod y jam ar y platiau erbyn cinio. Deuem ninnau blant â bara menyn i'w fwyta gyda'r enllyn blasus hwn. Mae'n debyg fod y weinyddiaeth yn caniatáu siwgr ar gyfer ysgolion i wneud cyffaith o'r fath, a'n gwaith cartre ni blant oedd hela m'eri duon, egroes neu lus-duon yn eu hamser a'r athrawon wedyn yn berwi'r jam yn yr ysgol drannoeth a'i botelu ar gyfer y gaeaf. Roedd llawer o gystadlu ymhlith y plant – pwysid y ffrwyth ac am wn i na roddwyd ychydig geiniogau y pwys am eu hela. Gwnâi plant Nantafallen waith iawn o hela, sail i dipyn o genfigen ar ein rhan ni! Byddai llawer yn absennol o'r ysgol amser hela llus, wedi mynd yn deuluoedd cyfan i'r mynydd a dychwelyd â'u basgedi yn orlawn a'u hwynebau'n hapus heulog. Gwyn eu byd! – ni chaent fwy o gosb nag 'O' mewn coch ar y gofrestr.

Dyna fy atgof cyntaf o amser rhyfel – dyddiau hirfelyn o wneud jam, defnyddio triog yn lle siwgr, cymysgu menyn a marjarîn, ffrio uwd ddoe efo cig moch yn y bore os oedd yna beth ar ôl. Welson ni ddim prinder bwyd ar y fferm yng ngogledd Ceredigion. Roeddem ni fwy neu lai yn hunangynhaliol. Gwelais bowdwr wy, ond nid oes gennyf fawr o gof o'i ddefnyddio – mewn cacen efallai – oherwydd roedd tipyn o fynd ar roi tro ar ryseitiau newydd a gyhoeddid er mwyn gwneud yn fawr o'r dogn wythnosol. Anogwyd pawb oedd yn berchen ar ryw gymaint o dir i godi tatw a llysiau. Deuai'r Inspector o gwmpas i wneud yn siŵr nad oedd lawnt ar gyfyl y fro. Gwnaed *chutney* o bob math o lysiau, a photelwyd ffrwythau erbyn y gaeaf gan nad oedd modd prynu ffrwythau tun. Cig mochyn neu gwningen fyddai cinio'r wythnos – a hyn cyn sôn am y mycsomatosis.

Roedd mynd ar ryseitiau'r *Farmer's Weekly*. Daeth rhoi te oer mewn cacen, a thriog i felysu teisen yn lle siwgr yn arferol i wraig y tŷ. Gwelwyd *Spam* ar blât amser swper yn fynych iawn. '*Make do and mend*' oedd ein harwyddair yn y wlad, nid efallai am fod y cwponau dillad yn brin ond yn hytrach yr arian. Nid oedd angen cymaint o ddillad arnom ni yn y wlad ag ydoedd ar ein perthnasau yn y dref, a rhesymol oedd taro bargen gan roi cwponau i'r trefolion er mwyn iddynt hwy fanteisio ar ffasiynau'r oes fel ag yr oeddynt. '*Utility*' oedd y label a wnïwyd o fewn pob pilyn yr adeg honno – dim ffrils na llawnder dianghenraid, a'r hyd at y pen-glin yn syber a sobor. O! fel yr agorwyd fflodiart y mwynhad o siglo a swagro yn y *new look* wedi'r Rhyfel. Ar ôl datod, ail-weu ac ailwnïo dilladach am flynyddoedd, hawdd dychmygu'r pleser a gafwyd ym myd ffasiwn yn y blynyddoedd wedi hynny.

Dyma oes y *blackout* hefyd – gwnïo llenni duon neu roi defnydd du ar ffrâm o bren er mwyn cau pob ffenest, a chuddio'r tŷ yn nhywyllwch y nos. Dysgais gerdded yn y nos gan deimlo fy ffordd drwy'r ddôl yn ôl codiad y tir. Gwelais y glöyn byw yn y cloddiau a'r seren wib yn yr wybren ar fy ffordd adref. Dyna'r unig olau ar lonydd y wlad heblaw ambell i fflachlamp mewn argyfwng. Pell iawn oedd y Rhyfel o'n hardal ni. Âi'r dynion ar bnawn Sul i ymarfer gyda'r *Home Guard* – iwnifform, dril a dryll ynghyd â sawl helynt a stori a ddaeth wedyn yn destun eitem Noson Lawen. Daeth yr Italiano yntau yn gymeriad derbyniol ar y ffermydd. Deuai dyrnaid ohonynt ynghyd ar bnawn Sul i sgwrsio a chyfnewid hanesion. O glywed Gigli yn canu ar recordiau 78", mentrodd un ohonynt ar y sylw mai dyn bach sgwâr pwt ydoedd, fe'i gwelsai sawl gwaith yn y cnawd meddai. Pwy fu'n Llysgenhadon o'r Eidal i Gymru tybed?

Daeth yr ifaciwîs o Lerpwl – rhai'n druenus iawn – ac ymdoddodd llawer yn naturiol i fywyd y gymdogaeth gan ddysgu Cymraeg.

Cyfoethogwyd hanes bro gan atgofion am rai o'r cymeriadau hyn. Eu dylanwad nhw arnom ni oedd eu gwybodaeth am sêr Hollywood a byd y ffilmiau a oedd yn ddieithr iawn i'n byd ni ar y pryd. Daeth llawer o ferched golygus i hostel y *Land Army* ac mi gafodd ambell was fferm briod ddelfrydol o'u plith. Daeth perthnasau atom o ddinasoedd mawrion Lloegr. Clywsom am warchod ar y to rhag tanau a chysgu tan ddaear. Deuai llythyron oddi wrth Bodo Hanna yn Sgeti yn disgrifio'r bomio ar Abertawe, ond chwedl afreal oedd y cwbl i mi.

Cefais fraw ar sawl achlysur pan fyddai awyrennau Lancaster yn ymarfer hedfan yn isel uwch y fro a'r traeth, a chofiaf unwaith wylio targed parasiwt yn disgyn yn droellog araf wedi datod o gwt yr awyren. Disgynnodd gerllaw a bu raid mynd ag ef at yr heddlu – neu a ddefnyddiwyd y defnydd i greu dilledyn isaf, d'wedwch? Mae fy nghof yn pylu!

Bob dydd ar ôl gwrando ar y newyddion ar y set fach risial neu ar ôl darllen y papur newydd byddai Bodo Neli yn symud y fflagiau bychain a gadwai ar fap o Ewrop ar wal y gegin, ac felly y nodwyd safle'r byddinoedd.

Yn yr ysgol, diléit mawr oedd clywed chwibanogl y mistir yn tarfu ar y wers a ninnau'n gorfod cerdded yn rhengoedd allan i gae cyfagos gan orwedd ar ein boliau ym môn y clawdd, ein dwylo dros ein clustiau, ein cegau ar gau a'n dannedd ar led tan i ni glywed yr '*All Clear*'. Unwaith cofiaf fynd i ysgoldy'r eglwys i gael trwyn ychwanegol i'r mwgwd nwy. Haf oedd hi bryd hynny hefyd.

Yr agosaf a ddaethom ni at y frwydr oedd canol nos a su'r awyrennau uwchben yn ffoi wrth ddychwelyd o Lerpwl. Gollyngwyd y bomiau uwch ein pennau a gwnaed dau neu dri thwll enfawr ar fanc Pwllglas. Bu'r rhain yn gyrchfan i bentrefwyr cyfagos am wythnosau lawer – rhyfeddodau o fyd rhyfel i'w gweld mewn gwirionedd.

Erbyn diwedd y Rhyfel roeddwn i wedi symud i'r Ysgol Uwchradd yn y dref. Sawl gwaith ers hynny syllais ar y fan lle safwn yn y neuadd pan gyhoeddwyd terfyn y brwydro gan ein Prifathro. I mi ac efallai i bawb arall, daeth diwedd cyfnod yn y fan a'r lle ar yr eiliad honno.

PLANT
DADLEOLEDIG

Ifaciwî o'r Ruhr

~

Ursula Ashton

Cefais fy ngeni ym 1931 yn Gelsenkircnen, ger Dortmund ac Essen yng nghwm y Ruhr, yr Almaen. Mae'r cwm yn enwog am ei byllau glo a gweithiau dur (Krupps). Gweithiodd fy nhad, a oedd yn feistr-teiliwr, i'r heddlu yn Gelsenkirchen. Roeddem yn byw mewn bloc modern o fflatiau ar gyffiniau'r dref, yng nghanol pyllau glo a ffermydd. Gofalai fy mam am y teulu a'r fflat; gwnâi ein ffrogiau, cadwai alotment gyda chywion a chwningod i ategu cyflog fy nhad gyda bwyd cartref. Roedd dwy chwaer hŷn gennyf a ganed chwaer iau ym 1934. Ganed fy mrawd yn ystod y Rhyfel, ym 1942, a'm chwaer ieuengaf ar ddiwedd y Rhyfel yn Chwefror 1945.

Roeddwn yn wyth mlwydd oed ym 1939 pan ddechreuodd y Rhyfel. Cofiaf y cyrchoedd awyr cyntaf oherwydd cefais wylio golygfa'r chwilio goleuadau a fflach. Gwelais awyren yn cael ei saethu i lawr a glanio mewn cae gerllaw – ond roedd y peilot wedi marw. Ar ôl y cyrchoedd, byddem yn mynd allan i weld y tai yn llosgi ac, ar ddechrau'r Rhyfel, byddem yn casglu'r bomiau tân a'u rhoi mewn pentwr ar iard yr ysgol.

Wrth i'r Rhyfel fynd yn fwy difrifol, bu sôn am ddanfon y plant i ffwrdd. Gwrthododd rhai rhieni, ond cofiaf fy mam yn dweud ei bod hi'n ein caru ni ac nad oedd arni eisiau i ni farw yn y bomio. Dognid bwyd, wrth gwrs, ond nid oedd hynny'n beth drwg i gyd – yn wir, nawr caem fenyn yn lle dim ond marjarîn.

Ym 1940, fe'm danfonwyd i Bielefeld ac arhosais gyda theulu caredig yn y wlad am naw wythnos yn ystod yr haf. Ym 1941, cefais gyfle i fynd i Koenigsberg ac arhosais gyda fy mam-gu a'm tad-cu am naw wythnos arall. Bûm yn Koenigsberg yn ymweld â nhw gyda fy mam pan oeddwn yn dair blwydd oed a buont hwythau yn ymweld â ni nifer o weithiau. Aethant â fi o gwmpas Dwyrain Prwsia, gan fynd i lan y môr a'r Maswren i ymweld â pherthnasau.

Ym mis Medi, yn ôl â fi ac i ddechrau ysgol newydd, Ysgol Ramadeg i Ferched. Llwyddais mewn arholiad a chynigiwyd lle i mi. Mwynheuwn waith ysgol yn fawr ac roeddwn yn awyddus i ddysgu. Roeddwn am fod yn feddyg. Roedd yn rhaid i'm rhieni dalu am yr ysgol, ac roedd hynny'n galed arnom fel teulu. Ar ddiwedd y flwyddyn academaidd, cynigiais am ad-daliad, a chan i'm gwaith fod yn ddigon da, cawsom yr arian yn ôl er mawr lawenydd i'm mam. Roedd yn ddrwg ganddi nad oedd hi'n gallu cadw'r arian i mi ond roeddwn yn falch i'w helpu.

Gwaethygodd y bomio a bomiwyd ein hysgol. Penderfynwyd danfon yr ysgol i gyd i Tsiecoslofacia ond pan wrthwynebodd nifer o'r rhieni i'n danfon i dir gelyniaethus, fe'n hanfonwyd i Aflenz yn Styr, Awstria. Parhaodd ein haddysg ond fel ysgol breswyl. Ym 1943, ar ôl naw mis, aethom i Koenigssee/Berchtesgaden yn Bafaria. Arhosodd yr ysgol yno tan ddiwedd y Rhyfel a mwynheuem chwaraeon gaeaf, hwylio cychod a dringo mynyddoedd yn ogystal â'n gwersi arferol. Ar ddydd Sul, caniateid i ni fynd i Berchtesgaden i addoli mewn Eglwys Lutheraidd (gwlad Babyddol yw Bafaria). Ein hunig gyswllt â'n teuluoedd oedd llythyrau a pharseli amser Nadolig a phen blwydd. Yn ystod y tair blynedd, gadawyd i mi fynd adref am bythefnos i weld y teulu a'm brawd bach newydd. Parhâi'r cyrchoedd awyr ac roedd yn rhaid i ni fynd i'r gysgodfa. Unwaith daeth fy chwaer hynaf i'm gweld yn Aflenz a gadawyd i mi fynd gyda hi i Graz am y dydd.

Roedd gaeaf olaf y Rhyfel yn oer iawn ac roedd bwyd yn brin. Bu'n rhaid i ni grafu tatws wedi eu rhewi ar gyfer tua 350 o bobl, ac er nad oedd neb yn gwirfoddoli am hynny roedd digon yn cynnig torri'r bara ar beiriant. Tua diwedd y Rhyfel, gan na wyddai neb beth fyddai'n digwydd, buom yn barod i ffoi dros yr Alpau i'r Eidal i gwrdd â byddin yr Unol Daleithiau, rhag ofn i'r fyddin Sofiet gyrraedd gyntaf. Byddai'n rhaid i ni ffoi ar droed dros y mynyddoedd ganol gaeaf. Cawsom y cyfle i gael conffyrmasiwn yn yr Eglwys – pob unigolyn i ddewis drosti ei hun. Un bore Sul, conffirmiwyd 120 o bobl ifanc, gan gynnwys fy hun, mewn eglwys fach yn Berchtesgaden. Helpodd ffrindiau inni wisgo ar gyfer y seremoni bwysig hon a benthyciodd rhywun ffrog felfed ddu i mi am yr achlysur. Teimlwn ei bod hi'n iawn tyngu fy llw a chadarnhau fy ffydd yn Iesu Grist yr adeg honno, hyd yn oed pe nad oedd fy nheulu'n gallu bod yn bresennol. Pedair blwydd ar ddeg oeddwn ac Efe oedd fy unig obaith a'm noddfa.

Ni chawsom newyddion oddi gartref ers tro a gwyddom i'n dinasoedd gael eu bomio'n ddidrugaredd. Yn ystod y dydd, gallem weld a chlywed yr awyrennau bomio'n hedfan o'r Eidal i'r Gogledd yn ddi-baid. Am gyfnod y Rhyfel, gwahanwyd fy nheulu. Parhâi fy nhad yn ei waith fel teiliwr i'r heddlu ac, oherwydd hen glwyf o'r Rhyfel Byd Cyntaf, gallai aros allan o'r Fyddin. Bu ym Mrwydr Somme a dywedai'n dawel wrthym na fyddai'n ymladd â neb eto. Tosturiai wrth bobl dlawd a ddioddefai o achos y Rhyfel. Danfonwyd fy mam i stad yn Hoelson ger Bad Salzufein gyda fy mrawd bach am ddeunaw mis olaf y Rhyfel a chawsant ddwy ystafell yn y plasty. Roedd fy chwaer hynaf yn nyrsio mewn ysbyty yn Bottrop yn y Ruhr a chyfieithydd Eidaleg oedd fy ail chwaer yn y gwersyll milwrol yn Senne. Danfonwyd fy chwaer iau i Salzburg, yn agos i Berchtesgaden, ond welais i ddim ohoni.

Yng ngwanwyn 1945, daeth milwyr Ffrengig Algeraidd ffyrnig at ein hysgol (yng ngwesty Koenigssee). Fe'n hwynebwyd â reifflau a bidogau a gwaeddau: 'Ieuenctid Hitler!' A ninnau'n ateb: 'Na, *Lyceum-Gymnasium* (Ysgol Ramadeg).' Yn ffodus, gadawsant lonydd i ni ac, ar ôl pythefnos, cyrhaeddodd byddin yr Unol Daleithiau. Gan fod angen y gwesty arnynt, fe'n gyrrwyd mewn tryciau i bentref bach Anger, ger Bad Reichenhall. Gorchmynnwyd i'r pentrefwyr roi bwyd a llety i ni ac euthum i at felinydd a'i deulu, pobl radlon a hael iawn, a rannodd eu bwyd gyda'r rhai oedd yn aros a chyda theithwyr anghenus.

Arhosais gyda'r teulu caredig hwn a gweithiais ar y fferm am bedwar mis, ond roeddwn yn poeni fy enaid am fy nheulu. Anfonais lythyrau adref gyda phobl oedd yn dychwelyd i Gelsenkirchen gan ofyn iddynt eu rhoi i'r teulu gan nad oedd gwasanaeth llythyrau, dim ffôn na gwasanaeth trenau. Teithiai pobl ar drenau'n cludo glo neu nwyddau eraill i'r lluoedd meddiannol. Daeth glo o'r Ruhr a dychwelai'r wagenni'n wag. Daeth rhai rhieni ar y trenau hyn i gasglu eu plant a holais hwy'n eiddgar am fy nghartref a'm teulu. Dywedasant i'r dref gael ei bomio'n drwm, ond doedd neb yn gwybod hanes fy nheulu. 'Beth am yr orsaf heddlu?' gofynnais. Bomiwyd. 'Beth am yr ysbyty yn Bottrop?' Bomiwyd. 'Beth am y noddedigion ger Bad Salzuflen?' Bu'n rhaid iddynt ffoi rhag y milwyr a'r ymladd oedd yr ateb.

Pan glywais fod teulu a oedd yn noddedigion yn Anger yn dychwelyd i'r Ruhr, gofynnais i wraig y melinydd i'm helpu i fynd adref. Siaradodd â'r teulu ac roeddynt yn fodlon i mi fynd gyda nhw ar yr amod na fyddent yn gyfrifol amdanaf. Rhoddodd gwraig y melinydd arian a bwyd i mi am y daith a chadwodd fy magiau trwm i'w casglu eto. Ymunais â'r teulu a bu inni deithio ar drenau nwyddau gwag. Roedd yn rhaid i ni ofyn i'r gyrrwr i ble oeddynt yn mynd a gorfod newid trên nifer o weithiau. Ar ôl wythnos o deithio gyda llawer o bobl yn yr un amgylchiadau, cyrhaeddais adref.

Dywedodd cymydog fod fy nhad i ffwrdd mewn cynhebrwng, a dringais i mewn trwy ffenestr wedi ei thorri. Cyrhaeddodd fy nhad adref y noson honno a dywedodd wrthyf iddo gael teimlad y buaswn i gartref. Cofiaf iddo wneud teisen ar gyfer ei ben blwydd, ar y chweched o Awst, ac ymddangosodd fy mam hefyd i ddathlu ei ben blwydd yn hanner cant. Aeth hi â fi yn ôl i'w dwy ystafell a fu'n gartref iddi a'r plant. Dim ond chwe mis oed oedd fy chwaer ieuengaf ac nid oeddwn wedi ei gweld hi o'r blaen.

Dychwelom i gyd i Gelsenkirchen yn yr hydref. Nid oedd ysgol am flwyddyn a threuliasom ein hamser yn sefyll mewn cwt am fwyd, ddydd a nos, ac mewn pob tywydd, a chwilota am lo i gynhesu'r fflat drwy gydol y gaeaf oer. Gan nad oedd gwasanaethau cyhoeddus, collodd fy chwiorydd eu swyddi ac roeddem i gyd yn ddibynnol ar gyflog fy nhad.

Yn hydref 1946, ddechreuodd yr ysgol eto a gadewais ym 1949. Doedd dim arian i fynd i'r coleg na dim gwaith ond gwelais hysbyseb yn denu merched o'r Almaen gydag addysg dda i ddod i Brydain i gael eu hyfforddi'n nyrsys. Gofynnais a oedd fy mam yn fodlon i mi fynd a chynigais. Cefais gyfweliad yn Saesneg ac fe'm derbyniwyd ar y cwrs. Ym mis Medi, deuthum i Brydain gyda channoedd o ferched eraill i wersyll yn agos i Gaergrawnt. Nid oeddwn yn adnabod neb. Fe'n dosbarthwyd i wahanol rannau o Brydain a dewisais Gymru oherwydd i mi gipglywed rhai merched yn siarad am Gymru a chlywais fod y bobl yn garedig iawn yno.

Cefais fy hyfforddi yn Ysbyty Gyffredinol Merthyr am dair blynedd. Yno y cyfarfûm â'm gŵr, yntau'n radiograffydd yn yr ysbyty. Priodom ym mis Awst, 1952.

Gwrthododd fy mam-gu a'm tad-cu adael eu cartref yn Koenigsberg. Arhosodd fy mam am flynyddoedd yn disgwyl iddynt ddod atom neu am newydd amdanynt. Flynyddoedd yn ddiweddarach, daeth y gwirionedd am Koenigsberg a'i bobl yn hysbys. Trengont i gyd dan feddiant Sofiet.

Ifaciwî yng Nghymru

~

Kathleen Jones

Ar y trydydd o Fedi, 1939, rydw i'n cofio mynd i orsaf Edge Hill, Lerpwl gyda llawer o blant eraill. Ifaciwîs oedden ni'n mynd ar daith hir a thybiem ein bod ni'n mynd i ben arall y byd.

Roedd pob plentyn yn gwisgo label enw, yn cario mwgwd nwy a chas-gobennydd yn dal ei eiddo, yn ogystal ag un tun o *corned beef* a bar o siocled. I ddechrau, aethon ni i bentre bach Seion ger Caernarfon, i aros yn Swyddfa'r Post/Siop Groser. Ar ôl gweld y *corned beef* a'r siocled yn y cas-gobennydd gososdd gwraig y tŷ nhw ar y silff yn y siop.

Ar ôl pythefnos aethon ni i'r Felinheli. Roedd pobl yr ardal wedi dod i'r Neuadd Goffa i ddewis geneth neu fachgen. Es i a geneth arall i aros efo Mr a Mrs Pritchard. Nid arhosodd yr eneth arall yn hir. Roedd ei mam hi wedi clywed bod y Felinheli ar lan Afon Menai ac nad oedd dim byd i atal ei merch rhag syrthio i mewn i'r dŵr. Felly roedd hi ar y trên nesaf yn ôl i Lerpwl gan ei bod hi'n meddwl ei bod hi'n fwy diogel yn y bomio.

A dyna fi ar fy mhen fy hun, ond mi setlais yn fuan iawn achos fod cartref Mr a Mrs Pritchard yn gyfforddus iawn ac roedden nhw'n hoffi cael plentyn yn byw efo nhw. Gan fod Mr a Mrs Pritchard yn siarad Cymraeg, cyn bo hir roeddwn innau'n siarad Cymraeg ac yn mynd efo nhw i Gapel Bryn Menai dair gwaith bob Sul: gwasanaeth y bore, yr Ysgol Sul a gwasanaeth yr hwyr. Dysgais i emynau ac adnodau, ac roeddwn i'n arfer adrodd y rhain yn ystod y gwasanaeth nos Sul. Roeddwn i'n mynd i'r *Band of Hope* ar nos

Lun. Roedd athrawon o Lerpwl yn dysgu'r ifaciwîs ond doedden nhw ddim yn aros yn hir iawn. Roedd yr ysgol yn y Neuadd Goffa ac rydw i'n cofio mynd i dŷ yn Terfyn Terrace i gael gwersi hefyd.

Roedd y Felinheli yn borthladd prysur iawn. Yma roedd y dynion yn torri llechi oedd wedi dod o Ddinorwig. Roeddwn i'n hoffi mynd i'r cei a gweld y crefftwyr yn gweithio.

Unwaith aethon ni i gyfarfod â rhieni Mrs Pritchard. Roedden nhw'n byw yn Rhostryfan mewn bwthyn bach heb ddŵr na thrydan. Roedden nhw'n gorfod mynd i lawr y lôn i nôl y dŵr a'i gario yn ôl i'r bwthyn. Rhoddodd mam Mrs Pritchard ddol i mi oedd yn gwisgo'r dillad roedd Mrs Pritchard yn eu gwisgo pan oedd hi'n faban ym 1901. Mae'r dillad gen i o hyd.

Ces i fagwraeth dda yn ystod y Rhyfel – digon o fwyd a chartref da. Roedd Mr Pritchard yn arddwr da iawn. Bob dydd Iau, roedd Mrs Pritchard yn mynd i nôl pwys o fenyn. Roedd hwn yn grwn efo siâp alarch wedi ei wasgu ar y pen. Roedd Mrs Pritchard yn alluog dros ben; roedd y tŷ yn lân iawn a'r golch yn·glaerwyn, wedi ei startsio. Roedd y Nadolig yn amser hapus iawn bob tro a dyma'r unig amser roedd y parlwr yn cael ei ddefnyddio.

Byddai Mrs Pritchard yn gwau llawer o bethau i mi eu gwisgo, ac roeddwn i'n cael dillad prydferth iawn ganddi. Hefyd roeddwn i'n cael parsel oddi wrth fy rhieni yn cynnwys dillad.

Ond, o dipyn i beth, dechreuodd yr ifaciwîs fynd yn ôl i Lerpwl – a minnau hefo nhw. Ond ar ôl dychwelyd, daliais i ymlaen i fynd i Gapel Cymraeg – Capel Edge Lane.

Cyhoeddwyd y darn hwn yn y cylchgrawn Prentis *(cyfrol V, rhifyn 2, Tachwedd 1991).*

Amser i Gofio: Detholiad

~

Beryl Mills

Ar y Sul wedi cyhoeddi'r Rhyfel, aeth fy rhieni â fi i'r orsaf ac yno roedd torf o bobl bryderus yr olwg yn aros. Gwisgai plant o bob oedran labeli ar eu cotiau gyda'u henwau ac enw'r lle roeddynt yn mynd. Roedd fy mam yn fy nala'n dynn ac roedd dagrau yn llygaid fy nhad. Cefais fy ngwthio ymlaen i seddau'r bws.

I ambell un roedd hyn yn antur, ond i mi a sawl un arall roedd yn hunllef. Torrais trwy'r llu o blant i redeg yn ôl at fy rhieni a thaflu fy mreichiau am fy mam yn dynn. *'Please, Mother, I don't want to leave you and Father!'* Chwiliais ei llygaid am wendid ond clywais, *'You will write as often as time will allow and you know this parting is for your safety.'*

Tu allan bu'r ddau yn cusanu'u bysedd a'u gwasgu ar ffenest y bws. Gwnes innau'r un peth. Yn araf, symudodd y bws o'r dorf. Sgrechiodd rhai o'r plant ac ymladd â'r athrawon. Dywedodd yr athrawon fod pawb yn mynd i lan y môr am wythnos ac adref wedyn. Eisteddais gan synfyfyrio am y dyfodol ansicr yr oedd yn rhaid i mi ei wynebu ar fy mhen fy hun. Wrth i'r athrawes geisio tawelu'r plant, taflodd un fwgwd nwy yn ei hwyneb. Ni sylwodd y plant ar ei sgrechiadau.

Teithiasom i gyfeiriad y de am oriau. Ar y ffordd gwelwn y bysiau eraill yn troi i gyfeiriadau dirgel eraill. O'r diwedd, arhosodd ein bws mewn pentref yng nghefn gwlad Lloegr, ac yno yr oeddem i gael lloches. Doedd neb ohonom wedi bod mor bell o'r ddinas ac roedd bod mewn pentref ynddo'i hun yn brofiad rhyfedd ac unig.

Roeddwn i aros mewn bwthyn gyda Polly a'i thad a'i brawd a oedd yn weithwyr fferm. Roedd yr ystafell wely fel maint bocs matsys. Ar ôl ychydig roedd iechyd sawl un o'r plant eraill wedi dirywio oherwydd cyflwr eu lletty ac aethant adref. Gofynnais am gael mynd gyda nhw ond wnaeth neb fy nghlywed.

Bron bob nos, byddai Polly yn cael hunllef erchyll ac yn gweiddi'n uchel. Roeddwn i'n mynd dan y gwely i gysgu er mwyn ceisio teimlo'n fwy diogel. Un noson, taflodd Polly ei phot-dan-gwely allan trwy'r ffenestr gan sgrechian, *'They're coming! They're coming!'* Ar noson arall, taflodd ei hun trwy'r ffenest a rhedais innau at ei thad a'i brawd i ddweud wrthynt. Trwy'r nos, gorymdeithiai Polly o gwmpas y bwthyn gan fwydro am y rheiny oedd yn dod. Yn gynnar un bore, nid oedd Polly yn ei gwely. Buont yn chwilio amdani ym mhobman am oriau, cyn cael ar ddeall yn y pen draw ei bod hi wedi rhedeg ar hyd y ffyrdd yn ei gŵn nos ac yn droed-noeth. Doedd dim gwella arni o gwbl ac roeddwn i'n faich ychwanegol ar y teulu. Cefais fy symud o'r bwthyn ac euthum i fyw gyda theulu ym mhen arall y pentref.

Ar ôl y Nadolig cawsom ein rhybuddio i beidio mynd tu allan i ffiniau'r pentref. Glaniodd parasiwtwyr o'r Almaen yn agos a chafodd yr awdurdodau afael ar sbei oedd yn anfon negeseuon radio. Daeth y Rhyfel yn agosach bob dydd gyda milwyr a cher-bydau yn teithio ar hyd y ffyrdd o'n cwmpas.

Yn yr ysgol un diwrnod, dywedwyd y byddai'n rhaid i ni baratoi i fynd i wlad bell: Cymru. Cymru? Ble roedd Cymru? Ni wyddem fod gwlad o'r enw yma yn bodoli. Roeddwn i eisiau mynd adref. Roedd pob un ohonom eisiau mynd at ein rhieni, nid i Gymru. *'We want to go home! We want to go home!'*

Clywsom chwedlau arswydus am y wlad a'i phobl: roeddynt yn byw mewn ogofâu, yn siarad iaith ddieithr, yn cribinio mewn coedwigoedd am fwyd, ac yn gas wrth bobl eraill. Pam oedd rhaid i ni fynd yno?

Yn sydyn, roedd yn rhaid i mi adael y pentref a'm ffrindiau. Un dydd Sul ym mis Mehefin 1940, cawsom ein gyrru fel da i'r orsaf am 4:30 y bore. Gadawodd ein trên yn y tywyllwch a theithiasom trwy bentrefi a siroedd dieithr, twnelau, mwg a llwch. Arhosai'r trên yn aml a cheisiodd sawl un ddianc er mwyn mynd adref. Aeth y siwrnai'n igam-ogam trwy'r wlad i osgoi awyrennau bomio nes i ni gyrraedd porthladd prysur.

Cawsom wedyn ein trosglwyddo i fysiau a deithiodd rownd corneli cas, ar hyd strydoedd cul a throellog, lawr un bryn, dros bont, lan bryn arall i'r copa. Teithiasom trwy gefn gwlad lliwgar: blodau gwyllt, cwningod, hebogau a barcutiaid yn hela a brain a gwylanod. Cyrhaeddom bentref o rywfath. Fesul un, cafodd y plant eu galw i fynd gyda'u teulu newydd. *'Beryl Mills, come forward.'* Symudais i ddim. *'Beryl Mills, please!'*

O'm blaen roedd dwy fenyw wyneb galed. Chwiorydd i'r offeiriad lleol oeddynt ond, i mi, ni welais damaid o gariad Cristnogol ynddynt o'r noson gyntaf i'r olaf yn ystod f'arhosiad yn eu gofal. Y cloc ar y wal oedd y meistr yn eu tŷ. Cefais f'anfon i'r gwely yn syth y noson gyntaf honno. Daeth un ohonynt i sicrhau fy mod i'n cysgu a phan glywais hi'n sgrechian, cwympais i'r llawr. Teimlais gic yn fy ochr a chropiais yn ôl i'r gwely.

Doedd dim hawl gen i ymuno â bywyd y ficerdy – nid oeddwn yn deulu. Treuliais gymaint â phosib o'm hamser tu hwnt i'r tŷ. Daeth y newyddion i fy nhad gael ei ladd yn y *blitz* gyda'i weithlu. Ddaeth neb i roi cysur i mi. Lefais i ddim.

*   *   *

Roedd llawer o 'blant y Sais' wedi cael mynd adref. Ni chefais yr un cyfle. Ond arhosodd y Rhyfel ymhell o'r pentref. Roeddem mewn lle diogel, prydferth, gwyllt a thawel. Aethom am droeon ar hyd y lonydd a thros y bryniau. Daeth y Rhyfel yn agosach fesul teulu wrth iddynt golli mab neu ferch. Cofiaf am un bachgen oedd adref am gyfnod ar ôl cael ei anafu. Un diwrnod bu'n canu emynau yn y dafarn a chwynodd ambell bentrefwr wrth ei rieni. Pan glywodd y milwr ifanc am hyn, gadwodd y pentref i ddychwelyd at ei gatrawd. Cafodd ei ladd yn fuan wedyn.

Cyrhaeddodd llythyr i mi oddi wrth Mam, yn gofyn a oedd hi'n bosib iddi ddod i ymweld. Gwrthododd y chwiorydd y cais, ac ni ofynnon nhw i neb arall roi llety i Mam ychwaith.

Dros y Nadolig, cefais gyfle i ganu carolau o ddrws i ddrws yn y pentref. Erbyn diwedd y noson, oherwydd ein bod ni'n canu'r rhan fwyaf yn Gymraeg, roedd chwe swllt yn fy mhoced. Gwariais bob ceiniog ar anrheg i Mam. O stoc ddirgel y siop, dewisais hances les. Aeth y parsel a'm llythyr ati. Daeth cerdyn a llythyr yn ôl yn fuan yn mynegi ei hapusrwydd.

Aeth pethau o ddrwg i waeth un bore pan wrthodais fwyta bara wedi'i ffrio mewn dŵr. Teflais y bara dros y wal ar fy ffordd i'r ysgol. Yn y prynhawn, roedd y chwiorydd yn aros amdanaf i roi pregeth ar ôl pregeth am wastraffu bwyd. Os nad oedd adar yn barod i'w fwyta, dadleuwn, sut oeddynt yn disgwyl i mi ei fwyta? Rhedais i ffwrdd mewn dagrau. Cefais fy achub gan fenyw oedd yn byw ar bwys y bont. Er imi ddweud hanes y bara a phopeth arall wrthi, nid oedd hi – na neb arall – yn fodlon mynd yn agos at y ficerdy. Y noson honno, euthum yn ôl a llusgo i'm hystafell wely. Gyda chadair yn erbyn y drws, roeddwn yn ddiogel nes y bore. Wrth i mi redeg i'r ysgol drannoeth, cesglais ffrwyth a phlanhigion i'w bwyta trwy'r dydd. Am wythnosau bu distawrwydd llethol yn y ficerdy ac roeddwn yn fwy unig nag erioed.

Daeth gwaredigaeth dros-dro gan ferch yn fy nosbarth gan iddi fy ngwahodd i'w chartref. Cerddom am filltiroedd i gyrraedd y lle. Roedd ei theulu yn groesawgar iawn ond ni pharodd y llawenydd yn hir. Unwaith y clywodd y chwiorydd am fy nghyfaill a'i theulu, gwaharddwyd f'ymweliadau yn gyfan gwbl. Nid oeddwn i ymweld â 'that farmer' fyth eto.

Yr unig amser y gallwn ymuno â theulu'r ficerdy oedd pan ddeuai ymwelwyr ac roedd y chwiorydd yn frwd i ddangos eu bod yn gwneud ymdrech i helpu yn y Rhyfel. Gorchmynnwyd i mi ymddangos yn yr ystafell fwyta yn dawel ac yn llonydd o flaen y bobl bwysig oedd, er yn Gymry eu hunain, yn siarad Saesneg ac yn meddwl eu bod yn gwybod yn well na'r bobl leol.

Yn araf, llwyddais i ddeall Cymraeg. Felly pan siaradai'r chwior-ydd amdanaf, gan droi o'r Saesneg pan ddown i'r golwg, roeddwn yn gallu dilyn er nad oeddwn yn ei siarad.

*   *   *

Erbyn hyn, roedd Mam yn gweithio ledled Lloegr ac roedd ei llythyrau yn wahanol. Roedd rhaid iddi symud yn aml o le i le i osgoi'r bomio. Tu hwnt i gegin y ficerdy, doeddwn i ddim yn gwybod mwy am y Rhyfel. Doedd dim radio yn y tŷ hyd y gwyddwn i. Gadewodd y forwyn, Gwen, i ymuno â'r Lluoedd Arfog. Hi oedd fy unig gyfaill yn y ficerdy a hi oedd yr unig un i gynnig lle diogel i mi aros.

Ysgrifennodd fy mam i gydymdeimlo ond nid oedd yr ysgrifen yn debyg i'w llythyrau blaenorol. Byddwn yn ysgrifennu gartref yn aml, yn llawn cwestiynau am fy nheganau, a minnau'n breudd-wydio am fynd adref i chwarae â nhw. Ni chefais lythyrau hir oddi wrth Mam, ac weithiau nid atebai o gwbl.

Daeth dogni, ac un o'r pethau prin oedd losin. Pan fyddwn yn gofyn i'r chwiorydd am ddognau i brynu rhai, byddent gyhyd yn ymateb byddai'r siopau wedi gwerthu'n llwyr. Ond un tro, gofynnais yn y siop am y tro cyntaf yn Gymraeg, 'Os gwelwch yn dda, oes losin gennych?' Fel gwobr, cefais felysion, te a theisennau. Siaradais â menyw'r siop fel hen gyfaill ac erbyn i mi fynd, roedd hi'n gwybod popeth amdanaf. Rhoddodd far o siocled anferth i mi.

*   *   *

O'r miliwn a hanner o blant a gafodd eu mudo ym 1939, aeth mwy na 750,000 adref ond doeddwn i ddim yn un ohonynt. Cefais fy symud eto, y tro hwn i fyw gyda theulu tafarn. Arhosais gyda'r teulu hwn am weddill y Rhyfel, yn rhydd ac yn hapus am y tro cyntaf. Ar ddiwedd y Rhyfel, cefais wybod am farwolaeth fy mam. Bu farw flynyddoedd ynghynt ond ni ddywedodd neb wrthyf. Hyd heddiw, wn i ddim pwy oedd yn ateb fy llythyrau nac ymhle y cafodd ei chladdu.

Deuthum i Gymru fel merch ddieithr. Gadewais fel merch ddieithr yn ôl am Loegr.

COLEG
A DECHRAU GYRFA

Dyheu Adeg Rhyfel

~

Marian Henry Jones

Dyheu am weld yr hen ryfel drosodd i ni gael dychwelyd i'n ffordd arferol o fyw, dyna oedd cri fy nghalon ar hyd yr hir flynyddoedd hynny. Byddwn yn fodlon wedyn, mi gredwn, i dderbyn peryglon naturiol bywyd, ambell bwl o afiechyd, heneiddio'n raddol, hyd yn oed i golli ambell aelod o'r teulu yn yr angau yng nghwrs amser, ond nid gyda'i gilydd, yn gynamserol, fel gallai ddigwydd unrhyw adeg yn nyddiau'r Rhyfel – ac nid heb gael, pan ddeuai'r brofedigaeth, holl adnoddau traddodiadol teulu ac ardal i'm cynnal.

Hiraeth yng nghefn y meddwl ydoedd serch hynny. Yr oeddwn yn rhy brysur gyda'm gorchwylion beunyddiol iddo fy meddiannu'n llwyr. Sylweddolwn hefyd na fedrai'n bywyd byth fod yr un fath eto, ddim hyd yn oed yn ein pentref bach ni yn nhop Cwmtawe. Faint o ferched y pentref a fodlonai fyw fel cynt ar ôl cael golwg ar ardaloedd cwbl wahanol, a hwythau gynt heb fod fawr pellach nag Abertawe, a'r Saesneg heb erioed o'r blaen fod yn brif gyfrwng mynegiant iddynt?

Er hynny, pan ddeuent adref ar *leave* yn lifrai Ei Fawrhydi, sôn am ddod 'tua thre' a 'setlo i lawr' a wnaent oll. Dyna hefyd oedd bwrdwn y llythyrau a dderbyniai fy nhad oddi wrth fechgyn ei ddosbarth Ysgol Sul, o Tobruk neu Takoradi; hyderu oeddynt y byddai gwaith iddynt eto yn eu hardal, mewn pwll glo neu waith tun neu ar y lein. Efallai i'r islais o hiraeth gobeithiol hwn ein helpu ninnau i ymgynnal drwy'r prysurdeb a'r dieithrwch a'r perygl, gan ein galluogi i anwybyddu, dros dro, ganlyniadau anochel y cyf-newidiadau economaidd a chymdeithasol mawr a dderbyniasom wrth gytuno â bwriad y Llywodraeth i drechu Hitler. Ni chofiaf glywed fawr o neb yn sôn am 'ennill' y Rhyfel, yn hytrach dyheu am 'weld ei ddiwedd' byddai gwŷr ein Cwm ni, heb amau wrth gwrs na fyddai'r dihiryn a'i dechreuodd yn cael ei gornelu, rywsut neu'i gilydd.

Yr oedd Hitler eisoes wedi chwalu fy nghynlluniau personol i ymhell cyn i Lywodraeth Prydain benderfynu ei wrthsefyll. Pan feddiannodd ef Awstria ym 1938 bu'n rhaid i mi roi'r gorau i'm hastudiaethau yn Fienna i hanes yr Ymerodraeth Habsbwrg, a chyda chwymp Tsiecoslofacia ymhen rhai misoedd wedyn, yr oedd yn rhaid imi ddibynnu ar ffynonellau yn Llundain yn unig. Ond yno cyfoethogwyd fy mywyd personol ac estynnwyd fy ngwybodaeth o hanes a diwylliant yr Almaen a Chanol Ewrop gan y ffoaduriaid a ddylifai yno rhag bwystfileiddiwch y Natsïaid. Yn eu plith yr oedd rhai cyfeillion a adwaenwn gynt yn Fienna, yn troi ataf fi yn awr am gwmni a chymorth yn y wlad hon. Parhaodd hyn i liwio fy mywyd drwy holl flynyddoedd y Rhyfel, ac erys yn ddylanwad anfesurol arnaf fyth.

Pan ddaeth y Rhyfel gwahoddwyd fi ar fyr rybudd i ymuno ag Adran Hanes fy hen goleg, sef Coleg y Brifysgol, Abertawe. Yr oeddwn i geisio llanw lle'r darlithydd Glyn Roberts a alwyd ar unwaith i un o Swyddfeydd allweddol newydd y Llywodraeth. Ymhen blwyddyn arall galwyd y darlithydd arall, W. N. Medlicott, i Swyddfa'r Cabinet, ond nid apwyntiwyd neb i lanw ei le ef, a bu'n rhaid rhannu holl waith yr Adran rhwng yr Athro Ernest Hughes a minnau! Yn y Coleg y cyfarfûm â'r darlithydd yn y Clasuron yr oeddwn i'w briodi yn y man.

Treuliais fisoedd cyntaf – annisgwyl o dawel – y Rhyfel yn paratoi darlithiau ar frys gwyllt, i'w traddodi i fyfyrwyr lawer ohonynt yn hŷn na mi. Profodd yn amser ddigon difyr serch hynny, er y gwyddem mai dros dro y caem y fath lonydd gan y gelyn ac y deuai'n sicr i'n rhan dreialon gwaeth na'r prinder petrol, trafferthion y *blackout*, a'r anhwylustod yn y Coleg o orfod rhannu ystafelloedd â staff a myfyrwyr y *Royal School of Mines* o Brifysgol Llundain. Gwireddwyd ein hofnau yn nhymor yr haf dilynol o dywydd perffaith pan syrthiodd Ffrainc, ac yn fuan wedyn clywem sŵn awyrennau'r Almaen uwch ein pennau, a chyn inni wasgaru am wyliau'r haf yr oedd y bomiau cyntaf wedi syrthio ar Dde Cymru.

Yn ystod gaeaf 1940, a'r cyrchoedd awyr ar Abertawe yn cynyddu mewn amlder ac enbydrwydd, symudais o'm llety yn y dref i fyw gartref yng Nghwm-twrch a theithio'n ddyddiol i'r Coleg gyda'r

bws. Hyd yn oed gartref ni theimlem yn gwbl ddiogel. Oni ddis-
gynnodd bomiau ddwy waith ar Frynaman, dim ond pum milltir i
ffwrdd, a lle'r oedd fy mam-gu yn byw? Teimlem na wyddem na'r
dydd na'r awr y caem ninnau'n profi! Treuliem oriau bron bob nos
yn y cwtsh-dan-stâr yn gwrando ar yr Heinkel a'r Messerschmitt
yn swnian uwch ein pennau ar eu ffordd i Lerpwl pan na fyddent
yn taro'n nes adref. Bu'n rhaid i mi ddysgu sut i ddiffodd bomiau
tân a chymryd fy nhro ar yr ofalaeth wylio bob rhyw bythefnos. Pan
welwn danau Abertawe neu Ddoc Penfro yn goleuo'r wybren,
diolchwn imi ddod yn ôl i'r Cwm i drio cysgu.

Croesodd fy meddwl fwy nag unwaith wrth imi redeg am y bws
cynnar yn y Cwm nad oedd sicrwydd y deuwn adref yn ddianaf
gyda'r hwyr, a chofiaf daro bargen yn fy meddwl â'r Luftwaffe –
neu efallai â'r Hollalluog – na chwynwn os lleddid fi, dim ond imi
beidio â chael fy mharlysu! Ond ar y cyfan cyfarwyddem â'r
ansicrwydd nes i'r hwter seinio eto a'n gyrru i chwilio am loches.
Weithiau caem ein sobreiddio'n llwyr wrth orfod disgyn o'r bws
ar gyrion Abertawe ac ymlwybro ar droed oddi yno gorau medrem
drwy'r dref, gan bigo'n ffordd yn ofalus drwy ddistryw'r noson
cynt, yn ofni holi gormod rhag clywed newydd drwg am rywun
hoff.

Wedi profi rhyddhad o'n pryder am y tro, aem ymlaen am
ddiwrnod arall a rhoi'n sylw'n llwyr i'r gwaith mewn llaw. Bu mwy
nag un achlysur yn ystod gaeaf 1940-41 pan na fedrais draddodi'r
un ddarlith wedi cyrraedd y Coleg, gan i'r awdurdodau ddeddfu
fod y myfyrwyr i fynd i'r llochesau ar seiniad y Rhybudd, ond
gydag amser anwybyddwyd hyn ac fe'i hanghofiwyd, er y byddwn
yn rhoi'r cyfle i'r myfyrwyr ymadael os mynnent. Yn yr un modd
daethom i anwybyddu cario'r masgiau nwy a fu'n orfodol ar y
dechrau.

Yr oedd cwmni'n cyd-deithwyr yn y bws yn help mawr i ni
wynebu beth bynnag a ddeuai i'n rhan o ddydd i ddydd. Daethom i
adnabod ein gilydd yn dda ar y bws wyth o'r gloch hwnnw, gwŷr
a merched yn teithio i'w gwaith yn siopau, swyddfeydd, ysgolion
a cholegau'r dref oeddem yn bennaf, gyda rhai, fel Islwyn Williams –
gŵr y straeon byrion – yn teithio rhan o'r ffordd yn unig. Yr oeddem
bron i gyd yn Gymry Cymraeg, ac megis aelodau o'r un clwb
gwyddem pwy a fyddai'n barod am sgwrs a phwy fyddai'n well

ganddynt ddarllen, tra rhannai'r gweddill â'i gilydd y newydd diweddaraf am y Rhyfel neu rywbeth arall o bwys a ddigwyddodd dros nos yn ein hardal.

Gwnaeth y cwmnïau bysys a'n cysylltai â'r dref drwy'r Rhyfel fel yn y blynyddoedd cynt, sef cwmnïau'r brodyr *James*, yr *Eclipse*, a'r *South Wales Transport*, gymwynas fawr â ni. Yr oedd bws ar gael i ni bob ugain munud ac am bris rhesymol. Daeth y gyrwyr, ac yn fwy fyth y condyctors, yn ffigyrau o bwys yn ein bywydau. Yr oedd gofyn iddynt fod yn gymeriadau cryf i dymheru disgyblaeth â hiwmor er sicrhau trefn pan oedd seddau yn brin, yn enwedig yn y *blackout* yn hwyr y dydd, ac weithiau hyd yn oed i ofalu am ein diogelwch mewn ambell gyrch awyr gwaeth na'i gilydd.

Yr oedd ambell un ohonynt yn gymeriadau lliwgar iawn! Atgofion melys am Lewis, y gŵr addfwyn a chwibanai ariâu o operâu ac oratorios ar hyd y daith. Creadur mwy garw oedd Jac Rees, ond yn byrlymu o hiwmor, weithiau yn ymylu ar yr amheus, ond yn barod iawn i roi help llaw i'r oedrannus, araf eu symudiad. Dychwelwn i adref o'r dref ar amrywiol amserau, ac er nad oedd yr un ymdeimlad o glwb ag yn y bore, prin fyddai'r un daith yn anniddorol; buasai rhywun o'r ardal yn y dref yn prynu dillad ar gyfer priodas neu angladd, neu'n ymweld â'r ysbyty, byddai'n aml rhywun yn dychwelyd neu'n dod adref ar *leave*, ac ond yn rhy barod i rannu ei brofiadau.

Prin y teithiem ymhell ar y bws y dyddiau hynny heb weld un neu ddau o weinidogion yr efengyl arno. Er na wisgai'r mwyafrif ohonynt goler gron yr oedd eu dillad tywyll a'u hosgo yn cyhoeddi'n glir eu galwedigaeth. Yr oedd ambell un yn gwmnïwr da ac un neu ddau yn medru cystadlu â'r condyctors mewn ffraethineb!

Yn y prynhawn, gwelem lowyr yn aros am y bws, a'u hwynebau'n ddu oherwydd nid oedd dyddiau'r baddon ar ben pwll wedi cyrraedd eto. Eisteddent fel rheol yn y seddau cefn, ond pan na fyddai le yno iddynt oll deuent ymlaen i gymryd sedd lle medrent. Cofiaf o hyd y tawch *carbide* a godai o'u dillad wrth iddynt ollwng eu hunain i lawr yn drwm a lluddedig yn ein hymyl. Cuddiem ein hanghysur – a'n gofal am ein dillad – gorau gallem. Onid oeddem yn ddyledus iddynt am y tanau ar ein haelwydydd heb sôn am eu rhan yn yr ymdrech gyffredinol i drechu'r gelyn?

Fel yr âi'r misoedd heibio sylwem fel y teithiai'r gweithwyr tun oll i Bontardawe neu i Dreforys bellach. Yn ystod y blynyddoedd cyn y Rhyfel prynwyd llawer o'r gweithiau tun preifat a frithai Dyffryn Aman a Chwm Tawe gynt gan gwmnïau mawr, i'w cadw'n segur tra gweithiwyd eu harchebion gan y gweithiau mawr a gynhyrchai ddur yn ogystal, fel Gilbertson ym Mhontardawe. Ond tan y Rhyfel brwydrodd ambell un i lynu wrth ei annibyniaeth gan brynu dur tramor ac allforio'r cynnyrch i'r Dwyrain Pell, nes i'r Rhyfel dorri'r cysylltiad â marchnadoedd tramor. Cyfeiriwyd eu gweithwyr wedyn naill i'r Lluoedd Arfog neu i ganolfannau diwydiannol mawr canolbarth Lloegr, ond cafodd ambell i ŵr profiadol mewn oed waith ym Mhontardawe.

Defnyddiodd y Fyddin yr hen weithfeydd segur i storio nwyddau dros dro, ond codai'r distawrwydd anghyfarwydd ofn ymhlith y pentrefwyr na chlywid fyth eto sŵn y melinau yn rhoi bywoliaeth gyson, os llafurus, i'w teuluoedd. Yr oedd hwn yn bryder byw iawn ar ein haelwyd ni gan fod 'nhad yn oruchwyliwr un o'r gweithfeydd tun annibynnol hyn, a gwireddwyd yr ofnau; ni welwyd gwaith y Phoenix yn ailddechrau ar derfyn y Rhyfel, ac ni lwyddwyd i ddenu'r un diwydiant tebyg i gymryd ei le yno, ac felly diflannodd ffordd o fyw unigryw a Chymreig. Er gymaint yr ergyd bersonol iddo diolchai fy nhad mai'r golled ariannol hon yn unig a ddaeth i'n haelwyd ni yn sgil y Rhyfel, gan i bob aelod o'n teulu ddych-welyd adref yn ddiogel a dianaf ar ei ddiwedd.

Daeth y Rhyfel â phobl ddieithr i'n haelwyd dros dro. Cafodd dau blentyn Iddewig o'r Almaen loches yno, gan setlo'n hapus yn yr ysgol a'r ardal a gwneud ffrindiau'n hawdd. Pan ddaeth y llif ifaciwîs o Lerpwl i'r ardal daeth dwy chwaer fach atom, ond nid mor hawdd fu dygymod â hwy. Eto ni wnaeth profiad ein hardal ni wireddu'r broffwydoliaeth y byddai'r llif noddedigion yn tanseilio'n hiaith a'n diwylliant. Profwyd yn hytrach fod ffyniant y Gymraeg yn dibynnu ar y defnydd a wnaed ohoni ar yr aelwyd, a'r parch a ddangosid iddi yno. Yn y dyddiau hynny darllenem oll rywfaint o Gymraeg yn yr Ysgol Sul a'r Ysgol Gân a thrwy fynychu oedfaon y capel a gwrando ar bregethwyr huawdl, argraffwyd ar gof y mwyaf di-hid rhyw gymaint o ymwybyddiaeth o'r urddas a berthynai i iaith yr Esgob Morgan.

Daliodd fy rhieni yn weithgar drwy'r Rhyfel yn y capel a'r Ysgol Sul, ac yr oedd fy nhad yn gefnogwr brwd i waith yr Urdd yn rhan uchaf Cwm Tawe. Yr oedd Aelwyd lewyrchus yng Nghwm-twrch ac yr oedd yn dda gennyf innau dderbyn eu cais am gynnal dosbarth yno ar hanes Cymru. Bu'n brofiad gwerthfawr i mi i ymgynefino â siarad o'r frest â phobl ifanc o wahanol gyraeddiadau a daliadau.

Oherwydd fy mhrysurdeb gyda'm gwaith yn y Coleg, ni phwysai fy mam arnaf am help gyda'r gwaith tŷ nes deuai'r haf â'i ffrwythau. Yr oedd gennym ardd fawr a pherllan, a chollodd Mehefin a Gorffennaf lawer o'u rhin i mi wrth gasglu, glanhau a thrin gwsberis, afans, syfi, cyrens duon a choch, heb sôn am y llus a gesglid gan blant y fro i'w gwerthu o ddrws i ddrws. Cyn dyddiau'r rhewgell yr oedd yn rhaid potelu'r ffrwythau gorau ar frys, ar ôl rhannu, wrth gwrs, gyfran i dylwyth a ffrindiau, ac yna gwneud jam o'r gweddill, a hynny gyda llawer llai o siwgr nag arfer.

Ym mis Awst, deuai'r plant o gwmpas eto â mwyar, ac yn ystod blynyddoedd y Rhyfel, derbyniem ni rodd o lugaeron oddi wrth ffrindiau yn ardal Llanybydder. Yr oedd yr aeron hyn yn ddieithr i'n hardal ni, a neb, am a wyddwn i, yn eu cysylltu â thwrci yr adeg honno. Yn ein tŷ ni, trowyd hwy yn jam i lanw lle'r marmalêd a ddiflannodd o'n bwrdd brecwast. Yn ystod yr haf hefyd, blodeuai'r pren ysgaw, ac er mor brydferth yr ymddangosai yn yr heulwen gyda'r wybr las yn gefndir perffaith i'w gyfoeth o flodau melyn-wyn, yr oedd fy mam yn gwbl ymarferol. Rhaid eu torri ar eu gorau, peth i'w sychu (doedd dim byd tebyg i de ysgaw am droi'n ôl y niwmonia), a chyfran mwy ohonynt i'w troi'n win – at yr un pwrpas yn bennaf. Rhan arall o'm dyletswyddau i oedd cofnodi enwau'r rhai a roddodd neu a fenthyciodd siwgr i ni; rhaid oedd gofalu eu bod yn cael eu priod siâr o jam neu win!

Ar fy mam y syrthiodd y cyfrifoldeb o'n bwydo a'n dilladu, a hi a reolai'n llyfrau dogni. Gan gofio'r 'rhyfel o'r blaen' prynodd yn helaeth ar ddechrau hwn ddillad a defnyddiau ar gyfer y tŷ a ninnau oll. Felly medrodd drosglwyddo 'ystafell' helaeth i mi pan briodais yn ámser prinder. Ni chawsom ni fawr mwy na'n dogn cyfreithiol o fwyd, ond roedd ffowls a digon o gwningod i'w cael i helpu'r dogn cig. Cyn bo hir ailymddangosodd ffermwr o du hwnt i'r Mynydd Du yn yr ardal, wedi trechu'r cyfyngiadau ar betrol drwy atgyfodi ei hen drap a phoni, a gwelwyd ambell ysguthan a sgwarnog ar ein bwrdd wedyn. Mwy amheuthun ond prinnach oedd ambell damaid o sbêr-rib, ond rhy fras a hallt i mi oedd y darn canol-ystlys a gynigiai i ni'n llechwraidd ambell dro. Ni welsom ni rannau mwy dewisol o'r mochyn; tebyg fod ganddo gwsmeriaid pwysicach yn rhywle!

Prin i'r Rhyfel amharu dim ar drefniadau dydd fy mhriodas ym Medi 1941, ar wahân inni briodi yng nghapel Bethesda Abertawe, yn hytrach nag adref yng Nghwm-twrch, ac i'r wledd gael ei chynnal mewn gwesty yn Langland yn hytrach nag ar yr aelwyd gartref. Rhaid oedd trefnu wrth gwrs i'r trigain o westeion fedru cyrraedd adref cyn y *blackout*, a'i berygl o'r awyr. Gan imi gael holl gwponau dillad fy mam-gu orweddiog, medrais wisgo gwisg wen draddodiadol yn ogystal â chael dillad mwy defnyddiol i fynd i ffwrdd. Ond bu'n rhaid i'm chwaer fodloni ar ffrog ddawns i mi wedi ei gweddnewid gan wniadwraig y pentref. Y syndod mwyaf oedd i Mam allu trefnu i ffrind profiadol wneud y deisen draddodiadol tri-llawr, drwy garedigrwydd ffrindiau a thylwyth a sbariodd yn llawen y cynhwysion prin! Gan i'r tywydd fod yn braf credaf i bawb a wahoddwyd fwynhau'r cyfle i anghofio'r hen ryfel am y dydd.

Yr oedd priodi yn amser rhyfel yn cyhoeddi newid byd hyd yn oed pan nad oedd yn bosibl i setlo i lawr gyda'ch gilydd ar unwaith. Rhoddai'r hawl i chi fynd at eich gilydd pan fedrech. Tair wythnos i ddydd ein priodas daeth y wŷs ddisgwyliedig i'm gŵr ymuno â'r Fyddin. Cyn hir neilltuwyd ef i'r Gwasanaeth Cudd, i dreulio'i dymor yn Bletchley Park, swydd Buckingham, yn un o'r fintai fawr yn datrys a dosbarthu negesau cudd y gelyn. Parheais i fyw gartref a theithio'n ddyddiol gyda'r bws i'r Coleg fel cynt, gan fodloni ar ddanfon maith lythyron i'n gilydd yn ddyddiol. Ond y funud y deuai gwyliau'r Coleg hwyliwn fy mhac am berfeddion Lloegr, gan adael fy chwaer fach i helpu Mam gyda'r ffrwythau!

Yr oedd y ddau ohonom wedi treulio cryn amser yn Llundain cyn y Rhyfel ond yr oedd Lloegr wledig yn ein taro fel gwlad cwbl estron, gyda'i brodorion yn cau eu rhengoedd yn erbyn y mewn-lifiad cosmopolitan. Ond am flwyddyn a mwy, medrodd fy mhriod fyw bywyd cwbl Gymreig yn lletya ar aelwyd Melville Richards a'i wraig a'u merch fach, a phan ymunwn i â hwy yna rannem y tŷ rhyngom. Daeth yr aelwyd honno yn gyrchfan i lawer o Gymry eraill a alltudiwyd i Bletchley. Pan gollodd y tŷ, cafodd fy mhriod lety yn nhref gyfagos Bedford.

Yno y treuliai Adran Gerdd y BBC y Rhyfel, gan gynnig pob math o gyngherddau i'r cyhoedd. Hyfryd iawn i mi oedd cael ffoi o ddistryw Abertawe i dref a oedd yn gyfan a di-graith, i fwynhau prynhawniau braf yn y gerddi tlws ar lannau'r Ouse, gan geisio anghofio'r diwrnod ffarwél anochel, na chyfeiriem byth ato mewn geiriau, dim ond drwy chwibanu'r diwn boblogaidd *'Everytime we say good-bye, We die a little'*!

Daethom yn gyfarwydd, ac yn hoff, o'r wlad oddi amgylch. Nid oedd Rhydychen na Chaergrawnt ymhell, gyda'u siopau llyfrau dengar. Yr oedd pob math o achosion Anghydffurfiol, heb sôn am yr Eglwysi, yn nhref John Bunyan, ond prin y llwyddasom ni i ymgartrefu yn yr un ohonynt, gan ddod i'r casgliad mai distawrwydd cymharol y Crynwyr a siaradai orau i'n cyflwr pan na fedrem gyrraedd yr oedfa Gymraeg yn Luton, neu, gwell fyth yng nghapel Castle Street, Llundain, lle cawn weld fy mrawd a oedd yntau wedi ei alltudio i Lundain erbyn hynny. Yn ffodus, yr oedd gennym yr holl ffrindiau ffoëdig i'n lletya yn y Brifddinas, ond lawer tro bu'n rhaid teithio'n llythrennol drwy ddŵr a thân i'w cyrraedd.

Un o'm gorchwylion yn ystod yr hafau tawel yn Lloegr oedd marcio papurau Hanes arholiadau'r Bwrdd Canol – y CWB o anfarwol goffadwriaeth! Golygai lafur caled dros dair wythnos o amser, gan weithio bob dydd a thrwy'r dydd. Gwir y cawn drip neu ddau i Gaerdydd am ddim, ond prin i'r ymdrech fod werth y draul yn ariannol ar ôl talu treth incwm arno. Ond yr oedd yn un o'r dyletswyddau y teimlwyd rheidrwydd i'w cyflawni yn amser rhyfel gan fod arholwyr cymwys yn brin.

Rhoddwyd tro newydd i'n bywyd ddiwedd haf 1943 pan benodwyd fy ngŵr yn Gyfarwyddwr Addysg Ceredigion. Credasom oll y câi ddechrau ar ei waith yn union, gan gymaint o bwys a roddai'r Llywodraeth ar gynlluniau R.A. Butler i drawsnewid addysg y wlad, ond oherwydd natur gyfrin y gwaith yn Bletchley ni ryddhawyd neb oddi yno tan ar ôl *D Day*. 'Gobaith a oedir a wanha'r galon' a fu ein profiad, er ymwroli ar ôl clywed fod Pwyllgor Addysg Ceredigion yn fodlon aros amdano. Gyda *D Day* drosodd yn llwyddiannus fe'i rhyddhawyd ddiwedd haf 1944.

Gan i'r Athro Ernest Hughes ymddeol ar yr un adeg, yr oeddwn innau wedi cyflawni fy addewid iddo na wnawn fyth adael y Coleg tra oedd ef yn dal yno. Felly rhoddais innau fy notis i'r Coleg a gweithio'r tri mis rhybudd o dan yr Athro David Quinn. Ni ddaeth yr un o'r cyn-ddarlithwyr yn ôl i Goleg Abertawe; dyrchafwyd y ddau a adawodd yn nyddiau'r Rhyfel i Gadeiriau mewn colegau eraill, gan ennill bri am ddisgleirdeb eu hysgolheictod. Felly Adran Hanes cwbl newydd, heb gysylltiad â'i gorffennol a welwyd yng Ngholeg Abertawe ar ddiwedd y Rhyfel.

Pan gyrhaeddais i Aberystwyth yn Ionawr 1945, yr oedd y Rhyfel drosodd i bob pwrpas i ni'n dau. Gwireddwyd o'r diwedd fy nyhead am weld bywyd yn dychwelyd i'w gwrs naturiol. Mewn llawer ffordd yr oedd fy mywyd yn wahanol iawn wrth ddysgu cadw tŷ, a chyn diwedd y flwyddyn, er mawr lawenydd i ni, bod yn fam. Yr oedd newid mawr ar droed ym mywyd Cymru hefyd, ond yr oedd gennym ni'n dau y gobaith y medrem gadw hynny a brisiem o'n hetifeddiaeth, a symud ymlaen i hyrwyddo gwell cyfleusterau i eraill. Yr oedd Fienna yn dal tu hwnt i'm cyrraedd, ond yr oedd y Llyfrgell Genedlaethol yn cynnig meysydd ymchwil gwahanol i mi pan gawn hamdden o'm gofalon newydd.

Cornel y Conshis

~

Rhiannon Prys Evans

Yn ninas Caerdydd y bûm yn byw yn ystod deunaw mis cyntaf y Rhyfel ac ar fferm ym mhlwyf Llangadog am weddill yr amser. Yn ninas Lerpwl y cefais fy ngeni a'm magu. Ni chefais erioed wers Gymraeg yn yr ysgol ddyddiol ond bûm mor ffodus â chael fy magu ar aelwyd Gymraeg a mynychais oedfaon ac Ysgol Sul Capel Cymraeg Chatham Street, lle roedd y gweinidog, Thomas Arthur Jones o fendigedig goffadwriaeth, yn heddychwr ac yn genedlaetholwr cadarn (ac a oedd yn daid gyda llaw i Arthur, Dafydd a Garmon Emyr).

Cefais fy nhrwytho o'm hieuenctid mewn heddychiaeth a chenedlaetholdeb Cymreig, a bûm yn heddychwraig a chenedlaetholwraig ar hyd fy mywyd. Ymunais â Phlaid Genedlaethol Cymru yn bymtheg oed o dan ddylanwad Ambrose Bebb a arhosai'n aml yn ein cartref pan ddeuai o'r Coleg Normal, Bangor i arolygu ymarfer dysgu ei fyfyrwyr yn ysgolion Lerpwl. Bryd hynny roedd fy nhad, Dan Thomas, yn aelod o'r Blaid Lafur er iddo yn ddiweddarach yn y chwech a'r saith degau fod yn drysorydd Plaid Cymru am gyfnod o ugain mlynedd.

Rwy'n cofio amryw o arweinwyr y mudiad heddwch, megis George Lansbury a Bertrand Russell, yn dod i'n cartref ni yn Ducie Street, Princes Park, Toxteth. Y cysonaf ei ymweliadau oedd y sant mawr, George M. Ll. Davies, cyfaill mynwesol i 'nhad a'm mam, ac a ddaeth yn ffrind personol i Gwynfor a minnau ac a gymerodd ran yn ein gwasanaeth priodas. Bu'r gŵr mawr a gwylaidd hwn yn rheolwr banc yn Wrecsam yn saith ar hugain oed, ac ato ef yr aeth fy nhad o'r ysgol i weithio fel clerc banc. Pan ymunodd George Davies â'r Ffiwsilwyr Brenhinol Cymreig ym 1911 perswadiodd fy nhad i ymuno gydag ef. Ond ymhen dwy flynedd cafodd George Davies ei argyhoeddi ei fod wedi gwneud y camsyniad mwyaf arswydus o anfoesol wrth ymuno â'r fyddin i ddysgu lladd ei frawd. Ymadawodd â'r Ffiwsilwyr a'r banc, ond parhaodd fy nhad yn y ddau a bu ymhlith y minteioedd cyntaf i groesi i Ffrainc ym 1914.

Yn niwedd 1916, ac yntau'n gapten, cafodd fy nhad ei glwyfo a'i ddanfon adref. Penodwyd ef yn bennaeth swyddfa gofrestru Wrecsam. Gan fod gorfodaeth filwrol wedi ei gosod bellach yr oedd gwysio dynion i'r Fyddin yn rhan o'i orchwylion. Sylwodd ar enw George M. Ll. Davies o bawb ymhlith y rhestrau cyntaf. Rhannodd y ddau wely yn llety fy nhad y ddwy noson cyn traddodi George Davies i'r baracs. Treuliodd hwnnw y rhan fwyaf o'r tair blynedd nesaf yn Dartmoor a charchardai eraill. Ddwy flynedd ar ôl ei ryddhau etholwyd George Davies yn aelod seneddol dros Brifysgol Cymru, yr unig un erioed i gael ei ethol fel Heddychwr Cristnogol. Erbyn hynny roedd fy nhad yntau'n heddychwr.

Cofiaf fy nhad yn sôn am hen ŵr a gafodd rodd o ysgrifbin Swan gan George Davies. Dotiai at y rhodd ac er mwyn dangos i 'nhad mor lân y sgrifennai ysgrifennodd dro ar ôl tro y llythrennau G.M.Ll.D. Pan ofynnodd fy nhad ai llythrennau enw'r cymwynaswr oedd y rhain, sef George Maitland Lloyd Davies, atebodd, 'Ie, ond mwy na hynny, Gŵr Mawr yn Llaw Duw.'

Mae'n amlwg fod y traddodiad heddwch cryf yn ein teulu ni yn esbonio fy safbwynt yn ystod y Rhyfel. Ewythr imi, Richard Roberts o Flaenau Ffestiniog, oedd prif sylfaenydd Cymdeithas y Cymod. Ef oedd ysgrifennydd cyntaf y Gymdeithas, a'r ysgrifennydd cynorthwyol oedd neb llai na George M. Ll. Davies.

Rai misoedd ar ôl i 'nhad symud i ofalu am fanc yng Nghaerdydd symudais innau yno o Lerpwl ym 1938 i fyw gyda 'nheulu, yn bedair blwydd ar bymtheg, gan gael swydd mewn banc yng Nghasnewydd-ar-Wysg. Yr union adeg honno daeth Neville Chamberlain yn ôl o Munich gyda'r neges, *'Peace in our time.'* Ychydig o ffydd oedd gennym yn ei eiriau. Gwyddem fod rhyfel arall ar y gorwel. Pan ffurfiwyd Heddychwyr Cymru y flwyddyn honno ymunais gyda fy mam a 'nhad. Penodwyd Mam yn drysorydd y mudiad. George Davies oedd y Llywydd a Gwynfor fu'r ysgrifennydd trwy gydol y Rhyfel; dyna sut y cwrddais ag ef.

Yng Nghaerdydd yr oeddwn yn byw gan hynny ym Medi 1939 pan ddaeth y Rhyfel. Y Rhyfel a ddygodd y gwaith dros ddeiseb fawr yr iaith Gymraeg i ben; ennill safle cydraddol oedd ei hamcan. Cesglais enwau iddi am sbel, gan gyfrannu ychydig bach at y cyfanswm o 450,000.

Er bod y Rhyfel bellach yn ffaith daliem i genhadu dros Heddychwyr Cymru. Ond deunaw mis o'r Rhyfel yn unig a dreuliais yng Nghaerdydd gan imi briodi ac ymadael ym Mawrth 1941. Eisoes roedd fy mrawd, Dewi Prys Thomas, a fu wedyn yn bennaeth Coleg Pensaernïol Cymru, wedi sefyll fel heddychwr gerbron tribiwnlys. Safodd ar dir Cristnogol a chenedlaethol. Yn ei ddatganiad dywedodd yn ôl adroddiad *Y Faner*: 'Yr wyf yn Gymro Cristnogol. Fel dinesydd o Gymru, credaf yn hawl fy nghenedl i ryddid fel pob cenedl arall . . . Dywedwyd yn aml gan aelodau'r Llywodraeth fod y Rhyfel yn rhyfel dros genhedloedd bychain, a dwedwyd bod gormesu cenedl fach yn bechod moesol.' Y ddau a dystiodd i'w gymeriad oedd George M. Ll. Davies a Thomas Arthur Jones, cyn-weinidog y teulu. Cafodd ryddhad diamodol.

Pan ddechreuodd y bomio yng Nghaerdydd trefnodd Dewi a 'nhad fintai o *stretcher-bearers* i gludo cleifion yr ysbytai i ddiogelwch. Er na fu bomio trwm ar ein rhan ni o'r ddinas ni chawsom ddianc yn gwbl lwyr chwaith. Y nos Fercher cyn fy mhriodas ar y Sadwrn canlynol, disgynnodd bom o fewn dau ganllath i'r tŷ gan chwalu'r holl ffenestri blaen. Cawsom oll ein dychryn, a minnau'n fwy na neb am fod llond bwrdd yn yr ystafell flaen o'm hanrhegion priodas. Ofnais y byddai'r cyfan wedi eu chwalu, ond pan fegais blwc i droedio trwy'r gwydr ar y llawr, a ddifethodd fy sgidiau tenau, bu'n rhyddhad gweld mai dim ond cawg blodau a gafodd niwed. Tybiai'r gwybodusion mai camgymryd Llyn y Rhath, oedd gerllaw'r tŷ, am y dociau a wnaeth y bomwyr. Ar wahân i hyn y profiad mwyaf annymunol a achosodd y bomio imi oedd wrth gerdded un bore gaeafol o'r Castell i ddal trên Casnewydd yn yr orsaf. Y noson cynt achosodd y bomio danau mawr yn y rhan honno o'r dref ac yr oedd y dŵr a anelwyd atynt gan y peiriannau tân wedi rhewi'n galed. Wn i ddim faint a dorrodd esgyrn y bore hwnnw.

Roedd fy nhad weithiau'n dal yr un trên â mi er mwyn mynd i gyrddau Undeb y Gweithwyr Banc yn Llundain. Roedd yn un o sylfaenwyr y *Bank Officers Guild*, fel y galwyd ef bryd hynny, *National Union of Bank Employees* wedyn. Am dair blynedd o'r Rhyfel a'r flwyddyn ganlynol, rhwng 1942 a 1946, efe oedd Llywydd yr Undeb. Un Cymro arall, Mr D. O. Davies, a fu'n Llywydd, y ddau'n genedlaetholwyr Cymreig.

Roedd Gwynfor wedi pasio arholiadau'r gyfraith ychydig wythnosau cyn y Rhyfel, ond teimlodd y byddai'n annheg iddo bracteisio fel cyfreithiwr er iddo gael rhyddhad diamodol i wneud hynny pe mynnai. Er nad oedd erioed wedi tyfu cabetsen penderfynodd ddechrau busnes tai gerddi ar dir fferm ei dad yn Llangadog. Ddeunaw mis ar ôl dechrau'r Rhyfel es i fyw ato ar y fferm.

Ni allaf ddweud bod y croeso a gefais yn yr ardal wledig hon yn gynnes gan bawb. Roedd Gwynfor nid yn unig yn 'conchie' ond hefyd yn *Welsh Nat*, a dyma finnau'n cyrraedd yno fel un o'r un brîd. Gan fod Gwynfor yn cyflogi gwrthwynebwr cydwybodol arall, 'Conchie's Corner' y gelwid ein llecyn ni. Roedd rhai o aelodau'r capel yn gyfeillgar, eraill yn edrych i lawr eu trwynau arnom braidd neu yn ein diystyru. Hyd yn oed ar ôl y Rhyfel, pan ganfasiwn dros Gwynfor mewn etholiad cyngor sir, dywedodd un Gymraes wrthyf yn ei Saesneg gorau, 'We don't want your sort here.'

Ar ddechrau'r Rhyfel nid oedd neb yn siŵr beth a ddigwyddai i wrthwynebwyr cydwybodol. Yn y Rhyfel Byd Cyntaf cafodd y mwyafrif eu carcharu am dymhorau hir er bod eu didwylledd y tu hwnt i amheuaeth. Wrth roi dedfryd carchar i George M. Ll. Davies dywedodd cadeirydd y fainc yn Llundain, yr Arglwydd Salisbury, *'God knows, I'm condemning a far better man than myself.'* Ond yn y rhyfel diwethaf gorfodwyd mwyafrif mawr y gwrthwynebwyr cydwybodol i wneud gwaith sifil anfilwrol, megis gweithio ar y tir neu mewn pyllau glo. Byddai criw o fechgyn, megis Huw Ethall a Brynmor Thomas, yn gweithio mewn coedwigoedd yng Nghaio ac ardal Llanymddyfri heb fod ymhell oddi wrthym, a deuai rhai ohonynt draw i'r fferm atom i gael bàth. Cafodd lleiafrif bach fel Dewi Prys a Gwynfor ryddhad diamodol. Eithr carchar a gafodd rhyw bymtheg o genedlaetholwyr a safodd ar dir cenedlaethol yn unig.

Roeddwn innau'n awyddus i wneud safiad pan ddaeth yr amser ar ôl imi fod yn briod am wyth neu naw mis. Pan gefais fy ngalw gerbron swyddogion y Swyddfa Ryfel penderfynais beidio â dweud fy mod yn feichiog. Ond gwae fi, ar ôl iddynt ofyn am ddyddiad fy mhriodas y cwestiwn nesaf oedd, *'Are you pregnant?'* Bu'n rhaid cyfaddef fy mod, ond dadleuais y dylai gwraig gael yr un hawl â dyn i wneud ei safiad. Roeddwn yn flin na chlywais ymhellach gan yr awdurdodau.

Rhwng 1942 a 1946 ganed pedwar o blant inni. Cofiaf gymryd y pedwar i weld pantomeim yn Abertawe ac eistedd yn un o'r rhesi blaen. Pan welodd y 'Dame' bedwar o rai bach yn eistedd o'm cwmpas, gwaeddodd, *'Are all these yours?'* 'Yes,' meddwn. *'Goodness gracious,'* meddai, *'your husband must have had a lot of compassionate leave!'*

Ar ôl geni Alcwyn, yr hynaf, yn Ionawr 1942 roedd fy mywyd yn llawn iawn, ac er bod rhai yn y gymdogaeth yn dal i deimlo'n o chwyrn yn ein herbyn nid oedd hynny'n poeni gymaint arnaf. Ffermwyr nad aeth yn agos i'r Rhyfel oedd waethaf. Ni chafodd Gwynfor na minnau air cas erioed gan neb yn y Lluoedd Arfog. Byddai Gwynfor yn danfon copïau o *Cofion Cymru* atynt. Daeth rhai ohonynt yn gyfeillion da wedi iddynt ddod adref. Gallwn roi tipyn o help i Gwynfor gyda Heddychwyr Gymru y blynyddoedd hyn. Arferai ddweud iddo fy mhriodi am fy mod yn gallu teipio a gwneud llawfer! Y peth mwyaf a wnaeth oedd cyhoeddi 32 o bamffledi sylweddol yng nghyfres Heddychwyr Gymru.

Byw gyda ni a wnâi'r gwas a ofalai am y da tew a'r ychydig wartheg godro, y ddau fochyn a'r ceffyl ar fferm Wernellyn, ein cartref. Er bod fy mam yn ferch fferm, mewn dinas y bûm i'n byw erioed heb ddim profiad ffermio. Felly pan drawyd y gwas â salwch trwm bu'n rhaid inni gael cymorth *land girl* a daeth merch o'r enw Megan atom. Ond buan y gwelsom nad oedd Megan yn llawer mwy cyfarwydd na minnau â gwaith fferm, ac roedd arni ofn anifeiliaid. Gan hynny cytunwyd bod Megan yn gwneud y gwaith tŷ a minnau'r gwaith fferm. Am fisoedd bûm yn godro, yn bwydo'r gwartheg ac yn carthu ar eu hôl, yn bwydo'r moch a'r ceffyl a gwneud holl waith arferol fferm, hyd yn oed yn gwneud menyn. Yr unig beth na fentrais oedd halltu'r cig ar ôl lladd y moch.

Ni phrofodd Llangadog ddim o waethaf y Rhyfel. Yr agosaf a ddaethom ato oedd gweld 'Abertawe'n fflam' o ben y Mynydd Du. Serch hynny, byddai'r cyngherddau a drefnid i groesawu bechgyn, ac ambell ferch, yn ôl o'r lluoedd ar wyliau yn atgoffa'r fro fod rhyfel ymlaen. Roedd Morgan Beehive a drefnai'r rhain hefyd yn ysgrifennydd eisteddfod ddeuddydd Llangadog. Parhaodd yn ysgrifennydd iddi hyd yn oed wedi iddo ef a'i deulu symud i Lundain i werthu llaeth. Gallai eisteddfod Llangadog ymffrostio mai ganddi hi yn unig o holl eisteddfodau Cymru yr oedd swyddfa yn Llundain.

Unig weithgareddau milwrol y brodorion yn lleol oedd yr *Home Guard*, a leihâi gynulleidfaoedd y capeli ar y Sul. Ond parai dyfodiad milwyr Americanaidd i'r fro gyffro mawr. Arhosent ym mhlas ac ar dir Abermarlais, a fu'n gartref i Syr Rhys ap Thomas a arweiniodd frwydr ar Faes Bosworth a roes Harri Tudur ar orsedd Lloegr. Mawr y croeso a gâi bob mintai o'r Americanwyr hyn. Byddent yn ymarfer ar Fynydd Epynt a ddygwyd gan y Swyddfa Ryfel ym mlwyddyn gyntaf y Rhyfel, gan daflu ugeiniau o deuluoedd Cymraeg eu hiaith o'u ffermydd. Ymladdodd Gwynfor yn galed yn erbyn yr anfadwaith hwnnw.

Cafodd y Rhyfel ganlyniadau yn Llydaw a effeithiodd ar ein cartref yn Llangadog. Ar ei ddiwedd bu erledigaeth greulon ar genedlaetholwyr Llydewig. Roedd rhai wedi cydweithredu â'r Almaenwyr mewn uned filwrol a enwyd ar ôl y Tad Perrot a lofruddiwyd ar lan bedd gan Gomiwnyddion y *resistance*. Dienydd-iwyd nifer o'r rhain a fethodd â dianc. Ond dedfrydwyd hefyd rai cenedlaetholwyr i farwolaeth neu i oes o garchar na buont yn cyd-weithredu â'r Almaenwyr, dim ond manteisio ar ddiwedd yr erledigaeth Ffrengig a achosodd presenoldeb yr Almaenwyr er mwyn hybu iaith a diwylliant Llydaw. Bu Meirion Dyfnallt, merch Dyfnallt y bardd a'r cyn-archdderwydd, yn chwilio am loches yng Nghymru i rai o'r rhain a lwyddai i ffoi o Lydaw. Daeth nifer ohonynt i aros gyda ni yn Wernellyn.

Y mwyaf adnabyddus o'r ffoaduriaid hyn a arhosodd gyda ni oedd Yann Fouérè, arweinydd prif blaid genedlaethol Llydaw flynyddoedd wedyn. Fel Dr Moger yr oeddem yn ei adnabod. Ei droseddau mawr oedd golygu papur dyddiol Llydewig yn ystod blynyddoedd y Rhyfel ac arwain mudiad dysgu Llydaweg yn yr ysgolion. Arhosodd ei wraig, Marie Madeleine, hefyd, a'u tri phlentyn, Rosanne, Jean ac Erwann, gyda ni am gyfnod go hir cyn llwyddo cael cartref mewn stafelloedd o dan goleg pabyddol Tregîb, Ffairfach.

Aeth y plant i Ysgol Bethlehem am ddau dymor gan ddod i siarad Cymraeg yn dda. Ond ni fu'r teulu yn Ffairfach yn hir cyn i blismyn ddisgyn ar Yann er mwyn ei ddanfon yn ôl i Ffrainc. Does neb a ŵyr beth a ddigwyddai iddo pe baent wedi llwyddo. Ond cyn belled â charchar Birmingham y cymerwyd ef y diwrnod cyntaf. Treuliodd Gwynfor y rhan fwyaf o'r diwrnod ar y ffôn yn chwilio help pobl ddylanwadol i atal ei ddraddodi i ddwylo'r awdurdodau Ffrengig. Dau a fu'n gymorth mawr oedd Syr Rhys Hopkin Morris, aelod seneddol Caerfyrddin ar y pryd, a'r Henadur Cyril Jones, Wrecsam, cyfreithiwr o Lafurwr trwm ei bwysau a gydymdeimlai â chenedlaetholdeb Cymreig; dygodd ef ddylanwad mawr ar Chuter Ede, Ysgrifennydd Cartref y Llywodraeth Lafur. Rhwystrwyd traddodi Yann i Ffrainc ond ni châi ddod yn ôl i Gymru. Châi'r Cymry ddim rhoi lloches i'w cefndryd Llydewig ond roedd y Gwyddelod yn rhydd i wneud hynny. Cafodd llawer o Lydäwyr loches yn Iwerddon. Aeth Yann a'i deulu i fyw yn ymyl pentref glan-môr ger Galway lle y dechreuodd fusnes cimychiaid a werthai ym Mharis.

Nid y Ffouériaid oedd y ffoaduriaid Llydewig olaf i aros gyda ni. Er mwyn dangos eu diolchgarwch am y lloches a roesom i nifer ohonynt rhoddodd cyfeillion Yann a Madeleine wahoddiad imi dreulio gwyliau gyda nhw yn Llydaw ar ôl y Rhyfel, hwythau'n talu cost y teithio o dref i dref. Gyda theulu o genedlaetholwyr Llydewig ym Mharis yr oedd fy arhosiad olaf. Roedd hen ŵr eu tad o dan ddedfryd marwolaeth ac yn ymguddio ni wn i ble. Gofynasant imi a ddygwn ef i aros gyda ni yn Llangadog, a dyna fu. Doedd ganddo ddim gair o Saesneg, a dim cymaint â hynny o Ffrangeg o ran hynny; Llydaweg oedd ei iaith gyntaf. Gan ei fod yn teithio gyda phasbort ffug roedd y siwrnai i Southampton yn bryderus; ni fûm erioed yn falchach o gyrraedd Lloegr. Bu'r hen M. Meliner yn byw gyda ni am chwe mis.

Erbyn hynny, roeddwn wedi cael fy nhynnu'n nes at ganol gweith-gareddau Plaid Cymru, canys yn nechrau Awst 1945, cyn diwedd y Rhyfel yn erbyn Siapan, cafodd Gwynfor ei ethol yn Llywydd y Blaid.

Jam a Jerwsalem

~

Marion Jones

Medi'r 3ydd 1939: rwy'n cofio'r dyddiad yn dda. Roedd hi'n gynnar yn y bore, a galwodd fy mam arnaf i fynd lawr i ddweud wrth Mam-gu – a oedd yn byw mewn rhan arall o bentref Pen-bre – fod y Rhyfel wedi dechrau. Roedd hi'n fore braf, a ffwrdd â mi ar fy meic i ddweud yr hanes wrthi gan deimlo'n gyffrous iawn. Dydd Sul oedd hi ac roedd popeth yn dawel. Dydd Sul oedd y Sabbath yn y dyddiau hynny, ym Mhen-bre o leiaf, a byddai'r rhan fwyaf o'r trigolion yn paratoi i fynd i'r eglwys neu i'r capel. Nid rwy'n cofio beth oedd ymateb Mam-gu na beth ddigwyddodd o'r diwrnod hwnnw nes i mi adael i fynd i'r coleg ar ddiwedd y mis.

Roeddwn i wedi cael fy nerbyn i ddilyn cwrs gradd BSc mewn Gwyddoniaeth Gymdeithasol a Gofal Cartref yng Ngholeg y Brenin, Llundain. Ond ni chyrhaeddais Lundain, oherwydd roedd y Coleg wedi cael ei symud oddi yno i Gaerdydd. Yn Rhymni roedd fy *digs* cyntaf, ac yn Ysgol Feddygol Ffordd Casnewydd, yng Ngholeg y Brifysgol, ac yn y Coleg Gwyddor Cartref yn Rhodfa'r Parc y cynhelid ein darlithoedd. Blwyddyn yn llawn straen oedd hi mewn mwy nag un ystyr. Roedd y cwrs yn llawer caletach nag y disgwyliais oherwydd roedd yn rhaid i mi ruthro rhwng darlithiau i'r tri choleg a dioddefais hiraeth enbyd am gartref. Roeddwn yn sobor o falch felly pan ddaeth y flwyddyn gyntaf yn y Coleg i'w therfyn. Yn fuan wedi i mi ddychwelyd adref, bomiwyd Caerdydd a phenderfynwyd ailddanfon y Coleg i Gaerlŷr ym mis Medi 1940.

Roeddwn wrth fy modd cael bod adref unwaith eto. Adeiladwyd fy nghartref ym 1937 mewn erw a hanner o dir prydferth. Roedd yr olygfa oddi yno dros Benrhyn Gŵyr a'r aber yn y Barri yn fendigedig ac mae arnaf hiraeth o hyd am y cartref hwnnw ac am bentref Pen-bre.

Fodd bynnag, gerllaw'r pentref roedd Ffatri Ordnans fawr bwysig iawn a gyflogai gannoedd o ddynion a menywod i gynhyrchu ffrwydron, a thair milltir i ffwrdd gweithredai gorsaf yr RAF. Felly, roedd Pen-bre yn lle pwysig ar y map cyn belled ag oedd y Rhyfel yn y cwestiwn – i'n lluoedd ni ac i luoedd y gelyn. Tuag wythnos ar ôl imi ddod adref o'r coleg, gofynnwyd imi helpu yn labordai'r ffatri yn ystod gwyliau hir yr haf, gan mai Cemeg oedd un o'r pynciau a astudiais yn fy nghwrs gradd.

Cychwynnais ar fy ngwaith bron ar unwaith a chofiaf imi deimlo'n hapus 'mod i'n cael gwneud rhywbeth i helpu yn ymdrech y Rhyfel. Yn ystod fy wythnos gyntaf yno, yn y Labordy 'Safonau', lle byddem yn safoneiddio cemegau ac offer a ddefnyddid yng ngwahanol rannau'r ffatri, torrodd fy nghyd-weithwraig botel gwart *Winchester* o asid swlffwrig ar draws ei choesau. Tasgodd peth ohono drosof innau. Cawsom ein dwy driniaeth yn y feddygfa fodern yno a chawsom ein cludo mewn ambiwlans – fy ffrind i Ysbyty Llanelli a minnau adref.

Wrth weld yr ambiwlans yn dod i fyny'r dreif, yn naturiol cynhyrfodd fy mam yn enbyd. Ond am ei bod yn nyrs, sylweddolodd yn gyflym nad oeddwn wedi cael niwed drwg, a gorchmynnodd imi fynd i fyny'r ardd i fwydo'r ieir ar fy union! Wrth fynd, clywais sgrechian ofnadwy uwch fy mhen, a gwelais awyren yn diflannu i'r cymylau. Fe'i dilynwyd gan sgrechiadau'r seiren o'r ffatri. Sylweddolais fod rhywbeth ofnadwy wedi digwydd. Cyrhaeddodd y newyddion fod llawer o bobl wedi eu lladd neu wedi eu hanafu. Cafodd y pentref cyfan sioc ofnadwy ac effeithiwyd ar nifer o deuluoedd. Roedd y Rhyfel wedi cyrraedd Pen-bre ac roedd 'y rhyfel ffug' yn dirwyn i ben. Dechreuodd pethau newid yn ddramatig.

Pan ddychwelais i'm gwaith, roedd ffenestri'r Lab i gyd wedi cael eu cau i fyny â brics, ac am weddill y Rhyfel, roedd yn rhaid i'r cemegwyr weithio o dan delerau anodd iawn, heb fawr o awyr iach ac wrth olau artiffisial drwy'r adeg. Yn dilyn damwain fy ffrind, fe'n gorfodwyd i wisgo trywsus trwchus rhag-asid a oedd yn anghyfforddus iawn. Cyflymwyd y cynhyrchu a byddem yn gweithio oriau hir iawn.

Tua'r adeg hon, neu'n ddiweddarach, roedd fy nau frawd oddi cartref mewn ysgolion bonedd, ac aeth un i Brifysgol Caergrawnt ac un i Aberystwyth wedi hynny. Teimlai fy rhieni y dylai 'Y Fron' fod yn fwy defnyddiol ac o fewn cyrraedd i rai o'r dieithriaid a ddeuai i'r pentref. Hoffwn pe baent wedi cadw cofnod o'r holl bobl a ddaeth ac a aeth yn ystod y cyfnod hwnnw. Yn gyntaf, daeth y tri chemegwr, a ddanfonwyd i'r ROF i weithio, gan y Weinyddiaeth Amddiffyn. Daeth graddedigion ifainc o Gaergrawnt a dyn hŷn oedd yn Iddew. Byddent yn cael llety llawn gyda ni a buont yn aros gyda ni am gyfnod eithaf hir. Roeddynt yn bobl ddiddorol a chyfoethogwyd ein bywydau ganddynt.

Yna daeth yr ifaciwîs – a dyna i chi hanes. Roedd y pentref yn ferw i gyd a sylwyd yn ofalus ar ba deuluoedd a wrthodai eu derbyn. Daeth mam a'i dwy ferch atom ni o'r East End yn Llundain. Bu bron iddynt ein tyrchu allan o'n cartref a chawsom amser caled ganddynt, yn enwedig fy chwaer. Cofiaf ddod adref o'r gwaith un noson i ddarganfod fy rhieni yn bwyta'u swper yn ystafell y bwyler. Ymhen ychydig fisoedd, daethom i ben â'u hail-letya ac yn eu lle daeth swyddogion a'u gwragedd o nifer o wledydd y cynghreiriaid, yr *Allies*. Daethant o Wlad Belg, o Wlad Pwyl, o Rwsia ac o wledydd eraill.

Roedd y gwarchodlu bomio a'r awyrennau ymladd (y *spitfires*) yn gadael bob dydd ar *sorties* i'r mannau rhyfela. Cofiaf fel y'n cythruddwyd pan ddywedodd un o beilotiaid yr awyrennau ymladd wrthym ei fod yn gwybod pan oedd ar fin cyrraedd adref yn ddiogel pan fyddai'n gallu gweld ein tŷ ni. Gyda'i baent o liw hufen a'i do teils coch, roedd i'w weld yn eithriadol o amlwg, yn enwedig yng ngolau'r lleuad.

Byddem yn mynd i'r gwely yn y tywyllwch bob amser am ei bod

yn rhy ddrud i daenu'r ffenestri mawrion â deunydd *blackout* na adawai olau drwyddo. Ond gwnaethom hynny ar ffenestr yr ystafell wely lle byddai ein gwesteion yn cysgu, ac ar ffenestri'r gegin, yr ystafell fyw a'r ystafell fwyta. Cofiaf yn dda am yr hapusrwydd a deimlem pan oleuwyd ein cartref ar *VE Day*, a'r partïon a gawsom ar y lawnt y diwrnod hwnnw ac ar *VJ Day*.

Roedd fy nhad yn *air-raid warden*. Bob nos, byddai gŵr a gwraig oedrannus a oedd yn gofalu am y gyfnewidfa ffôn yn Burry Port yn galw i ddweud '*Air raid warning green, Mr Thomas,*' ac yna ymhen tipyn, '*Air raid warning orange, Mr Thomas,*' ac yna, mewn gwylltineb, '*Air raid warning red, Mr Thomas.*' Byddai yntau wedyn yn cipio'i helmed ARP a'i fasg nwy ac yn rhedeg i lawr y dreif lle byddai'n cwrdd â hen ferch oedrannus. Nhw ill dau fyddai'r *patrol* ar y ffordd 'Ucha'. Roedd yn jôc rhyngom: pwy fuasai'n ofni â'r ddau yma ar ddyletswydd! *Dad's army* yn wir!

Pan ddeuai'r rhybudd coch, byddai fy mam yn mynnu bod pob aelod o'r teulu a ddigwyddai fod gartref ar y pryd yn mynd i seler tŷ cymydog. Anghofiaf i fyth arogl y lleithder a'r teimlad o ofn nad oeddem yn hollol ddiogel yno. Fel y dywedais eisoes, roedd y gorsafoedd ROF a'r RAF yn dargedau gwirioneddol. Daethom yn gymrodyr rhyfeddol wrth fod yn garcharorion yno noson ar ôl noson. Pan seiniai'r '*All Clear*', byddem yn dod allan i'r tywyllwch yn flinedig ac yn falch o gael mynd i'n gwelyau.

Ymhen tipyn, blinais ar yr arfer hwn, ac es yn rebel, er mawr siom i fy mam. Roeddwn yn gweithio'n galed yn y labordai gan ddechrau am 7:30 y bore a heb orffen, yn aml, tan 7:20 yr hwyr. Penderfynais rannu wely plu mawr gyda gweddw annwyl a oedd yn derbyn *lodgers*. Roedd hi bron yn hollol fyddar. Ni chlywai'r seiren a phan fyddem yn mynd i'r gwely, byddai'n dweud, ''Ma hyfryd, 'ma hyfryd. Cysgwch nawr yn dawel' – ac mi wnawn!

Rhaid i mi grybwyll nad euthum yn ôl i'r coleg pan ddylwn fod wedi gwneud ym mis Hydref 1940, oherwydd roeddwn mewn gwaith 'neilltuedig' a byddai'n anodd os nad yn amhosibl cael fy esgusodi ohono. Ni ddymunwn adael yr hyn a wnawn chwaith – nid am fy mod yn arwres, ond credwn fod fy angen.

Pan gynyddodd dwyster y Rhyfel, deuai newyddion yn aml am ffrindiau a gafodd eu lladd, neu a oedd ar goll, a thro ar ôl tro, byddai'r pentref yn ddwfn mewn galar. Byddai fy mam, fy chwaer a minnau yn ein tro yn helpu yn y cantîn ar sgwâr y pentref. Tybed faint o gwpaneidiau o de, o gacennau ac o frechdanau a baratowyd gennym ar gyfer cymaint o filwyr yn y sièd fechan honno a oedd mor boeth ac mor llawn o stêm? Dywedais yn gynharach fod 'Y Fron' yn cadw drws agored i bobl a oedd wedi cael eu gwahanu oddi wrth eu cartrefi ac oddi wrth y bobl a garent. Bob dydd ar ôl brecwast byddai fy mam yn glanhau'r tŷ ac yn golchi, nid ar ran y teulu'n unig, ond ar ran llawer o bobl eraill. Bob nos, deuai mewn-lifiad o filwyr o'r mariannau, ac ni fyddai'n ddim iddi hi, heb help, fwydo wyth neu ddeg ohonynt, a rhai o'r cemegwyr, yn ogystal â'r teulu. Os byddai hi'n oer ac yn wlyb, byddai'r milwyr yn cysgu ar y llawr yn y neuadd ac yn y lolfa. Byddai fy mam yn aml yn codi am 5:30 y bore i wneud te iddynt cyn iddynt orfod dychwelyd i'r gwersyll cyn toriad gwawr.

Dôi swyddogion yr RAMC, a ymsefydlodd mewn tŷ mawr gerllaw inni, atom yn aml ar draws y caeau i gael bàth. Yn ddiweddarach, hawliodd Pen Swyddog gorsafoedd yr RAF un o'n hystafelloedd gwely. Ni ddeallais erioed pam roedd hyn yn angenrheidiol; efallai am na fedrai gysgu mewn erodrom a oedd mor swnllyd!

Ni wn sut yr ymdopodd fy mam – ond sicrhaodd gysuron cartref a chefnogaeth i lawer o bobl ifanc mewn amgylchiadau anodd aruthrol.

Yn aml byddem yn gwario'n hamser sbâr yn llifio coed o'r allt fach o gwmpas ein tir. Byddem yn oer bob amser yn ystod misoedd y gaeaf am i'n system wresogi fethu yn gynnar yn y flwyddyn. Roedd glo yn brin a chedwid tanau ynghynn yn bennaf gyda choed neu flociau. Roedd gennym ardd lysiau fawr, perllan a llwyni cyrens duon, mafon a gwsberis, ac roedd digon o fwyar yn y caeau o'n cwmpas. Cadwem ieir, hwyaid a thyrcwn. Roedd gennym nifer o anifeiliaid anwes ac roedd gan fy nhad afr, ond nid yn hir iawn!

Un tro, fe'n goddiweddwyd gan filwyr Americanaidd a hefyd gan Indiaid a'u mulod. Roeddent yn ymarfer hyfforddiant o ryw fath ar Fynydd Pen-bre y tu ôl i'n tŷ ni. Roedd fy chwaer tua deuddeng mlwydd oed ar y pryd ac adroddai'r hanes amdanynt. Byddent yn mynd allan yn y nos, a byddai hi a'u ffrindiau yn eu hofni'n ddirfawr. Cofiai fel y byddai Mam yn ei hanfon i lawr i'r pentref i mofyn sglodion tatws. Un noson, ar ei ffordd yn ôl adref, gallai glywed sŵn pedolau, ond yn y tywyllwch, ni allai weld dim. Cuddiodd yng ngardd cymydog nes iddi fod yn siŵr eu bod wedi mynd heibio. Pan ddaeth adref, cafodd gweir am fod y sglodion wedi oeri ar y ffordd!

Ganwyd Sefydliad y Merched ym Mhen-bre yn ystod y Rhyfel. Gweithiodd y menywod yn galed ond yn siriol mewn amrywiol ffyrdd er mwyn helpu yn ymdrech y Rhyfel. Ie, Jam a Jerwsalem oedd hi gyda gweithgareddau o bob math ac mae'r mudiad yn ffynnu yno hyd heddiw.

Adeiladwyd neuadd y pentref, adeilad hardd iawn, er cof am y rhai a gollodd eu bywydau yn y Rhyfel Byd Cyntaf. Agorwyd y neuadd ychydig cyn i'r Ail Ryfel Byd ddechrau. Cofiaf yn dda am y dawnsfeydd a drefnwyd gan y milwyr a'r peilotiaid a arhosai ym Mhen-bre. Digwyddodd aml i ramant a thorcalon yn y pentref ond ffurfiwyd cyfeillgarwch a barhaodd a chafwyd priodasau yno hyd yn oed.

Cyn y Rhyfel roedd llawer o wahaniaethu o ran dosbarth. Trigai cryn nifer o deuluoedd cyfoethog yn y tai mwyaf, ac fe'i galwyd yn 'wŷr mawr' ac roedd pawb yn eu parchu. Roedd aelodau'r dosbarth proffesiynol yma hefyd – yn ysgolfeistri, offeiriaid a phregethwyr, coliers a weithiai dan ddaear a ffermwyr, cyn belled ag y cofiaf. Doedd fawr ddim diweithdra yno ond roedd rhai teuluoedd tlawd ac roedd cryn dipyn o TB o gwmpas yr ardal. Âi mwyafrif y pentrefwyr naill ai i'r capel neu i'r eglwys. Roeddem yn ymwybodol bod y naill yn gwylio'r llall gydag amheuaeth a bod 'a great grief fixed' rhyngddynt.

Cofiaf fel y byddai mam fy ffrind gorau yn fy nilorni am fod yn aelod o'r eglwys. ''Sdim gobaith 'da chi fynd i'r nefoedd o'r lle 'na,' meddai. Teimlwn yn wir fy mod yn cael fy mygwth ganddi, ond ni fyddwn byth wedi 'madael â'r eglwys a garwn. Roedd yn rhyfedd o beth ond diflannodd y rhagfarnau hyn a'r gwahaniaeth dosbarth bron yn llwyr yn ystod blynyddoedd y Rhyfel, ac nid ydynt byth wedi dychwelyd, am wn i.

Beth a gafodd y mwyaf o argraff arnaf yn ystod y blynyddoedd hyn? Mae'n debyg ein bod yn 'ddifreintiedig' mewn sawl ffordd – roedd llawer o bethau y byddai pobl ifanc yn eu hoffi yn cael eu dogni: melysion, ffrwythau, bwyd, dillad, gwyliau a cheir, ac yn y blaen. Yn debyg i filoedd lawer o bobl ifainc eraill, fe'm gorfodwyd i droi fy nghefn ar unrhyw fath o yrfa academaidd a fyddai mewn cyfnod o heddwch wedi dilyn fy amser hynod lwyddiannus yn yr ysgol.

Ond er bod y dyfodol mor ansicr, roedd yna gyffro mewn byw y pryd hwnnw. Fe'n gorfodwyd i dyfu i fyny'n gyflym, i wneud pethau na ddisgwyliem fod wedi eu gwneud. Mewn pentref, roeddem yn hynod glòs at deuluoedd yr oedd eu meibion annwyl yn rhan o'r Rhyfel di-fudd, ofnadwy hwn. Roedd cymaint o bryder yn ein plith a chymaint o alar. Ond eto byddai'r ddau gapel a'r eglwys yn llawn ar gyfer mwyafrif yr oedfaon a chredaf fod llawer yn gofyn i Dduw eu helpu yr adeg honno. Roeddem yn hynod unedig yn y *catastrophe* enfawr.

Ar ôl iddo gymhwyso i fod yn feddyg ymunodd fy mrawd hynaf â'r RAMC. Ymunodd fy mrawd ieuengaf â'r RAF lle y treuliodd gyfnod yn yr *Intelligence Corps*. Roedd yn paratoi i fynd i Ganada i hyfforddi'n rhan o griw awyrennau pan ddaeth y Rhyfel i ben. Buom ni fel teulu yn ffodus ac ni chawsom ddioddef colledion, a medrodd fy nau frawd gychwyn ar eu gyrfaoedd ar ddiwedd yr ymladd. Rhois innau'r gorau i feddwl am yrfa academaidd ac ym 1947 euthum yn nyrs.

Credaf i'r Rhyfel ein dysgu am werth byw a gwerth rhyddid. Gwerthfawrogem fedru mynd am dro wedi iddi dywyllu a medru cysgu'n fodlon unwaith eto drwy'r nos. Gosodwyd weiren ar hyd traeth bendigedig Pen-bre er mwyn ceisio arbed y gelyn rhag disgyn yno, a chofiaf fy hapusrwydd pan gliriwyd y weiren i ffwrdd, pan fedrwn i redeg i fyny ac i lawr ar hyd y twyni gan fwynhau'r awyr iach a'r tywod meddal a gweld Penrhyn Gŵyr – roedd yr olygfa yn un o ryddid. Daeth yr ymwybyddiaeth o berygl ofnadwy i ben ond roedd yr ymdeimlad o dristwch yn aros. Gwelem eisiau ein ffrindiau a gollodd eu bywydau mor greulon yn y Rhyfel disynnwyr hwnnw. Ond yn fuan, sylweddolem fod yn rhaid i ni barhau i fyw a theimlem yn ffodus ein bod yn gallu gwneud dim ond hynny.

Cyfieithwyd gan Eurwen Booth.

Amser te yn Colum Road ym 1940.
Dilys, Nesta, Eirys a'i mam, Jenny (a gollodd ei bywyd yn sgil y bomio).
Dilys Owen Roderick, 'Creithiau'r Fflamau'.

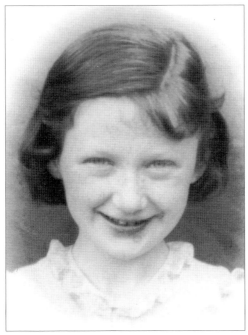

Carys Richards, 10 oed, 1940.
'Cyri ger y Carneddi'.

Helen R. Lloyd-Edwards
a'i thad, George Evans, 1939.

Helen R. Lloyd-Edwards a'i rhieni, George
a Margaret Evans, ar ddiwedd y Rhyfel.

Helen R. Lloyd-Edwards, 1945.

Sgt. Bill Roberts, Awyrlu U.D.A., Mai
1944, cefnder Helen R. Lloyd-Edwards.
'Gwarchodwyr yr Hen Feistri'.

Nest Lloyd a'i rhieni adeg y Rhyfel.

Ella Phillip Davies, cyfnither Nest Lloyd, oedd yn nyrsio yn Abertawe.

Ffredi Jones, ffrind teuluol Nest Lloyd, a gollwyd ar y môr. 'Rhwng Dau Fyd'.

Marian Henry Jones yng Ngardd y Gilwen, Cwmtwrch, Haf 1941.

Gilwen Works (Phoenix Tinplate Co.) Cwmtwrch Isaf. 'Dyheu Adeg Rhyfel'.

Dydd Gŵyl Dewi 1941. Diwrnod priodas Rhiannon a Gwynfor Evans. 'Cornel y Conshis'.

Coleg Hyfforddi Abertawe 1941.

Eluned Jones gyda ffrind, mewn ffrog
binc morwyn priodas o ddefnydd
cloque ym 1946.
'Trêm yn ôl ar Gyfnod Rhyfel'.

Eluned Jones mewn ffrog
morwyn priodas, 1947.

Elin Myfanwy Rees (née Jenkins).

Elin Myfanwy Jenkins a'i gŵr, B. B. Rees.
'Priodas yn y Pentref'.

Roberta Powell (chwith) gyda ffrind, ar seibiant o'r WRAAF.

Parti i ddathlu diwedd y Rhyfel, ar y Teras, Aberpennar.

Roberta Powell. *'Hiya, Honey'.*

Virginia Verrill (mam y golygydd)
gyda'r ieuengaf o'i saith o blant.

Ursula Ashton, 1944, ar ei gwyliau
o'r gwersyll. 'Ifaciwî o'r Ruhr'.

Ursula Ashton, 1943, ysgol.

Ursula Ashton, gyda'i theulu,
Mehefin 1944.

Y Rhyfel yng Nghwm Gwendraeth

~

Irene Williams

Roedd enwau fel y Somme, Mametz ac Ypres yn ddigon cyfarwydd i mi gan i fy nhad fod yn lifrai'r Brenin am bedair blynedd yn Ffrainc. Roedd y stori sut y bu ganddo ran yn defnyddio'r *Morse Code* yn Gymraeg, a thrwy hynny achub cymaint o fywydau, yn rhan o fywyd hanesyddol yr aelwyd. Ond roedd Rhyfel 1939-45 mor wahanol i'r Rhyfel Byd Cyntaf, a gall neb ddychmygu natur rhyfel niwclear. Eithr mae rhai gwleidyddion yn dal i feddwl yn nhermau 1939-45.

Pan gyhoeddwyd Rhyfel '39 ar fore Sul o Fedi, gallasai neb rag-weld y byddai'n parhau am chwe blynedd. Merch ifanc oeddwn i, newydd adael ysgol, ac yn disgwyl cael derbyniad yn nyrs. Ond dryswyd pob cynllun gan y Rhyfel, bwrodd ei gysgod ar bob dim, yn y wlad yn ogystal â'r dinasoedd a gafodd eu cernodio'n galetaf. Yr hyn a effeithiodd pawb, ar wahân i werthwyr y farchnad ddu, oedd prinder bwyd.

Cigydd oedd fy nhad, a chyn y Rhyfel byddai fel eraill o gigyddion yr ardal yn mynychu mart Caerfyrddin bob Mercher i brynu anifail neu ddau. Bore drannoeth, gan ddechrau gyda'r wawr, paratowyd y cyfan ganddo ar gyfer ei werthu i wraig y tŷ ar ddydd Gwener, gan yrru'r fan o dŷ i dŷ at ei gwsmeriaid. Byddai rhai ohonynt yn prynu ychwaneg ar ddydd Mawrth, sef yr hyn a alwent yn 'gig cawl' canol wythnos. Ond daeth tro sydyn ar fyd, oherwydd cyn y Nadolig 1939 cyflwynodd y Llywodraeth y cynlluniau dogni. Bellach ni châi un person fwy na gwerth swllt ac wyth geiniog o gig mewn wythnos. Dogn rhy fach o lawer i lowyr yn gwneud gwaith mor drwm mewn amgylchiadau mor anffafriol. Ta beth, rhaid oedd i gigyddion o ardal eang bwrcasu'r cyfan nawr o'r un ganolfan yn Llanelli, a system a fu yn ffordd o fyw yng nghefn gwlad a phentrefi'r cwm am flynyddoedd wedi mynd am byth. Rhaid oedd cyfnewid y tocynnau dogni, a'r rheiny'n dameidiau bach llai na stamp, am gyflenwad newydd o gig i'w ddosbarthu.

Gwaith diflas i mi oedd cyfrif cannoedd ar gannoedd o'r rhain, oherwydd hebddynt dyna ddiwedd ar fusnes 'nhad. Roedd pob gwraig tŷ yr un modd, yn wyliadwrus a gofalus, a gwae'r siopau a fyddai'n ffafrio un yn fwy na'r llall er ei bod yn demtasiwn mawr lle roedd ambell weddw yn rhannu angen un rhwng y naw.

Yr un oedd hanes prynu nwyddau o bob math, fel bwydydd, melysion, dillad, baco, dodrefn ac ati. Diflannodd ffrwythau cyfarwydd o'r siopau, a phan ddaeth y newydd weithiau bod siop arbennig wedi derbyn ychydig o rywbeth prin, buan y gwelwyd y gwt fondigrybwyll wrth y drws, ac weithiau herio'r siopwr ei fod yn cadw nwyddau 'o dan y cownter' i'r ffefrynnau. Cofiaf yn dda syfrdandod fy chwaer ifanc pan welodd hi am y tro cyntaf wedi'r Rhyfel y ffrwyth banana. Nid oedd hi'n gynddrwg yn y wlad â'r dref oherwydd fod gan y mwyafrif erddi mawr, a'r gallu i godi tatws, moron, bresych ac ati, ac yn yr hydref rhoi ffrwythau i'w cadw yn y *keliner jars*, na welais mohonynt er dyfodiad y rhewgell. Roedd dulliau hefyd i gadw wyau wedi'u piclo am wythnosau onid misoedd erbyn y dydd blin o brinder. Yn y fan, fodd bynnag, daeth powdwr wyau a phowdwr llaeth a sudd oren i'r rhai a hawl arno.

Yn y cartref rhaid oedd gorchuddio pob ffenestr rhag i lygedyn o oleuni ddianc i'r nos a denu sylw awyrennau. Gyda'r hwyr roedd pob man fel y fagddu, ac eto roedd y nos yn ddigon diogel i'r sawl a gerddai'r ffordd. Treuliodd rhai eu hamser yn gwau i'r bechgyn o'r pentre a gipiwyd i'r Lluoedd, eraill yn llythyru atynt ar ran y capel, neu yn trefnu math ar noson lawen i groesawu'r rhai a ddychwelasant ar eu tro.

Yn fy hanes i, gan na ddaeth yr alwad o'r ysbyty fel yr arfaethais, euthum i ddysgu fel *pupil teacher* yn ôl arfer llawer yn y cyfnod hwnnw, a'r galw yn fawr am athrawon. Yng ngoleuni pwyslais y Llywodraeth heddiw ar brofiad yn y dosbarth, efallai yr adferir y system hon eto. Mae'n siŵr o fod yn wir fod cyfnod ar y ffas sialc yn baratoad da i egin athrawon!

Beth bynnag, mewn cyfnod o bedair blynedd bûm am gyfnodau, weithiau'n hwy na'i gilydd, mewn naw o ysgolion yn Sir Gâr. Deuai'r wŷs yn sydyn mewn brysneges fod angen i mi fynd i'r ysgol a'r ysgol ar unwaith. Cofiaf yn dda i mi gael fy rhoi yng ngofal criw o ifaciwîs yng Nghwmduad. Prin y medrwn i ddeall eu hacen a does neb a ŵyr beth a wnâi'r trueiniaid bach ohonof fi, a hwythau wedi'u codi oddi wrth eu teuluoedd yn Llundain a'u plannu ym mherfedd gwlad yng nghanol y dieithrwch. O fewn dim i mi gyrraedd, dychwelsai'r athrawes a ddaethai gyda hwynt yn ôl i'w chynefin. Roedd rhychwant eu hoedran yn anobeithiol, rhai yn edrych i lawr arnaf, ond mwy na'r hanner o dan ddeg oed. Doedd fawr o siâp ar y gwersi ar y cyntaf; cymaint ag y gellid gwneud oedd cadw trefn, a chysuro'r hiraethus. Y cyfan am lai nag wyth bunt y mis. Newid aelwyd bob yn eilddydd oedd hanes y plant, heb athrawes barhaus. Ni allaf lai na chydymdeimlo o waelod calon ag ifaciwîs yr Ail Ryfel Byd. Bu i rai o'r bechgyn hynaf ddychwelyd i Lundain ac ymuno â'r Lluoedd Arfog, heb yr addysg a oedd yn ddyledus iddynt. Llwyddodd y gweddill i ymgolli yn y gymdeithas ac ymuno yn yr ysgolion lleol, dysgu'n hiaith a'r arferion lleol. Gwyddom i ychydig aros a phriodi yn eu hardaloedd, a dod yn bentrefwyr gwerth chweil yn y bywyd Cymreig.

Nid oedd diogelwch perffaith hyd yn oed yng nghanol gwlad y dyddiau hynny. Daeth hunllef rhyfel yn agos un prynhawn pan ddisgynnodd awyren a bron â chyffwrdd â tho'r ysgol, cyn syrthio gerllaw. Llosgwyd dau ifanc o dan hyfforddiant yn ulw ac erys y darlun hwnnw yn fyw yn y cof o hyd.

Euthum innau i mewn i ganol helbul y tocynnau dodrefn a thocynnau dillad, gan i mi briodi yn Awst 1945. Bûm yn ddigon ffodus i gael cymorth pobl garedig dros ben a oedd mor haelionus â rhannu o'u cwota â mi. Cofiaf yn dda am y *coconut mat* enfawr ar lawr y gegin, a da oedd dod o hyd iddo, a charped bach dinod yn yr ystafell ffrynt. Daeth hwnnw o siop groser, ac wn i ddim hyd y dydd heddiw o ble y daeth i'r lle hwnnw. A dyna'r cwpwrdd dillad wedyn, ac ar gefn hwnnw mor eglur â dim, roedd y gair 'OXO' mewn llythrennau bras. Tebyg iawn fod rhywun wedi cael gafael mewn bocs pren a oedd yn dal y cynnyrch hwnnw. Roedd safonau a chrefft yn beth hollol ddieithr i'r oes *utility*. Ac eto i mi, fy nghartref bach i oedd y plas mwya moethus yn y byd.

Dangosodd llawer iawn o fechgyn ifanc pentref Ponyberem yng Nghwm Gwendraeth ochr arall i ryfel. Roedd cymaint ohonynt yn wrthwynebwyr cydwybodol. Daeth hyn hyd yn oed i sylw 'Haw Haw' cyflwynydd newyddion o'r Almaen. Bu'r rhain yn ddewr hefyd fel eu ffrindiau a ymunodd â'r Lluoedd Arfog, oherwydd iddynt orfod wynebu tribiwnlysoedd yn nhref Caerfyrddin, a dadlau eu hachos dros heddychiaeth ac 'na ladd' – ar dir Cristnogol a gwleidyddol. Mynd i waith *non-combatant* oedd hanes y mwyafrif ohonynt. Gan fod cymaint o angen glo yn y pwerdai mawrion ar y pryd, aros yn y gweithfeydd glo, sydd heddiw wedi cau a thawelu, oedd eu tynged.

Ys gwn i a ydym wedi callio a dysgu na ddaw dim daioni i neb o ryfeloedd byd?

Trem yn ôl ar Gyfnod o Ryfel

~

Eluned Jones

Wrth edrych yn ôl dros frodwaith hanes, mae 'na ddyddiadau pendant sy'n adnabyddus i'r cyhoedd. Pwy na chlywodd am 55cc, 1066 neu 1588? Ac i'r dyn cyffredin mae'r dyddiadau hyn yn begynau yn hanes ein gwlad. Yn yr un modd, mae 'na gyfnodau yn ein bywyd personol sydd yn aros yn y cof, ac mae'n bywydau, cynt neu wedyn yn deillio o'r cyfnod arbennig hwn. I mi, blynyddoedd yr Ail Ryfel Byd yw'r cyfnod hwnnw.

Pan ddechreuodd y Rhyfel, roeddwn i yn y chweched dosbarth yn yr Ysgol Sir, yn astudio Saesneg, Cymraeg a Hanes. Doedd gen i fawr o syniad pa yrfa a ddymunwn ddilyn. Hanes oedd fy hoff destun a meddyliais y byddai'r Gyfraith yn ddiddorol, ond, ac ond fawr hefyd, roedd y cwrs hwn yn faith ac yn gostus, ac onid oedd heidiau o fargyfreithwyr yn ddi-waith am flynyddoedd lawer ar ôl llwyddo yn eu harholiadau? A phwy glywodd am ferch yn gwneud y fath waith? Credaf serch hynny, i mi gerdded o gwmpas am wythnosau yn dychmygu fy hun mewn gŵn ddu a wig wen, a ffraethineb fy ngeiriau yn achub bywyd y troseddwr gwael, ond, ofer oedd breuddwydio'n ffôl, a chysurais fy hun trwy ddweud, 'pe bawn i'n fachgen byddai pethau'n wahanol.'

Gwaith Cymdeithasol oedd yr uchelgais nesaf. Os cofiaf yn iawn, dau goleg yn unig a gynigiai'r cwrs hwn, a Birmingham oedd un

o'r ddau. Roedd y testunau yn fy nharo i'r dim, Saesneg a Hanes – a minnau'n nawr yn ysu am gael mynd yno. Ond roedd un anhawster bach, diffyg arian. Roedd Birmingham yn cynnig un ysgoloriaeth yn unig, gwerth pum punt i'r ymgeisydd llwyddiannus, a doedd dim grantiau ar gael yr adeg honno i gynorthwyo myfyrwyr.

'A bwrw eich bod yn cael eich derbyn,' ebe'r athrawes Gymraeg, 'ar beth rych chi'n bwriadu byw? Ac ar ôl ymadael â'r Coleg, cofiwch dydy swyddi gwaith cymdeithasol ddim yn talu'n dda.'

Dyna freuddwyd arall yn ddeilchion. O wel, doedd dim i'w wneud ond ceisio mynd i'r Coleg Hyfforddi Athrawon, Abertawe. Doedd gen i ddim yr hunanhyder i gredu y llwyddwn yn yr *Higher School Certificate* – a chyda llaw roedd diffyg hunanhyder yn nodweddiadol o'r mwyafrif o Gymry yr adeg hon. Dyma'r cyfnod pan drwythwyd ni i gyd yn y tair R a phob parch iddynt am wneud hynny, ond roedd 'na berygl bod gormod o rygnu yn lladd ar hunanfynegiant a dychymyg, ac roedd llawer ohonom yn rhyw hanner disgwyl y byddem yn methu yn yr arholiad.

Ond pe llwyddwn, a oedd hi'n deg disgwyl i'm rhieni fy nghynnal am bedair blynedd mewn Coleg Prifysgol? Eisoes roedd hi'n anodd cadw dau ben llinyn ynghyd – 'nhad yn gweithio yn Llundain a ni fel teulu yn byw yng Nghymru, a Mam yn gorfod talu am ein llyfrau ysgol, talu am i ni deithio ar y bws i'r ysgol, talu am wersi cerdd, a chyfrannu tua phum punt y flwyddyn am dâl ysgol, er ein bod wedi ennill ysgoloriaethau. Pe bawn yn unig blentyn fe fyddai'r amgylchiadau'n wahanol, ond roedd treuliau Coleg Hyfforddi tua hanner can punt y flwyddyn, ynghyd â chostau prynu llyfrau, dillad, offer, arian poced, yn hen ddigon i'w wynebu.

Felly y rhesymwn. Yn yr ysgol, âi'r gwersi ymlaen fel arfer, ond yn y byd mawr – dim yn digwydd. Erbyn hyn adwaenwn y cyfnod hwn fel y Rhyfel Ffug – ond i mi, rhyw gyfnod cythryblus ydoedd, collais flas ar fod yn yr ysgol, roeddwn eisiau gweithio, eisiau ennill arian, eisiau gwneud rhywbeth o werth. Dylanwadais ar ddwy o'm ffrindiau i fynd i chwilio am waith. I lawr â ni i Swyddfa'r Diwaith. Neb yn cynnig dim i ni. 'Ewch yn ôl i'r ysgol,' ebe'r swyddog, 'mae'n well i chi orffen eich arholiadau.' Ninnau'n ysu am gael 'gwneud' rhywbeth, ac yn dychwelyd yn ddigalon i fyd *Drych y Prif Oesoedd* a'r Pab Gregory VII. Doedd oedolion ddim yn deall.

Y Fagddu Fawr: ninnau'n cerdded o gwmpas â masgiau nwy ar ein hysgwyddau, a chlywed ym aml am *'the impregnable Maginot Line'*. Y Nadolig yn dod ac yn mynd a dim byd yn digwydd.

Daeth dechrau'r pedwar degau. 'Os ydych yn bwriadu mynd i Goleg Hyfforddi, mi fyddai'n well i chi fynd am wythnos i ysgol gynradd i weld beth sy'n digwydd yno,' awgrymodd y Brifathrawes. Ufuddhau i'w hawgrym a gweld gormod. Gweld athrawes yn dysgu Cymraeg trwy gopïo brawddegau allan o *Welsh Made Easy* ar y bwrdd du, a'r plant yn ysgrifennu'r union frawddegau yn eu llyfrau, heb ddeall dim o'r hyn yr oeddent yn ei gopïo. Gweld athrawes arall yn ysgwyd y plant yn ddidrugaredd am na wyddent eu tablau, ond ar y llaw arall pan ddeuai rhieni'r plant i'r ysgol, ymddangosai'n amyneddgar, a deuai â'r arian ffug allan o'r cwpwrdd a byddai'n esbonio'r cyfan iddynt. Roedd y rhagrith hwn yn fy lladd. Cofiaf weddïo'n hollol ddidwyll am i Dduw fy achub rhag mynd i Goleg Hyfforddi. Dewisodd Ef beidio â chlywed y weddi hon!

Mehefin 1940: popeth yn digwydd. Cwymp Ffrainc. Y gelyn ar y trothwy. Mademoiselle yn crio yn yr ysgol. Ninnau'n ofni, ofni'r hyn a allai ddigwydd. Paratoi gogyfer â'r arholiadau a chodi o'r gwely dwy a thair gwaith ynghanol nos, oblegid fod cri wylofus y Rhybudd Swyddogol yn datgan bod awyrennau'r gelyn ar fin ymosod. Eistedd un o'r papurau Saesneg, a chlywed ffrwydriad ofnadwy. Darganfod maes o law bod bomiau wedi disgyn ar ffatri'r ROF ym Mhen-bre, pentref ar bwys Llanelli.

Daeth mis Medi â'r canlyniadau, a llwyddiant yn y tri phwnc. Ond ni wnaeth y llwyddiant ddim gwahaniaeth. Coleg Hyfforddi amdani. Dwy flynedd yn llai na phedair. Roedd un o'm ffrindiau pennaf yn mynd i Rydychen i ddarllen Saesneg, ond roedd ei hewyrth yn barod i dalu ei threuliau. Oni fyddai'n hyfryd cael mynd i Rydychen? Rhaid peidio â chenfigennu. Abertawe amdani.

> A Hydref yn troi'n waedrudd
> Ddail y coed â'i ddwylaw cudd.

Dyna'r hyn yr ysgrifennodd y Prifardd T. Gwynn Jones. Felly roedd hi pan oeddwn i'n paratoi i fynd i Abertawe. Yr oeddwn ar fin cychwyn pan dderbyniais lythyr – roedd y Coleg yn methu ailagor am gyfnod oherwydd roedd yn rhaid i'r awdurdodau adeiladu muriau amddiffyn y tu allan i rai o'r ffenestri. Trefnwyd bod gwaith yn ein cyrraedd drwy'r post, digonedd ohono hefyd. Dim gwahaniaeth am hynny. Tybed a oedd Duw wedi gwrando ar fy ngweddi wedi'r cwbl? Choelia' i fawr! Tair wythnos cyn y Nadolig daeth yr alwad. Roeddwn ar fy ffordd i Abertawe. Dringo'r grisiau serth a mynd i mewn trwy ddrws y ffrynt. Swyddog yn gwthio offer diffodd tân i'm dwylo. Rhywun yn ceisio dangos i mi sut i weithio'r peiriant. Rhybudd yn seinio, a'i sŵn fel cri eneidiau coll yn ymbil am drugaredd. Minnau yn fysedd i gyd, yn ceisio gweithio'r offer. Rhybudd arall yn seinio a'i gri ddolefus yn datgan bod yr argyfwng presennol drosodd.

Myfyriwr o'r ail flwyddyn yn fy nhywys i'm hystafell wely, cuddygl wyth troedfedd sgwâr – a deg o'r rheiny yn ffurfio un ystafell gysgu. I lawr i'r ffreutur i gael swper. Y pryd yn cynnwys te, bara trwchus a dogn o farjarîn, ac un *sardine*. Wrth ddisgrifio'r pryd, meddyliaf, 'Bydd neb yn fy nghredu.'

Yn ddiau nid oedd yr hyn a ddisgrifiaf yn adlewyrchu bywyd ym mhob Coleg Hyfforddi – roedd bywyd myfyrwyr Abertawe yn dra gwahanol i'r rhelyw o'u cyfoedion ar hyd a lled y wlad. Ni fwriadaf fanylu am y darlithiau na'r darlithwyr, oblegid y farn gyffredinol oedd bod y gwaith a gyflawnwyd o safon ganmoladwy, ond ni fûm yno'n hir cyn sylweddoli bod yna ddwy garfan ymhlith y darlithwyr: un garfan yn cefnogi'r Pennaeth, a'r llall yn ei gwrthwynebu.

Roedd y Pennaeth, a hanai o'r Alban, yn wraig olygus. Rhoddai'r argraff ei bod hi'n ddynes hynaws a charedig, ond roedd hi'n greulon ac yn mwynhau creulondeb. Gwelais ei llygaid yn newid o lwyd tyner, i lwyd caled fel carreg – fel y dywedodd Monsieur Chirac yn ddiweddarach am wraig gyfoes enwog 'â llygaid fel Caligula a gwefusau fel Marilyn Monroe'. Mi fyddai ei ddisgrifiad wedi taro'r Pennaeth i'r dim. Ymfalchïai os llwyddai i wneud i fyfyriwr grio. Ac roedd ganddi arf: mewn cyfnod pan oedd y mwyafrif o'r myfyrwyr yn gorfod benthyca arian i dalu eu treuliau, naill ai oddi wrth Awdurdod Addysg, neu oddi wrth eu teuluoedd, roedd y posibilrwydd o fethu mewn arholiad yn hunllef. Mi wyddai'r Pennaeth hyn, ac fe ddefnyddiai'r wybodaeth fel cleddyf Damocles.

Roedd effaith dirwasgiad y 1930au yn pwyso'n drwm arnom. Cyffredin iawn oedd dillad y myfyrwyr – llawer ohonynt, fel minnau, cyn mynd i'r Coleg wedi byw mewn gwisg ysgol, ar wahân i wisgo ambell i bilyn parch ar y penwythnos. Felly, pan ddaeth cwponau dogni dillad i rym, doedd gennym fawr o stoc yn gefn i ni. A chredwch fi doedd y cwponau ddim yn mynd yn bell. Roedd angen pum cwpon am bâr o esgidiau, a deunaw am gôt fawr, felly os prynech y ddwy eitem yma, doedd gennych ddim ar ôl i brynu dillad isa' ac ati.

Heddiw, bydd llawer o bobl ifainc yn dewis gwisgo'n rhyfedd – a gwelwn y tlawd a'r cyfoethog yn edrych yr un mor anniben, ac amhosib yw dweud pwy yw pwy. Yn fy amser i, roedd safon eich gwisg yn adlewyrchu eich safle mewn cymdeithas, a heb os nac oni bai, fe arferai'r Pennaeth gloriannu'r myfyrwyr yn ôl eu dillad. Un bore Llun, a minnau wedi ffoi adref dros y penwythnos, dychwelais i'r Coleg gan gyrraedd ychydig eiliadau'n hwyr. Fel arfer, roedd pob drws, ar wahân i ddrws y ffrynt, ar glo, ac felly cyfarfûm â'r Pennaeth. Dechreuodd ddweud y drefn, yna fe'i gwelais yn edrych arnaf o'm corun i'm sawdl. Fel yr esboniais eisoes, oherwydd prinder cwponau dillad doedd gen i fawr o ddillad, ond roedd gen i gôt fawr wlân frown drwchus, a honno wedi ei thorri a'i gwnïo gan deiliwr. Lluniwyd hi ar y steil Rwsiaidd, gydag wyth botwm yn ei haddurno. Wedi astudio fy nillad, newidiodd y Pennaeth ei chân yn llwyr, gan gymryd arni mai smalio yr oedd. Enghraifft ddiamheuol o snobyddiaeth ronc. Y funud honno, teimlais awydd angerddol i ymuno â'r Blaid Gomiwnyddol.

Fel myfyrwyr, roeddem yn gaeth iawn. Deuai'r Fagddu Fawr tua phump o'r gloch. Rhyfedd yw ysgrifennu nawr am yr amser anhygoel hwnnw pan oeddem yn gofalu ein bod yn cau'r llenni a gofalu nad oedd y mymryn lleiaf o olau yn dangos.

Adeiladwyd y Coleg ar fryn, yn edrych allan ar fae Abertawe. Oni fyddem yn ofalus, byddai'r mymryn lleiaf o olau yn ymddangos fel goleudy i awyrennau'r gelyn. Doedd dim golau ar y strydoedd, ac ar ôl iddi dywyllu, doedd dim un myfyriwr yn cael camu allan o'r adeilad – ac roedd y rheol yma mewn grym yn ystod y penwythnos hefyd. Clowyd y drysau, a doedd neb, neb, yn cael mynd allan, hyd yn oed i bostio llythyr.

Yn ystod fy arddegau yr arfer ymhlith pobl ifainc oedd mynd i'r sinema, neu gyngerdd, neu ddrama unwaith neu ddwywaith yr wythnos. Byddem yn mynychu cyfarfodydd yr Urdd, a gynhaliwyd ar nos Wener yn yr ysgol, neu'n mynychu cyfarfodydd pobl ifainc yn y capel. Ambell waith byddem yn mynd i ddawns. Doedden ni ddim yn mynd allan bob nos, a doedden ni ddim yn chwennych gwneud hynny, ond un ffordd sicr o greu anfodlonrwydd ymysg pobl ifainc yw eu gwahardd rhag gwneud rhywbeth, a dyna a ddigwyddodd yn y Coleg.

Roedd y sefyllfa'n wael yn y byd o'n cwmpas. Rhwng Nadolig a Phasg 1941, fe glywyd y seiren rybuddiol dri chant o weithiau. Golygai hyn ein bod yn gorfod mynd, ddydd neu nos, i lawr i'r ystafelloedd a ddiogelwyd rywfaint. Yn yr ystafelloedd hyn (sef hen olchfa) roedd gwelyau dau ddyblyg, neu fatras ar y llawr. Byddem yn cludo'n bwyd neu'n gwaith gyda ni, ac yn eistedd neu'n gorwedd ar y gwelyau nes bod arwydd 'Popeth yn glir' yn atseinio unwaith eto.

Ym mis Chwefror 1941, ar nos Fercher, nos Iau, a nos Wener, am ugain munud wedi saith ar y tair noson, clywyd y chwibanu oerllyd yn seinio trwy'r fro. Cydio yn fy llyfrau, ac i lawr â mi i'r lloches dair noson yn olynol. Tawelwch am beth amser, dim ond sŵn siarad a chwerthin – yna'r siarad yn tawelu a sŵn ein drylliau ni yn siglo'r adeilad. Clywed rhythm trwm awyrennau'r Almaenwyr yn agosáu – ffrwydriad ysgubol, tawelwch, mân siarad, tawelwch eto, a thrwy'r distawrwydd, rhythm peiriannau'r gelyn yn dod yn nes, nes. Rhywun wrth fy ochr yn crio'n dawel. Minnau'n ceisio ei chysuro, ac i raddau yn llwyddo i beidio â dangos yr ofn a oedd yn fy mharlysu. Gweddïo'n dawel. Bargeinio gyda Duw?

Gorwedd ar y gwely, a gormod o ofn i ddatglymu carrai fy esgidiau. Codi drannoeth, rhyfeddu ein bod yn fyw; ein traed wedi chwyddo, ein llwnc yn sych, ein gwefusau wedi crasu, a'r croen ar y wefus fel sglodion o halen. Yr un peth yn digwydd am dair noson, ac wyth o bobl mewn dau dŷ yn union y tu ôl i'r Coleg yn cael eu lladd.

Dinistrwyd Abertawe. Gorweddai'r eira a ddiau fu'n gymorth i'r gelyn, yn haen drwchus gan orchuddio'r ddaear. Dim dŵr yn y Coleg, dim gwres. Cartiau yn dod â dŵr o Gaerfyrddin. Hanner peint i bob myfyriwr – a hwnnw'n cael ei ferwi ar ddwy gylch trydan. Dim dŵr yn y toiledau – dim modd i goginio. Y milwyr mewn gwersyll cyfagos yn cael eu gorchymyn i ddod i'r Cwadiau â'u hoffer gwersylla, ac yn ceisio berwi tatws yn eu crwyn, a'r tatws yn wyrdd ac yn galed.

Bore Sadwrn, cyhoeddodd y Pennaeth, 'Os oes modd i chi fynd adre, mae'n well i chi fynd, dyw'r aroglau yma ddim yn ddymunol.' Methu cyrraedd gorsaf Abertawe. Gormod o fomiau heb eu ffrwydro yn gorwedd o gwmpas. Cerdded trwy'r eira i orsaf fach y Cocket, a dal y trên, y trên yn llond noddedigion yn ffoi i Sir Benfro. Dynes yn holi, 'Fyddwch chi ddim yn dychwelyd i'r Coleg ddydd Llun?' Ninnau'n ateb, 'Byddwn, fe fydd yn rhaid i ni fynd yn ôl.' 'Does dim ofn arnoch?' 'Oes, ond fe fydd rhaid i ni fynd.' Fedrem ni ddim esbonio iddi hi fod mwy o ofn yr Unben (ein Pennaeth) yn Abertawe arnom, nag yr oedd o ofn Hitler, Unben yr Almaen.

Dychwelyd ar y Llun canlynol, yr adeilad yn oer a diflas, a'r bwyd yn ofnadwy. Tato yn eu crwyn a'r rheiny'n fudr a mwd ynghanol y grefi. Hollti taten a gweld malwoden, neu rywbeth tebyg. Tarwyd sawl un o'r myfyrwyr yn sâl. Y meddyg o'r farn y dylid glanhau'r tato. Buddugoliaeth. Pythefnos yn ddiweddarach, anghofiwyd geiriau'r meddyg. Tato yn eu crwyn eto a'r pridd yn cymysgu gyda'r grefi. Roedd prinder bwyd ym mhobman ond roedd yn ddifrifol yn y Coleg. Dwy owns yr wythnos oedd y dogn jam, ond dim ond dwy owns y mis a ddaeth i'n rhan. Roedd yr un peth yn wir am y menyn a'r marjarîn. Canfuwyd yn ddiweddarach bod bwyd y myfyrwyr yn cael ei neilltuo i fwydo ffrindiau'r Pennaeth. Cwningen oedd ar y fwydlen ar ddydd Iau, a gwelwyd yn gyson dameidiau o ffwr yn glynu wrth yr asgwrn. Ar un cyfnod bûm yn hoffi bwyta cwningen, ond roedd gweld y darnau ffwr yn codi cyfog arnaf. Oedd, roedd dydd Iau yn ddiwrnod ofnadwy. Yn aml byddem wedi gorffen ein dogn braster, ond yn mynd i'r gwely a methu cysgu am fod ein stumogau mor wag. Byddem yn yfed dŵr er mwyn lleddfu'r boen. Ac ni fedrai ein teuluoedd ein helpu am nad oedd ganddynt ddim i'w sbario, yn wir, wrth fynd adref dros y penwythnos, roeddem yn eu hamddifadu nhw o'u dogn.

Roedd llawenydd felly, pan sylweddolodd rai o'r myfyrwyr bod sglodion tato ar gael yn ystod y prynhawn mewn siop ar bwys y Coleg. Gwnaeth yr awydd am fwyd ni'n feiddgar, a threfnwyd i rai o'n ffrindiau oedd heb ddarlith cyn te, i ddod â phecynnau o sglodion i'r ffreutur. Gwae ni! Clywodd y Pennaeth yr aroglau, a gorchymyn i'r morynion gasglu'r holl becynnau amser te, ac yna amser swper, gorfodwyd y myfyrwyr i gerdded i flaen y neuadd i aildderbyn y sglodion, a hithau â'i llygaid barcud yn gwylio gerllaw. Roedd y sglodion fel iâ erbyn hyn. Do, fe lwyddodd i'n bychanu a'n sarhau. Teimlai pawb ynfydrwydd yn corddi oddi mewn, ond beth oedd i'w wneud?

Rhaid oedd dangos ein hanfodlonrwydd, ond sut? Dim ond un person oedd yn ein cythryblu – y Pennaeth. Penderfynwyd distewi bob tro y deuai i'r ffreutur. Cynllun plentynnaidd hwyrach, ond effeithiol. Does neb am gydnabod i'w staff eu bod nhw'n amhoblogaidd. Wedi wythnos o'r gwrthwynebu heddychlon yma, dyma'r Pennaeth yn gofyn am restr o'n cwynion. Duw a ŵyr, roedden nhw'n gyffredin, h.y. eisiau derbyn ein dogn iawn o fwyd, eisiau cael perthyn i Undeb y Myfyrwyr, eisiau cael gwybod ymlaen llaw pryd y cynhelid yr arholiadau tymhorol, eisiau cael aros allan ar nos Sadwrn hyd naw o'r gloch. Dyma orchymyn yn ein cyrraedd i ymgynnull yn y ffreutur. Doedd neb o'r staff am fentro cerdded o fewn pum milltir i'r neuadd. Distawrwydd llethol. Dychwelodd y Pennaeth ein cyfarch gyda dirmyg. Doedd dim anhawster ynglŷn â'r arholiadau, ond am y pedwerydd cais dywedodd: '*You must remember that Swansea is a garrison town. Any one who is over twenty-one is free to stay out until nine pm. I must have written permission from the parents of the others, as I have no desire to see the Training College turned into a maternity home on a large scale.*'

Heb os nac oni bai roedd agweddau ein cenhedlaeth ni am werthoedd moesol yn wahanol i'r hyn a goleddir heddiw. Roedd awgrymiadau'r Pennaeth wedi creu sioc, dicter, anfodlonrwydd. Hwyrach na fedr neb o bobl heddiw ddeall y dolur a deimlai'r myfyrwyr. Nid honni yr wyf ein bod yn well pobl na'r genhedlaeth bresennol, ond yn ddeunaw oed roeddem i gyd yn llawer llai soffistigedig na myfyrwyr heddiw. Beth bynnag, teimlem fod y Pennaeth yn erydu ein delfrydau, y delfrydau a drosglwyddwyd i ni yn ein capeli, Aelwydydd yr Urdd ac ati.

Os teimlais ynfydrwydd erioed, teimlais ef y foment honno. Cofiaf i Mam ysgrifennu, '*I have implicit faith in my daughter, and I wish her to be allowed out until nine pm.*' Chwarae teg i Mam.

Ond parhau i fyw fel lleianod a wnaethom, ac ar ôl gorffen y flwyddyn gyntaf, roedd tuedd i ddweud: 'Wel, dim ond blwyddyn arall sydd ar ôl – gallwn ddioddef unrhyw beth am flwyddyn.' Hefyd roedd llawer o'r bechgyn a oedd yn gyfoedion, neu ychydig yn hŷn na ni yn y Lluoedd Arfog, yn yr anialwch ac ati. Faint gwell oeddem ni felly o rwgnach? Y duedd nawr oedd derbyn cam, gan ddweud, 'Fydda' i ddim yma'n hir.' Roedd y tlodi cyffredinol – effaith y tri degau – yn ein llyffetheirio rhag magu arweinwyr. Ond cyn ein collfarnu y cwestiwn a ddylid ei ofyn yw, 'A fyddai protestwyr heddiw mor barod i godi cynnwrf pe gwyddent fod eu teuluoedd wedi codi morgais ar eu tai i dalu am goleg iddynt?'

Do, fe ddaeth yr amser yn y Coleg i ben. Arholiadau – aros am swydd – sibrydion y byddai rhai ohonom yn cael ein gorfodi i ymuno â'r Lluoedd Arfog, oblegid y ni oedd y merched cyntaf a ddaeth i fod yn filwyr gorfodol. Roedd llu o sibrydion ar led. Yna clywsom y byddai'n rheidrwydd arnom i dderbyn swyddi fel athrawon mewn ardaloedd arbennig, e.e. Llundain, Birmingham, Hull. Gwaharddwyd rhai Awdurdodau Addysg rhag cyflogi athrawon ifainc a oedd newydd ymadael â'r Colegau, felly doedd dim gobaith cael swydd yng Nghymru.

Cofiaf i'r darlithydd Hanes ofyn i mi, 'Ydych chi ddim yn flin eich bod yn ymadael â'r Coleg?'

'Blin! Rwyf fel carcharor yn cyfri'r dyddiau at ryddid.'

'Ie,' atebodd hithau, 'Dyna be mae pob myfyriwr yn Abertawe yn ei ddweud.'

Dichon fod 'na ryw deimlad o hiraeth wrth feddwl na fyddwn yn debyg o gwrdd â'm cyd-fyfyrwyr byth eto, ond yr ysfa am ryddid oedd yr emosiwn pennaf. Gwynfyd ieuenctid? Peidiwch â sôn! 'I ddyfnaf enaid f'enaid rhywbeth aeth.' Profais uffern.

Serch hynny, a minnau'n ugain oed, ac wedi llwyddo yn yr arholiadau, y cam nesaf oedd dechrau dysgu, a chefais swydd mewn Ysgol Fodern i Fechgyn o dan Awdurdod Dagenham. Y cyflog oedd pymtheg punt y mis, ond roedd rhaid talu dwy bunt y mis o dreth incwm. Roedd yr ymosodiadau ar Lundain yn eu hanterth. Bob nos Fercher, byddai tair ohonom yn cysgu ar lawr ystafell y staff, a'n dyletswydd oedd gwarchod yr adeilad rhag tân. Roeddem yn ifanc, ac roedd 'na hwyl. Roedd 'na ofn hefyd wrth glywed sŵn y drylliau trymion a theimlo'r shrapnel yn taro ar ein helmydd diogelwch.

Unwaith y mis byddem yn mentro i mewn i Lundain, a phinacl y siwrnai oedd ymweld â'r theatr. Mae rhai o'r rhaglenni yn fy meddiant o hyd. Ymweld â'r London Hippodrome i weld *Perchance to Dream* Ivor Novello. Chwe cheiniog oedd pris y rhaglen. Yn fy meddwl, gwelaf y dillad moethus, a chlywaf y gerddoriaeth hudolus – a dyna'r union beth oedd eisiau arnom fel cynulleidfa, a ninnau'n gorfod llochesu am oriau yn y cysgodleoedd tanddaearol.

Doedd bywyd ysgol ddim yn fywyd normal. Tri dyn yn unig oedd ar ôl yno, a llawer o'r disgyblion – bechgyn pedair ar ddeg oed yn bennaf – wedi blino ar fod yn noddedigion yn y wlad ac wedi dychwelyd i Lundain. Ymddangosent yn hollol anystywallt. Mi fyddai wedi bod yn beryg bywyd i ni wragedd fod ar ddylet-swydd amser cinio, oherwydd yn aml roedd y tato yn hedfan o un ochr o'r neuadd i'r llall. Pan lwyddech i ddal sylw'r plant yn y gwersi byddai'r seiren yn canu, a phawb yn rhedeg yn wyllt ar draws yr iard i'r lloches. Unwaith roedd hi'n banig gwyllt – y plant yn methu mynd i mewn i'r lloches, a sŵn yr awyrennau Almeinig uwchben. Yn y cyfnod hwn deuai'r gelyn i mewn i Lun-dain drwy hedfan yn isel a dilyn y rheilffordd. Gwelais awyren â *Swastika* ar ei hochr yn mynd heibio fy ystafell wely. Arhosais i ddim i weld mwy – es i guddio o dan y gwely.

Ond er gwaetha'r holl ddigwyddiadau, byddem yn mynd allan i'r sinema tua dwywaith yr wythnos; yr adeg honno costiai sedd naw ceiniog ac roedd y sinema yn gyfforddus ac yn gynnes, mwy na allwn ddweud am fy llety. Nid bai'r lletywraig oedd hyn ond y ffaith fod glo yn brin ac yn ddrud.

Roeddwn yn bwyta cinio yn yr ysgol bob dydd, nid oherwydd fod y cinio'n flasus, ond oherwydd ei fod yn llanw gwacter. Gwerth swllt a dwy oedd y dogn wythnosol o gig. Byddai gwraig y llety yn cadw'r dogn erbyn dydd Sul ac, os byddai'r cig yn costio dimai yn fwy na'r dogn, byddai'r cigydd yn ei dorri i ffwrdd. Pa ryfedd felly bod gwraig y tŷ yn mynd bron bob dydd i brynu sgêt (cath fôr) a sglodion i de? Nid rhyfedd ychwaith i mi gynyddu mewn pwysau. Prin iawn oedd y dognau dillad hefyd, a chofiaf i mi, fel llawer o'm cyfoedion, wisgo clocsiau. Roedd yn bosib prynu pâr am ddau gwpon, yn hytrach na phum cwpon am esgidiau.

Yn ystod haf 1943, rhaid oedd wynebu perygl newydd, sef y *Doodlebug* – arf a luniwyd gan yr Almaenwyr i hedfan yn ddibeilot dros y Sianel. Syrthiodd un ar fy llety, ond nid anafwyd neb.

Erbyn diwedd 1943 cefais gyfle i fynd yn ôl i Gymru, a pharod iawn oeddwn i ddychwelyd. Gosodwyd fi mewn dosbarth Cymraeg, iaith gyntaf, a phlant o'r dosbarth hwn oedd cnewyllyn Ysgol Dewi Sant, Llanelli, yn ddiweddarach.

Parhau i lifo i Lanelli wnâi'r noddedigion, rhai o Lundain, rhai o Lerpwl. Roedd tipyn o fynd a dod. Bellach roeddwn i wedi cyfarwyddo â byw ynghanol rhyfel, a cheisiwn fyw bywyd cyffredin. Byddai llawer ohonom yn mynychu dosbarthiadau Canu Penillion o dan ofal y Prifardd Gwyndaf. Ar adegau byddem yn ceisio dysgu'r cynganeddion gyda'r Prifardd D.J. Davies. Byddem yn mentro allan yn ystod y Fagddu Fawr, yn cerdded trwy strydoedd tywyll y dref, yn gweld ac yn clywed ugeiniau o filwyr Americanaidd, tywyll eu crwyn, a doedd dim ofn ar neb. Yn ystod y cyfnod hwn hefyd byddem yn ein tro yn paratoi te a choffi i aelodau'r Lluoedd Arfog, a byddem i gyd yn mynd yn awr ac yn y man i'r caffi Prydeinig i brynu cinio am swllt a thair.

Adeg y Nadolig byddem yn gwneud ymdrech arbennig i ymestyn y dogn. Yn fy llyfr coginio, mae gen i rysáit yn disgrifio'n fanwl sut i wneud *Lemon Cheese*, gan ddefnyddio powdwr ŵy, ac owns o farjarîn. Moethun oedd gwneud losin Mint gan ddefnyddio powdwr llaeth a thriog.

Roedd dillad yn brin, ond os byddech yn gyfeillgar â milwyr Americanaidd, efallai y cawsech bâr o sanau sidan, ond sanau cotwm *lisle* a wisgai'r gweddill ohonom i'r gwaith, ond unwaith y byddai'n fis Mawrth byddem yn mynd heb sanau er mwyn arbed gwario dognau. Byddem wrth gwrs yn cyweirio pob twll yn ein dillad, yn datod pob hen siwmper, ac yn ail-weu'r cyfan gan ddefnyddio gwlân cyweirio sanau, a oedd yn rhydd o ddognau, i greu patrymau 'Fair Isle'. Tua diwedd y Rhyfel, gallech brynu darnau o neilon parasiwt heb ddognau, a byddem i gyd yn gwnïo peisiau a gynau nosau o'r defnydd. Credaf fod gennyf un o'r peisiau parasiwt yn y tŷ hyd heddiw.

Ym mis Awst gollyngwyd y bomiau ar Hiroshima a Nagasaki. Daeth y Rhyfel yn erbyn Japan i ben. Ar y pryd roeddwn mewn Ysgol Haf ym Mhen-y-bont ar Ogwr, yn cysgu mewn cabanau a fu'n gartref i garcharorion rhyfel. Cofiaf y gwasanaeth a didwylledd y gweddïo. Cofiaf ein teimladau. Daethom drwy'r drin, a byddai'r bechgyn yn dychwelyd adref. Byddem yn cael gwell byd. Canwyd y clychau. Cyneuwyd y goleuadau. Roedd Abertawe a llawer dinas arall yn ddeilchion, ond, a minnau yn fy ugeiniau cynnar, roeddwn yn barod i wynebu unrhyw anhawster. Roeddwn yn fyw, a'r dyfodol oedd yn bwysig.

Atodiad:

Wrth ymweld ag Abertawe yn ystod mis bach 1998, digwyddais sylwi bod Eglwys y Santes Fair, a saif ynghanol y ddinas, ar agor i'r cyhoedd. Roeddwn yn awyddus i ymweld â'r Eglwys eto. Gwyddwn eisoes am y ffenestri lliw hyfryd a luniwyd gan John Piper a ddinistriwyd adeg y Blitz ar Abertawe yn Chwefror 1941, ond a ailgodwyd yn ystod y pum a'r chwe degau. Ni chefais fy siomi y tro hwn ychwaith. Roedd hynodrwydd yn perthyn i'r ffenestri, a glas hyfryd y gwydr yn taflu gwawl annaearol dros yr allor, ac yn mynegi, mi dybiais, rhyw hyder yn y bywyd ysbrydol newydd, a ailgododd fel y Phoenix o'r lludw.

Wrth i mi sefyll gerllaw'r allor, fflachiodd yn ôl i'm cof y cyfnod 1940-1942, a minnau'n fyfyriwr yng Ngholeg Hyfforddi Abertawe. Ar ôl diwedd y Rhyfel yn Ewrop ym 1945, cawsom ar ddeall fod dau gant a hanner o awyrennau Almeinig wedi ymosod ar y dref yn ystod y tair noson rhwng Chwefror 19eg a'r 21ain. Lladdwyd dau gant a thri deg o bobl. Anafwyd dau gant a hanner yn arw. Difrodwyd y dref, dinistriwyd dros gant o siopau a busnesau, a saith deg dau o ddiwydiannau bychain.

Ar wahân i Lundain, dim ond Plymouth a Lerpwl ddioddefodd i'r un graddau ag Abertawe.

MAMAU
AC
ATHRAWON

Edrych yn Ôl

~

Megan Griffith

Mae fy holl atgofion o'r Ail Ryfel Byd fel petaent mewn caleid-osgop, a'm profiadau yng Nghymru a Lloegr yn gymysg â'i gilydd. Wrth edrych yn ôl, yr hyn sy'n fy synnu fwyaf yw sut yn y byd y bu i mi ymdopi yn ystod y Rhyfel fel mam oedd yn ifaciwî gyda babi a bachgen bach.

Gadewais Lerpwl ar ôl i'r cartref nyrsio yr oeddwn i fod i aros ynddo gael ei fomio. Ond dilynodd y bomiau mi hyd yn oed i'r ysbyty ym Mangor, yng Ngogledd Cymru, gan i beilot Almaenig ollwng llwythi o fomiau ar Bont Menai ychydig wedi genedigaeth fy ail fab. Penderfynais yn y fan a'r lle na fuaswn yn dychwelyd i Lerpwl, a bûm yn ffodus tu hwnt i gael gafael ar fwthyn bach clyd yng nghefn gwlad. Heb ddim o'r cyfleusterau modern ynddo, fe'm gorfodwyd i ddod i ben drwy ddefnyddio lampau olew ar gyfer golau a stôf *primus* ar gyfer y coginio. Ymhen hir a hwyr, daeth stôf goginio olew i'm meddiant, ac er i'm chwaer – a ddaeth i fyw gyda ni – allu ei defnyddio'n llwyddiannus iawn, nid felly fu fy hanes i!

Doedd y closed pridd, oedd wedi'i leoli lawr yn yr ardd gefn, ddim yn un o'r pethau gorau o fyw yn y wlad, ond wedyn rhaid cyfaddef ei fod yn llawer llai trawmatig na'r syniad o gael ein chwythu i ebargofiant o'n un teils gwyn yn Lerpwl. Eto, roedd gan yr un yng ngwaelod yr ardd ei beryglon hefyd. Un noson, yng nghanol rhybudd o ymosodiad o'r awyr, bu raid i'm gŵr redeg ar frys gwyllt i'n lloches Anderson gyda chymylau o bapur tŷ bach wrth ei gwt. Bu adegau o hwyl gofidus, ond un oedd wastad wedi'i ysgeintio ag ofn a thyndra.

Chwerthin a hwyl oedd y peth olaf ar ein meddyliau un tro pan oeddwn i, yn feichiog ers wyth mis, yn gorfod gwthio fy hun dan wrych pan ymddangosodd awyren fomio yn sydyn fel barcud ar gyw, gan hedfan mor isel fel y cefais gip ar y peilot. Roedd rhai o'n hawyrennau ni ar ei ôl, a dim ond y bore hwnnw roeddwn i wedi darllen am rai o beilotiaid y gelyn yn cael eu gorfodi i lanio ac yn saethu pobl gyffredin wrth wneud hynny. Yn ffodus, doedd y peilot hwn yn amlwg ddim o'r brethyn hwnnw.

Digwyddodd rhywbeth tebyg rhyw dro arall hefyd, y tro hwn yng Nghymru. Roedd awyren fomio o'r Almaen eto ag awyrennau Prydeinig wrth ei chwt, ac fe hedfanodd yn isel dros y pentref (sef Rhyd-y-Foel, ger Abergele). Roedd fy mab yn bump oed ar y pryd, ac yn ôl ef gwthiodd yr athrawes hwy i gyd o dan eu desgiau. Roeddwn i, ar y pryd, yn powlio'i frawd iau yn ei bram ar hyd y lôn, ac unwaith eto cefais gip annisgwyl ar y peilot ei hun ac unwaith eto fe'm gorfodwyd i ymochel mewn gwrych, y tro hwn gyda'r pram a'r babi.

Nid nepell o'n cartref yng Nghymru roedd gwersyll carcharorion rhyfel, ac yno ymdrechai milwyr o'r Almaen a'r Eidal i ddygymod â'u sefyllfa fel carcharorion. Gweithiai llawer ohonynt ar ffermydd cyfagos, ac er bod yr iaith yn amlwg yn broblem, blagurodd aml i garwriaeth rhwng rhai o'r carcharorion a'r merched lleol. Edrychai'r rhan fwyaf o'r milwyr mor ifanc a diniwed fel ei bod yn amhosibl bron eu hystyried yn 'elynion'. Ond roedd rhai, er hynny, yn dal yn bleidiol dros Hitler neu Mussolini, a chredaf fod elfen o 'Fy Ngwlad – boed ddrwg neu dda' yn perthyn i bob cenedl a hil – rhywbeth na all fyth arwain at heddwch parhaol.

Mae'n anhygoel meddwl sut yr oeddem oll yn ymdopi â'r prinder bwyd. Llwyddasom i dyfu ychydig o lysiau ein hunain yn y dyddiau cynnar, er nad oedd yn hawdd cael gafael ar hadau a thoriadau. Mi ddyffeia i unrhyw ddynes oedd yn fam yn ystod y Rhyfel i wadu iddi dderbyn ambell gynnig o fwyd o'r Farchnad Ddu, gan fod ychydig o fenyn wedi'i daro ar y slei bach i mewn i'ch basged mor werthfawr y pryd hynny ag y byddai ennill y loteri heddiw. Byddai rhyw fêr-asgwrn bach di-nod wedi'i luchio mewn gyda darn ychwanegol o gig gan ryw gigydd clên yn gwneud môr o wahaniaeth wrth drio cyflenwi pryd arall o fwyd maethlon. Byddem yn arfer potelu popeth y gallwn gael gafael arno a ellid ei roi mewn jar neu botel – a hefyd rai pethau na allent, gyda chanlyniadau trychinebus.

Hyd yn oed rŵan dwi'n gwingo wrth gofio am rai o'r bwydydd 'gwahanol', *ersatz* a gynigwyd inni. Un o'r pethau y gwrthodwyd yn gyffredinol ei fwyta oedd cig morfil, ac ni ddeuthum ar draws neb a'i bwytaodd. A heb anghofio am y 'Pom', sef cymysgedd o datws sych a flasai fel pâst posteri Bill, a doedd yr wyau sych ddim yn codi archwaeth ar neb ychwaith. Cofiaf hefyd am hylif atgas a ymhonnai i fod yn 'sudd nionod'. Yn wir, roedd nionod yn brin iawn, a chofiaf gael modd i fyw pan enillais un ar raffl.

O ran dillad, roedd rhaid gwneud y tro ar yr hyn oedd gennym, gan glytio a thrwsio pob cyfle posibl. Cofiaf ddefnyddio *gravy browning* ar fy nghoesau yn lle sanau – ond heb fawr o lwyddiant yn y glaw! Roedd glo yn broblem arall, er bod casglu coed tân o'r goedwig leol wedi'n hachub aml i dro, boed yn frigau mân, yn ganghennau wedi syrthio neu weithiau hyd yn oed coed ifanc wedi'u tynnu o'r gwraidd. Roedd y tanau a gawsom o'r rhain yn swil, yn diffodd ar ddim ac yn mygu, ond o leiaf roeddent yn caniatáu i rai tanau fudlosgi.

Pan oeddem yn lloches Anderson yn Lerpwl, bu cyfnod pan oedd fy mab bach yn bryderus tu hwnt ynglŷn â'i 'chwaer fach'. Arferai osod ei law fechan ar fy mol chwyddedig a gofyn 'Ydi fy chwaer fach yn iawn?' Fe'i gyrrwyd at berthnasau yng Ngogledd Cymru yn ystod misoedd cyntaf y Rhyfel, ond roedd gymaint o hiraeth arno fel y teimlwyd y byddai'n well iddo ddod adref, yn enwedig gan mai dyddiau'r 'Rhyfel Ffug' oedd hi ar y pryd. Fe ddatblygodd asthma maes o law, yn ddiamau wedi'i achosi gan straen mewnol y Rhyfel.

Un digwyddiad sy'n aros yn fyw yn y cof yw darlun o'm mab hynaf, pan oedd yn chwech oed, yn adrodd ei fersiwn ef o stori'r geni wrth ei frawd bychan oedd dal yn ei glytiau. Cododd ei fraich a'i phlymio i'r ddaear fel awyren (neu fom?) yn dod i lawr, gan ddatgan yr un pryd, 'A daeth Angel yr Arglwydd i lawr o'r nefoedd . . . wwwwweeeeeeeeeeeeeeee!'

Ni ellir cwmpasu holl effaith y Rhyfel arnom, ac roedd colli teulu a ffrindiau yn enwedig o ysgytwol. Nid anghofiaf fyth y sioc a deimlais pan ddarganfuwyd corff ffrind annwyl ac agos yng nghanol cannoedd o rai eraill mewn marwdy dros-dro yng Nghapel Ffordd Webster yn Lerpwl. Dyna'r foment y deuthum wyneb yn wyneb ag anlladrwydd rhyfel. Ys dywedodd Erasums, *Dulce bellum inexpertis* (serchog yw rhyfel i'r rhai nas profodd).

Cyfieithwyd gan Gwenllïan Dafydd.

Priodas yn y Pentref

~

Elin M. Rees (née Jenkins)

Yn Llyfr y Pregethwr y cawn sôn am amser (amser i eni, ac ati), ac yn wir ni allwn ddewis dyddiad na lleoliad ein geni. Bu i mi gael fy magu mewn pentref gwledig iawn yn y dau ddegau; pentref ag ysgol, dau gapel bach, ychydig o dai a ffermdai gwasgaredig, a'r 'stryt' yn ymyl y 'trwmpeg' (fel y galwem y ffordd fawr sy'n rhedeg ar gyrion y pentref). Afon sy'n rhannu'r pentref yn ddau, a 'phobl ddŵad' oedd yn byw yn y 'stryt', ac wrth feddwl yn ôl, Saeson oedd y mwyafrif, a chofiaf am inni fel plant, yn cyfeirio at ein gilydd fel 'ni a nhw' at blant y stryt – tipyn o *class distinction* hyd yn oed yr amser hwnnw yng nghanol y wlad!

Treuliais fy arddegau yn yr ysgol ramadeg a phrin y sylwais ar y cymylau duon oedd yn ymgasglu dros y cyfandir, er fy mod yn cofio clywed am y Prif Weinidog Chamberlain yn chwifio darn o bapur â chytundeb heddwch arno ar ôl dychwelyd o'r Almaen. Ond wrth ddod allan o'r capel un bore Sul clywais fod rhyfel wedi dechrau.

Roedd y *conscription* ar waith yn y wlad, ond nid effeithiodd hyn lawer ar fechgyn y pentref gan eu bod yn lowyr neu'n ffermwyr fel oedd yn arferol i'w wneud wrth ymadael yr ysgol – felly roeddent yn rhydd o'r *call-up*, ond gwirfoddolodd rhai i ymuno â'r Llu Awyr neu'r Fyddin (fel antur, tybiwn i).

Dyma'r gorchmynion yn dod – rhaid cael defnydd du i wneud *blackout* i roi ar bob ffenestr i guddio pob golau oddi wrth awyr-ennau'r gelyn. Rhaid oedd mynd i festri Capel y Presbyteriaid i ffitio'r masg nwy, a'i gario gyda ni i bobman. Mae hwn yn fy meddiant o hyd, yn ogystal â'r cardiau adnabyddiaeth a'r llyfrau i gael dogni bwyd a dillad. Gorchymyn arall oedd bod rhaid i o leiaf un aelod o bob teulu fod yn *fire watcher* yn ei dro i'r rhestr o dai o amgylch ei gartref. Rhaid imi wenu wrth feddwl am fy nhad druan yn gwneud ei ran ar ddyletswydd drwy'r nos, ac yntau'n dioddef o ddolur llwch y glo (*silicosis*), a chanddo goes osod oherwydd damwain erchyll yn y lofa flynyddoedd yn ôl. Diolch na fu galw ar ei wasanaeth ef, beth bynnag.

Cofiaf gael fy nysgu gan fy mam i gadw'r hufen ar dop y botel laeth bob dydd, ac yna ei ddodi mewn potel arall a'i siglo a'i siglo tan iddo droi yn fenyn – yna ychwanegu pinsiad o halen – a dyna ichi flas bendigedig! A sôn am fenyn – roedd fy mam yn cael pwys o fenyn gan ffermwr yn nawr ac yn y man, i dalu dyled arian i 'nhad – ie, bwyd yn bwysicach na'r arian yn amser prinder bwyd adeg y Rhyfel!

Cawsom hwyl anghyffredin gyda pharti adloniant o'r pentref, a minnau yn cyfeilio i'r holl gyngherddau i helpu'r 'Comforts Funds' yn yr ardaloedd. Tua deunaw ohonom yn trafaelu o amgylch mewn lori oedd yn arfer cludo glowyr i'r pyllau glo yn y dydd – hyd yn oed mynd yn ein dillad gorau ar ôl yr oedfa nos Sul! Cawsom hwyl hefyd yn rhan o barti drama'r pentref i wneud adloniant i helpu'r achos a thrafaelu mewn car hacni mawr yn dal y naw ohonom, gan berfformio'r ddrama ddeugain o weithiau ar hyd a lled y wlad, ond wedi laru arni erbyn y diwedd. Pan ddaeth y Rhyfel i ben, gorffennodd y côr a'r ddrama a phawb yn gwasgaru rywsut, ond atgofion melys yn aros yn y cof am yr hwyl.

A dyna gyffro oedd yn y pentref bach yma wrth recriwtio i'r LDV (*Local Defence Volunteers*). Roedd rhai yn frwdfrydig iawn gyda'r ymarfer ar fore Sul, a defnyddio coesau brws fel 'gynnau' a gwisgo *khaki*. Ond nid pawb oedd yn hoff o'r syniad; cofiaf am rai yn cael eu codi o'r gwely i'r ymarfer a gorymdeithio i'r pentref agosaf tair milltir i ffwrdd ac yna yn ôl er mwyn ymarfer y *manoeuvres*. Mae un digwyddiad yn sefyll yn fyw iawn yn y cof, sef angladd un o'r LDV oedd yn byw ar y 'stryt'. Roedd y gweinidog yn gynddeiriog am fod yr angladd ar brynhawn Sul *'with full military honours'* ac angen cynnal y gwasanaeth yn y capel, a theulu'r ymadawedig heb fod yn aelodau yn unman. Roedd y capel dan ei sang – ni welais gymaint o wisgoedd *khaki* mewn capel byth wedyn – a dyna hwyl ar y canu, a minnau wrth yr organ a 'nhad yn codi canu.

Sylwais un diwrnod fod yna lawer o lorïau'r Fyddin yn y pentref, a chlywed fod yna *searchlight unit* wedi ei sefydlu yng nghaeau fferm yn reit agos i'm cartref. Wn i ddim beth oedd y milwyr druan yn ei feddwl o'r *station* yma – dim neuadd na thafarn hyd yn oed o fewn pedair milltir iddynt. Ond cofiaf am un o'r milwyr (oedd tua deugain oed) yn priodi gydag un o ferched y pentref a hithau ond yn un ar bymtheg – dyna destun siarad i'r pentrefwyr.

Testun arall oedd 'Balŵn Baraj' a ddisgynnodd ar y cae wrth ochr fy nghartref. Roedd yn un o'r rhai oedd yn amddiffyn Abertawe ond daeth yn rhydd. Dyna oedd cyffro yn y pentref – daeth pobl o bob man yn y cylch i dorri darnau ohoni i wneud dillad. Neilon oedd y defnydd a hefyd aethpwyd â'r rhaffau cryf iawn oedd yn sownd i'r falŵn hon. Pan ddaeth y Fyddin i'w ymofyn, doedd dim ond rhacs ar ôl. Ciliodd pawb o olwg y swyddog gan ei fod mewn tymer na allaf ddisgrifio ar bapur!

Daeth tro ar fyd y pentrefwyr pan ddaeth yr ifaciwîs i'r pentref o dref gyfagos oedd yn cael ei bomio. Cofiaf weld yr awyr uwchben y dref a'r purfeydd olew gerllaw yn goch fel machlud haul am ddiwrnodau a theimlwn fod y Rhyfel bellach wedi dod yn agos iawn atom.

A dyna fel oedd bywyd amser rhyfel – yr ansicrwydd o'r yfory, a'r gwahanu am gyfnod hir oddi wrth anwyliaid. Gorfu i minnau ddioddef hyn gan i mi briodi yn ystod y Rhyfel â bachgen yr oeddwn yn ei adnabod ers blynyddoedd, ac un oedd wedi cael yr un fath o fagwrfa â mi. Bu raid iddo fynd i'r Rhyfel pan oedd y wlad mewn argyfwng ym 1941, ac ar ôl treulio amser ar y cyfandir, daeth yn ôl am wythnos o *leave* a dymuno priodi cyn mynd yn ôl am gyfnod ansefydlog. Felly o dan yr amgylchiadau, gorfu i mi wneud yr holl drefniadau fy hunan, a chynilo dognau i brynu dillad priodas a chasglu'r bwyd i'r brecwast.

Gan mai'r arferiad yn y cyfnod hwnnw oedd cynnal y brecwast yng nghartref y briodasferch, roedd bwydo'r gwesteion yn parhau drwy'r dydd ac yn hirach ambell dro! Bûm yn ffodus o wybod am bobydd yn Llanbedr Pont Steffan a fodlonodd wneud cacen briodas imi gyda thair haenen ac eisin *gwyn* (anarferol iawn ar y pryd oedd cael eisin o gwbl ar y gacen).

Roedd prinder blodau hyd yn oed, ond mi ddes i wybod am werthwr blodau a wnaeth dusw hardd imi o diwlipau coch a rhedyn gwyrdd hir, a charnasiwn allan o bapur ar gyfer tyllau botwm y dynion (ond wedi eu gwneud mor gywrain fel na sylweddolodd neb mai rhai ffug oeddynt)!

Bu dipyn o bryder yn ystod y dyddiau cyn y briodas. Roedd fy narpar-ŵr i fod i gyrraedd yn ôl ar y dydd Mawrth, ond ni chyrhaeddodd tan yn hwyr iawn ar y nos Iau.

Pan oeddwn yn ymadael â'm cartref bore'r briodas i fynd i'r capel, sylwais fod y gacen yn plygu i un ochr fel tŵr Pisa gan fod y tywydd yn eithriadol o dwym a'r eisin yn dechrau toddi. Ar ôl ailosod coesau haenau'r gacen a mynd allan drwy'r drws ffrynt, dyma glywed sŵn saethu gynnau – bang, bang, bang – a bu bron i mi gael haint, gan fy mod wedi anghofio'r traddodiad o'r saethu yma oedd yn y pentref! Wedyn y car prin yn cropian lawr yr hewl i'r capel gyda thraddodiad arall – sef y plant yn dal rhaffau tew ar draws yr hewl a rhaid oedd taflu arian allan cyn caniatáu i'r car ymlwybro ymlaen.

Wrth gwrs, rhwng popeth roeddwn yn hwyr yn cyrraedd y capel, a synnu i weld y capel yn llawn a thorfeydd tu allan yn gwylio. Gyda'r tywydd mor dwym, sylwais fod fy nhusw blodau o diwlipau wedi agor fel *orchids* a'r holi mawr o ble cefais nhw. Wn i ddim pwy oedd y mwyaf nerfus yn y capel ei hun – fi ynteu'r gweinidog bach, gan mai hon oedd y briodas gyntaf iddo ef ei gweinyddu, ond cawsom wasanaeth hyfryd, a chanu gwefreiddiol o'r emyn 'Calon Lân' (a threblu'r cytgan) gan fod cantorion go lew yn nheulu fy mhriod ac yn cael hwyl gyda'r canu bob amser.

Aeth dwy flynedd heibio cyn i'm priod gael ei ryddhau o'r Fyddin a thestun diolch sydd gennyf iddo ddod adref yn ddiogel, gan nad oedd hi felly ar lawer teulu.

Dyma ddiwrnod heddwch yn dod, a rhyfel y cyfandir ar ben, ond parhau oedd rhyfel y Dwyrain Pell o hyd. 'Nhad yn frysiog yn trefnu gwasanaeth o fawl yn ein capel, a'r pentrefwyr o bob enwad yn dylifo i'r capel bach i ddathlu'r heddwch a chefais wefr wrth yr organ y noson honno gyda'r canu bythgofiadwy.

Mae'r blynyddoedd wedi treiglo ac atgofion o amser adfyd a gwynfyd wedi pylu bellach, yn ogystal â'r gobaith a'r addewid oedd yn ein cynnal ar y pryd. Y sôn oedd mai'r rhyfel hwnnw fyddai'r rhyfel i orffen pob rhyfel, ond gwyddom bellach mai ond rhywbeth dros dro oedd yr aberth a wnaed yn yr Ail Ryfel Byd, a gorthrymder a therfysg a chasineb yn parhau rhwng y cenhedloedd o hyd.

Llenni Bygythiol tu ôl Drama ein Bywyd

~

Gwyneth J. Evans

Bore dydd Sul oedd hi, ac roeddwn i yn Aberhonddu yn edrych ymlaen at fy swydd gyntaf; edrych ymlaen â thipyn bach o betruster, ond â thipyn go lew o falchder hefyd, braidd yn gallu credu y cawn dreulio'r blynyddoedd nesaf yng Nghaerdydd. Roeddwn yn gyfarwydd â'r lle eisoes gan i mi dreulio pedair blynedd hapus iawn yng Ngholeg y Brifysgol yno, a'r lle yn annwyl iawn imi hefyd, am amryw resymau: Capel Ebenezer, Tŷ'r Crynwyr, Aelwyd yr Urdd a chyfeillion lu.

Bu cymylau rhyfel yn ymgasglu ers misoedd lawer ond amser brecwast y bore Sul hwnnw daeth y cyhoeddiad drwy'r radio fod y Rhyfel wedi dechrau. Y cymylau yn fygythiol a'r arolygon yn syfrdanol! A neb o'm cenhedlaeth i wedi cael y fath brofiad erioed o'r blaen.

Roeddwn i wedi ymarfogi fisoedd cyn hyn ar gyfer y fath argyfwng er na chredwn y deuai'r fath sefyllfa fyth ar fy nhraws – fy arfogi drwy ddod yn aelod o'r PPU (*Peace Pledge Union*). I Mrs R.J. Jones y diolchaf am fy argyhoeddi pan ddaeth hi i siarad â rhai ohonom yn Undeb y Myfyrwyr un prynhawn. Byth oddi ar hynny, glynais yn gadarn wrth yr egwyddor nad trwy ryfel, pa mor gyfiawn bynnag yr honnir ei fod, y ceir gwir heddwch. Y tristwch, wrth gwrs, yw nad ydym eto wedi dysgu'r wers.

Dechreuais fy ngyrfa fel athrawes yn Ysgol Uwchradd Cathays, drannoeth i'r cyhoeddiad arswydus, a'r dasg gyntaf a roddwyd i mi yn fy swydd newydd oedd mynd o amgylch y tai yn yr ardal i holi a fyddai'r bobl yn barod i gymryd rhai o'r disgyblion i'w cartrefi pe digwyddai cyrch o'r awyr. Roedd yr ysgol yn ymylu ar dir y Weinyddiaeth Ryfel a gwelem, wrth ddod i'r ysgol, y 'sachau' yr hyfforddid y milwyr i anelu'u bidogau atynt.

Roeddwn i'n hen gyfarwydd â'r ysgol gan i mi dreulio fy mlwyddyn hyfforddi yno, ond ni fu fawr o gyfle i adnabod y staff yn dda iawn bryd hynny gan fod eu hystafell yn rhy gyfyng i'n dal ni'n tair. Ond, yn ystod fy nyddiau cyntaf ar y staff, hyfrydwch arbennig i mi oedd darganfod bod tair ohonynt yn teimlo fel roeddwn i at y Rhyfel. Doedd neb o'r lleill, am wn i, yn disgwyl i'r ferch swil, fu'n treulio dau ddiwrnod yr wythnos yn eu plith ar hyd y flwyddyn flaenorol, arddel syniadau afresymol am ein rhyfel 'cyfiawn'.

Roeddem ni'n pedair, fel aelodau o'r PPU, yn sylweddoli wrth gwrs nad ein lle ni oedd ceisio gwthio ein syniadau ar neb. Crynwyr oedd y lleill a does neb ymhlith y Crynwyr nad yw'n Heddychwr. Cefais gyfle ar ôl ychydig ddiwrnodau i ddatgelu 'nghyfrinach 'aflan' i: digwydd bod yn ystafell cotiau'r athrawon a chael fy sylw wedi ei dynnu at fathodyn y PPU ar gôt un o'r Crynwyr. *'Look at this!'* meddai llais yn llawn dirmyg, a minnau'n ymateb drwy dynnu ei sylw at yr un bathodyn rhyfygus ar fy nghôt innau! Dyna'r gyfrinach allan, a minnau bellach yn wrthrych dirmyg. Rhaid cydnabod bod y garfan arall yr un mor argyhoeddedig â ni!

Rwy'n dal i ymfalchïo yn y fraint a gefais o gydgerdded â'm cyd-fyfyrwyr ar hyd Stryd y Frenhines â hysbysfwrdd mawr yn dwyn y geiriau *WAR WE SAY NO!* am fy ngwddf. Wn i ddim a oedd gwrthrych y brotest, Duff Cooper, yn ymwybodol o'n protest ni, chwaith, ond fe'm gwelwyd gan rai o'm cydnabod o Aberhonddu, a'u syndod (a'u dirmyg, am wn i) yn amlwg ar eu hwynebau. Ni chlywais ragor am hynny ond bu'n rhaid derbyn y dirmyg yn yr ysgol hyd ddiwedd y Rhyfel.

Peidied neb â meddwl chwaith nad oedd unrhyw ymddiddan cyfeillgar yn bosibl rhyngom ond anodd oedd anghofio am y Rhyfel; roedd yn gefndir i'n bywyd cyfan. Wrth gwrs, roedd pethau eraill yn anochel yn mynd â'n sylw: ein dyletswyddau amrywiol fel sydd ynghlwm wrth unrhyw sefydliad. Roeddwn i'n plesio pawb yn bendant ar foreau Gwener am fod 'na draddodiad o gael yr hyn a elwid yn *singing practice* ar ôl y gwasanaeth boreol. Gan mai fi oedd bellach yn gyfrifol am ddysgu cerddoriaeth, yn ogystal â'r Gymraeg, câi fy nghyd-athrawon ymlacio am ychydig bach cyn cychwyn ar orchwylion y dydd.

Ond stori arall oedd hi erbyn prynhawniau Gwener oherwydd roeddwn i ar fy mhen fy hunan bach yng nghwmni dau o gefnogwyr selog y Rhyfel. Er i mi geisio osgoi cael fy nhynnu i unrhyw siarad allai fod yn annymunol, amhosibl oedd peidio ymateb i rai o'r cwestiynau a saethid ataf: e.e. A ydych chi wedi darllen *Mein Kampf*? Nac oeddwn, ac nid wyf yn siŵr eu bod hwythau chwaith wedi darllen campwaith Hitler. Feddyliais i ddim am ofyn iddyn nhw. Un peth a wn, roeddwn i'n falch clywed y gloch yn cyhoeddi rhyddhad!

Enghraifft bersonol oedd hynny, wrth gwrs, ond cyn bo hir, ceid enghreifftiau a anelid at fwy nag un ac roedd bod yn bedair yn y grŵp o heddychwyr yn sicr yn gymorth ac yn gadernid i ni, ac yn cryfhau ein hargyhoeddiad nad rhyfel yw'r ateb i broblemau dyrys ein gwareiddiad ni.

Dechreuai sawr drwgdybiaeth dreiddio, bron yn ddiarwybod, i awyrgylch yr ysgol er na sylwem ar hynny bob dydd, o angen-rheidrwydd. Y broblem gododd gyntaf oedd derbyn cyfraniadau'r plant i'r Cynilion Rhyfel. Rwy'n cofio protestiadau ac rwyf bron yn siŵr i'r Brifathrawes ddatrys y broblem. Gwraig o Gernyw oedd hi ac er na fynnai siarad yn agored am y peth, am resymau digon dealladwy efallai, roeddem ni'n teimlo ei bod hi ar ein hochr ni.

Roedd un ohonom yn byw mewn cymuned heddychwyr yn Llanisien – wedi'r cyfan, roed gennym ryddid i fyw lle y mynnem. Roedd Llánishen House, fel y'i gelwid, mewn sefyllfa hyfryd, a'r lawntiau o'i amgylch yn eithriadol o ddeniadol. Roedd y gymuned yn fwy na pharod i rannu'r fath le dymunol â phawb. Naturiol felly oedd i'r athrawes hon wahodd ei dosbarth arbennig hi i gael te ar y lawnt un prynhawn Sadwrn braf. Nid oedd mynd i mewn i'r tŷ yn rhan o'r rhaglen. Achosodd hyn gynnwrf yng Nghyngor y Ddinas, ac mewn ychydig o ddyddiau, roedd dirprwyaeth o'r Cyngor yn ymweld â'r ysgol. Roedd tad un o'r gwahoddedigion ymhlith y Cynghorwyr ac yn falch, am wn i, o esgus i gwyno am aelodau o'r staff oedd yn crwydro oddi ar y 'llwybr cul'. Fe'u gwelais yn mynd i mewn i ystafell y Brifathrawes ond, er mawr siom i mi, ni alwyd ni i'w hwynebu. Fe lwyddodd Miss Weighell i'w darbwyllo nad oedd agwedd yr athrawon at y Rhyfel yn debyg o gael ei wthio ar ei blant.

Aeth cwyn amdanaf innau at y Brifathrawes, sef fy mod yn chwarae anthem genedlaethol yr Almaen mewn dosbarth. Synnwn i fawr nad oeddwn yn gwneud hynny'n fwriadol, ond yn hollol gyfreithlon, gan ein bod yn astudio pedwarawdau llinynnol Haydn. Gyda llaw, un ferch oedd yn y dosbarth.

Un o'r ymadroddion a ddaeth yn gyfarwydd i lawer ohonom yn ystod y Rhyfel oedd: *Sit lightly to your possessions!* Dim byd newydd yn hyn, wrth gwrs, nemor aralleiriad o 'Peidiwch â chasglu i chwi drysorau ar y ddaear'. Ond roedd y geiriau yn fwy ystyrlon nag erioed pan na wyddem beth fyddai'n digwydd o ddydd i ddydd a'r ansicrwydd o beth allai ddigwydd yn ein dilyn yn feunyddiol: roedd pobl wrthi'n trefnu rhywle i gysgodi pe deuai . . . rhaid oedd rhoi llenni duon ar bob ffenestr rhag ofn . . . pobl gyfarwydd i ni yn mynnu bod pawb yn dilyn y rheolau . . . doedd dim diwedd ar y pethau bach oedd yn rhaid eu cyflawni neu . . .

Yn yr ysgol fe ychwanegwyd un wers newydd at yr amserlen – gwers heb drefn arbennig iddi nac amser penodedig – mympwy'r Brifathrawes oedd yn penderfynu pryd y dechreuai a phryd y gorffennai. Yr unig beth y gwyddem ni'r athrawon oedd mai ein dyletswydd ni oedd gadael y cyfan ac arwain y plant allan yn drefnus i'r cytiau concrit yn yr iard ar ganiad y gloch, ac aros yno fel defaid hyd nes y clywem yr ail gloch. Torri record pob dydd, dyna oedd y nod. Rhyw chwarae plant oedd hyn i ddechrau ond cyn bo hir gwelwyd ffrwyth ein hymdrech a'r plant yn torri pob record, yn drefnus, wrth fynd allan i'r cytiau concrit, nid ar ganiad cloch y Brifathrawes fwyn ond ar sgrech annaearol y seiren gwyn-fanllyd. Daethom yn gyfarwydd â'i sŵn mewn amser, yn wir, mor gyfarwydd fel y dewiswn i aros yn y gwely pan ddeuai'r sŵn aflafar yn y nos yn hytrach na mynd allan i gysgod Andersen yn yr ardd. (Rwy'n cofio bod yn Imerimandroso flynyddoedd lawer wedyn pan fu daeargryn a pheth o'r nenfwd yn cwympo ar fy ngwely. Roedd R.E. Edwards yn yr ystafell nesaf wedi cael tipyn o sioc, a chofiaf i mi ddweud wrtho fod daeargryn yn well na bomiau. Yr hen brofiadau rhyfel yn mynnu dod i'r brig trwy gydol fy mywyd.)

Rhyfeddol yw gallu pobl i ymaddasu i sefyllfa afreolaidd, boed hapus neu fel arall. Yn fuan iawn, daethom yn gyfarwydd â'r Rhyfel a'i dderbyn fel llenni y tu ôl i lwyfan, a'r ddrama yn mynd yn ei blaen. A'n drama ni oedd y bywyd crefyddol, adloniadol a chym-deithasol yng Nghaerdydd.

Mae'n amlwg oddi wrth fy nyddiaduron fod bywyd yn llawn dop. Yn Ebenezer, lle'r oeddwn i'n aelod, newidiwyd yr Ysgol Sul i 2:45 a gwasanaeth yr hwyr i 3:30 – er mwyn osgoi gorfodi pobl hŷn i ddod allan yn y nos. Ond lawr â ni'r to ifanc, ar ôl cael te yn y festri, i Aelwyd yr Urdd yn Nhŷ'r Cymry, yn Heol Gordon, ac yno byddem ni hefyd bob nos Iau am saith.

Roeddwn wedi bod yn hapus iawn yn Ebenezer yn ystod dyddiau Coleg ond newidiodd yr awyrgylch gryn dipyn yno wedi i'r Rhyfel dorri ar ein traws. Hyd y cofiaf, dim ond Gwyn Daniel a W.J. David a minnau oedd yn barod i ddatgan yn glir ein bod yn Heddychwyr. Collodd Gwyn ei swydd yng Nghaerdydd oherwydd ei ddaliadau, a chymryd swydd ym Mhenarth, ac ym Mhenarth hefyd y bu W.J. David yntau yn athro. Cyn hir, teimlwn dipyn yn anesmwyth wrth wrando ar yr hyn a gyhoeddid o'r pulpud a bûm yn meddwl o ddifrif am fynd at y Crynwyr. Atynt yr awn ar fore dydd Sul a dysgais ymgyfarwyddo a gwerthfawrogi'u dull syml o addoli. Ond yn ôl yn Ebenezer y byddwn ar gyfer yr Ysgol Sul yn y prynhawn, a'r dadlau yn nosbarth y Dr Rees Griffiths yn poethi'n fynych. Ni allwn, ac ni allaf, ddeall sut y gall neb sy'n Gristion gyfiawnhau unrhyw fath o ryfel.

Ond roedd digon o bobl a digon o gyfarfodydd yn ninas Caerdydd i ddiwallu chwant pobl fel fi – a'r rhan fwyaf ohonynt yn deillio o drefniadau'r Crynwyr, ac yn wir troes Tŷ'r Crynwyr yn Stryd Siarl yn fan cyfarfod arbennig iawn. Er mai gwrthwynebwyr rhyfel oedd yn ymgasglu yno, yr oedd llawer o'r gweithgareddau yn ymwneud â'r Rhyfel, megis dosbarthiadau gwersi Cymorth Cyntaf i'r rhai ohonom oedd yn Wylwyr Tân. Cafwyd llawer cyfle trwy hyn i ddod i adnabod ein gilydd ac i gyfarfod â phobl sydd wedi aros yn gyfeillion dros flynyddoedd maith erbyn hyn. Rwy'n cofio'n arbennig am Hilda Price (Ethall ers blynyddoedd bellach). Byddai'n aros ar ddihun trwy'r nos er mwyn bod yn barod ar gyfer y gwylio, a hynny cyn seiclo i ardal Cathays yn y bore bach a chael brecwast brysiog cyn rhuthro allan i'r ysgol a diwrnod llawn o ddysgu plant.

Awn hefyd i'r hyn a alwyd yn *Lunch-hour Address* amser cinio bob dydd Llun: pob un ohonom yn dod â'i brechdanau a chael cwpaned o de wrth wrando ar y ddarlith/sgwrs. Deuai pobl o bell ac agos i'n hannerch – yr unig un y cofiaf amdani erbyn hyn yw Muriel Lester. Fe brynais ei hunangofiant hi ac fe'i llofnododd – heb ddyddiad.

Ymaelodais â'r PSU (*Pacifist Service Unit*) fel aelod rhan-amser – ac ymuno â'r grŵp oedd yn gweithio ymhlith plant a phobl ifanc y dociau. Bu'r profiad yn ddiddorol ac yn fuddiol, greda' i. Mynd i gapel yn Bute Street a dysgu rhyw ganeuon i griw o blant yno a wnes ar y noson gyntaf. Wn i ddim sut yr aethom i ganu *'Fire in the Galley'*, a mynd yn rhimyn llawen o amgylch pob rhan o'r capel, ond yr unig ffordd y llwyddais i ddod â'r gân i ben oedd dawnsio allan trwy'r drws, a chael pawb felly i ddawnsio allan i'r stryd ar fy ôl.

Roeddwn i'n weddol gyfarwydd â mynd lan i Lundain – i Livingstone House yn fwyaf arbennig – yn ystod y blynyddoedd hyn, ond tipyn o sioc oedd yr awgrym i mi fynd yno yn ystod gwyliau'r ysgol i lanw bwlch mewn PSU. Dyma sydd yn fy nyddiadur bach: *8/9/44 – 79 Ring House, The Highway, Shadwell, London E.1.*, ond ni chysgais yno un noson oherwydd y lloches fawr o dan Eglwys Gadeiriol Southwark oedd ein hystafell nos ni – ystafell a rannem â thyrfa fawr o'r bobl leol oedd, ers blynydd-oedd bellach, wedi hen gyfarwyddo â dod â'u paciau gyda nhw, a setlo am y nos. Fel y gellir dychmygu, ac fel y cofiaf yn glir hyd heddiw, nid oedd yn lle delfrydol i dreulio noson ond roedd rhyw deimlad ein bod yn y lle gorau wrth i ni wrando ar y sŵn byddarol y tu allan. Nid i gysgu roeddem yno, wrth gwrs, ond i geisio bod o gymorth i'r bobl leol. Roedd rhywle yn ein cyffiniau yn ei chael hi fwy neu lai bob nos. Roedd y noson gyntaf yn siŵr o fod yn dipyn o sioc i'r ferch fach o Gymru. Ond fe gafodd fwy o sioc fore drannoeth pan ofynnodd beth yn hollol fyddai ei dyletswyddau yn ystod y deng niwrnod nesaf. Coginio! Mae'n amlwg nad oeddent yn fy adnabod i. Y wyrth oedd i mi lwyddo i fwydo pawb heb wneud neb yn dost. Dyna beth oedd ymaddasu i sefyllfa hollol annisgwyl. Cadarnhau fy argyhoeddiadau a wnaeth y profiad hwn, yn enwedig wrth weld y difrod erchyll o'n cwmpas wrth ddringo i wyneb y ddaear bob bore a chlywed faint oedd wedi eu lladd yn ystod y nos.

Nodais yn y llyfr bach i mi geisio mynd i King's Cross ar y 13eg a methu – popeth ar stop. Ond ar y diwrnod olaf (Awst 15fed) cefais ddiwrnod wrth fy modd yn Hyde Park gyda chyfaill oedd yn dathlu pen-blwydd. Y llyfr bach yn nodi manylion a aeth yn angof gennyf yn llwyr.

Ymhen amser mentrais adael Caerdydd i fyw i Loegr, a dyma sut y digwyddodd hynny. Ar 3/6/44 mewn cyfarfod ym Minny Street, a drefnwyd gan Gydbwyllgor Undeb Cymru Fydd a'r

Eglwysi, cofiaf gael fy herio gan ddarlith G.J. Williams ar John Penry a'i apêl atom fel Cymry i fod yn ffyddlon i Gymru fel y bu John Penry, a Mrs R.J. ar yr un noson yn fy herio i geisio am swydd yn Lloegr. Ar 2/8/44 derbyniais lythyr gan Elinor Evans (ysg.) a nododd: 'Mae Miss Mair Rees eisoes yn Swyddog Croeso yn ffatrïoedd y Canolbarth ac mae'r Cydbwyllgor yn bwriadu symud ymlaen ar unwaith i benodi rhagor o Swyddogion Croeso gan fod y gwaith yn datblygu'n gyflym . . . Tybed a fyddech chwi â diddordeb mewn gwaith fel hyn, ac, os felly, a fuasech yn ystyried swydd o'r fath dros amser? . . . Prif waith y Swyddog Croeso newydd fydd cadw mewn cysylltiad parhaus â'r Swyddfa Lafur er mwyn cael ffeithiau swyddogol am y merched; trefnu cwmnïau a phwyllgorau croeso yn y gwahanol drefi, mewn cydweithrediad â Chymry croesawgar sy'n awyddus i helpu trwy ymweld â'r merched yn y ffatrïoedd a'r hosteli er mwyn sicrhau eu bod yn hapus; trefnu adloniant Cymraeg yn yr hosteli. Yr ydym eisoes yn gwybod am gyfeillion mewn amryw o ganolfannau sydd yn barod i helpu. Aros y maent am Swyddog Croeso. Cyflog: £300 y flwyddyn. Mae'n bosibl y byddai anhawster i gael rhyddhad o'ch swydd bresennol ond ni chredaf y byddai hyn yn amhosibl. Os gellwch ystyried y mater, gallaf drefnu eich cyfarfod i gael ymgom am y gwaith. Ysgrifennaf hefyd at Miss Hilda Price.'

Derbyniais lythyr arall ar 28/11, y tro hwn gan Dr Gwenan Jones: 'Y mae angen Swyddog Croeso o hyd ac y mae eisiau rhywun ifanc, heini, fel chwi a all fod yn dra symudol. Rwy'n sicr y derbyniai'r pwyllgor chwi pe cynigiech eich hunan iddo – y mae'n waith digalon o angenrheidiol ar hyn o bryd. Cael rhyddhad fydd y gorchwyl mwyaf. Yn ŷ cyfamser, anfonwch gais ffurfiol i mewn.' A daeth pwysau unwaith eto gan Elinor Evans am yr eildro ar 30/11: 'Mae'n dra phwysig i ni gael rhywun i fyned yno ar fyrder i chwilio i mewn i hynt a helynt ein merched, gan ein bod yn clywed yn answyddogol fod llawer iawn o symud yn digwydd ac i ddigwydd. Byddai'n llawenydd mawr iawn i mi pe caem eich gwasanaeth . . . Ni raid i mi fanylu yn awr am y gwaith, dim ond dweud mai ardal Reading, Slough, Aylesbury a High Wycombe sydd yn rhoddi pryder i ni – ac, o bosib, bydd galw am wneud tipyn o waith ymchwil i lawr yn rhai o'r porthladdoedd. Os oes merched o Gymru yno, gallaf ddychmygu eu bod mewn angen help a chymdeithas. Wel, os ydych yn barod i'r Antur, ewch ati ar unwaith i drefnu cael rhyddhad o'ch swydd bresennol cyn gynted ag y bo modd. Rhaid i chwi hefyd holi gyda'r Swyddfa Lafur a chael caniatâd i ymgymryd â'r swydd. Y mae yn swydd gydnabyddedig, wrth gwrs, ac ni ddylai'r un anhawster godi gyda nhw.'

Ac ar y cyntaf o Ragfyr dyma ran o'm llythyr i at y Weinyddiaeth Addysg yn Llundain: '*During the last week, I have been offered the post of Liaison and Welsh Officer by the Joint Council of* Undeb Cymru Fydd *and the Churches . . . I wish therefore to apply for release from the teaching profession provided that someone can be found to replace me.*' Ar Ragfyr 4ydd, bu i Swyddog y Weinyddiaeth Lafur gytuno ar yr amod hwnnw. Ond dyma'r hyn ysgrifennais yn fy llyfr bach ar 13/12: 'Y Weinyddiaeth Addysg: *After careful consideration . . . the Dept. of Education regrets it is not prepared to approve your transfer . . .* OND FE GEFAIS RYW GIP AR Y GWAITH.' Wn i ddim sut i esbonio'r hyn a ysgrifennais yn fy nyddiadur. Mae'n amlwg nad oeddwn mewn lle cysurus iawn yn ysgrifennu ynddo oherwydd ni fedraf ddeall hanner yr hyn a ysgrifennais. Hyd y gwelaf, does dim sôn o gwbl am y llythyron tyngedfennol a anfonwyd gan Weinyddiaeth Lafur Caerdydd a chan Weinyddiaeth Addysg Llundain. Ac yn ôl a welaf, doedd dim llawer o amser i boeni amdanynt chwaith gan fod bywyd cymdeithasol yn mynd yn ei flaen, beth bynnag am y Rhyfel.

Er enghraifft, rhwng Rhagfyr 13eg a Rhagfyr 21ain nodwyd y canlynol yn fy nyddiadur: Cyfarfod Cymdeithas Genhadol Llundain, Cyrddau Gweddi, Ymryson Tenis Bwrdd rhwng Tŷ'r Cymry a'r BBC, Pwyllgor Merched yr Urdd, Chwaraewyr Tŷ'r Cymry yn perfformio *Cynaeafau* gan Eic Davies yn Abertridwr (a bu raid imi aros yng nghartref fy mherthynas, Idrus Jenkins, yng nghanol Caerffili, am i mi golli'r trên), Suliau llawn, canu carolau yn yr Aelwyd, cyfarfodydd Cymdeithas y Cymod, *Ceremony of Carols* – Benjamin Britten. Ac ar y cofnod dan Ragfyr yr 22ain nodir ei bod yn ddiwedd y tymor ac euthum yn ôl at fy nheulu yn Aberhonddu. Ar Ragfyr 27ain euthum i bwyllgor Urdd y Deyrnas yn Aberystwyth a chael coffi yng nghartref Dr Gwenan Jones a sgwrs am y swydd newydd, siŵr o fod.

Ac ar Ionawr 8fed, dyma gymryd trên i Reading, a chysgu'r nos yn Hostel GFS. Ffonio cyfeillion, Reg a Dilys Cleaves yn Theale, a fy mrawd yn Melksham ac ar y 10fed, mynd yng nghwmni rhyw Barrat Brown i Slough a High Wycombe a chwrdd â rhai o'r merched o Gymru. Mae'r unig beth a gofiaf yn glir heb ei nodi o gwbl gennyf: *Workers' Midnight Playtime* a minnau'n eistedd gyda'r mawrion yn y rhes flaen. Yn ôl wedyn i Aberhonddu ac yna i Gaerdydd ar y 15fed.

A dyna ddiwedd fy stori am fod yn Swyddog Croeso i Ferched Cymru!

Nid *'sit lightly to your possessions'* yn unig oedd yn rhaid i ni ddygymod ag ef, ond rhaid oedd ein cyflyru ein hunain i'r posibil-rwydd o golli llawer iawn o bethau eraill. Buom yn Cathays yn fwy ffodus na llawer o'r ysgolion eraill yng Nghaerdydd. Os cofiaf yn iawn, ni oedd yr unig un o'r pum ysgol uwchradd i gadw'n hadeilad yn ddianaf. Gwnaethpwyd un twll yn yr iard gan un o fomiau llu awyr yr Almaen. Tybed faint o ysgolion a ddinistriwyd yn yr Almaen gan ein bomiau ninnau?

Profiad digon chwithig oedd eistedd gydag un ferch yn un o'r cytiau concrit ar brynhawn eithriadol o stormus a'r glaw yn creu llif o dan ein traed, a ninnau'n gorfod ceisio cadw'n traed yn sych y gorau gallem. Gwen Thomas oedd enw'r ferch a geisiai ateb cwestiynau arholiad Ffrangeg Lefel A – a minnau yn ei gwylio. Tybed a oedd Gwen yn ei chyfrif ei hun yn ffodus i fod yno o gwbl oherwydd roedd yn rhaid i ni ddygymod â cholli nid adeiladau yn unig ond cyfeillion yn ogystal.

Caem ryw foddhad wrth gyrraedd yr ysgol bob bore wrth weld bod yr adeilad heb ei gyffwrdd ond sut mae modd cyfleu mewn geiriau ein teimladau pan glywsom fod Edna Rutter wedi ei chlwyfo'n ddifrifol a bod Megan Williams a'i rhieni wedi eu lladd y noson cynt? Roedd eu cartref yn agos at yr ysgol a'r teulu bach wedi ei lwyr ddifrodi.

Mynnai'r Rhyfel ymwthio ei greulondeb amhersonol ar bwy bynnag a fyddai yn ei ffordd a rhaid oedd derbyn y canlyniadau a mynd ymlaen â'ch byw. A hyd yn oed yn y dyddiau gwaethaf roedd drama ein bywyd yn mynd yn ei blaen ar y llwyfan er gwaetha'r llenni bygythiol oedd yn gefndir iddi.

Y peth od am ryfel yw fod llawer o bethau da a llesol yn gallu dod yn ei sgil. Wrth edrych yn ôl ar Ryfel 1939-1945, rwy'n cofio am y gymdeithas agos; roedd amser i chwarae, amser i garu, amser i eisteddfota, i actio mewn dramâu ac yn y blaen.

Roedd Plas Llandinam yn agored i dderbyn plant o'r dinasoedd lle oedd y bomio yn fwrn. Mae gen i gof hapus iawn o fynd fwy nag unwaith i Landinam gyda disgyblion oedd yn fy nosbarthiadau Cymraeg a chael llawer o hwyl. Ac wrth gwrs mae gwyddoniaeth wedi elwa hefyd a darganfod pob math o ddulliau a chyffuriau i wella cleifion. Ond mae pris y bywydau a gollwyd yn arswydus.

Stori George M. Ll. Davies sy'n dod i'm meddwl i – yntau'n gofyn i bobl Ynys Enlli sut yr oeddent yn llwyddo i fyw ar yr ynys fach mewn cytgord, a'r ateb yn ysgytwol o syml: am ein bod yn teithio yn yr un cwch wrth ymweld â'r tir mawr ac yn dibynnu'n llwyr ar ein gilydd. Onid dyna'r ateb i'n holl broblemau? Dyna paham mae Cyngor Eglwysi'r Byd a Chytûn wedi defnyddio'r llong fel logo. Brysied y dydd pan sylweddolwn ein bod i gyd yn rhan o'r un teulu ac yn yr un cwch. Ac mai caru'n gilydd, nid rhyfela, yw'r unig ffordd synhwyrol i fyw.

NYRSYS
A'R
LLUOEDD

Paganini

~

Judith Maro

Roedd gwawr Noswyl Galan yn oer a gwlyb. Dim newyddion pendant, ond roedd sïon ar led am yr Almaenwyr yn taro yn yr Ardennes. Nid chwarae bach. Nid oedd y bwletinau swyddogol yn dweud dim. Roedd y radio yn fwy dibynadwy ar gyfer gwybodaeth, ac fe fyddem yn treulio oriau yn troi'r nobiau yn y gobaith o ddod o hyd i ryw orsaf ddirgel yn Ewrop Gaeth – roeddem eisiau *gwybod*. Ai cam yn ôl oedd yr hyn a ddigwyddai yn Ardennes? Os na, yna beth oedd yn digwydd . . .?

Clywsom am ymladd ffyrnig mewn eira trwchus. Chwalwyd Adran Arfog Americanaidd yn llwyr. Heolydd o iâ, tanciau mewn llaid ac eirlaw, peiriannau'n methu, dim petrol am filltiroedd. Cyrff ym mhobman, wedi eu gadael gan filwyr yn mynd tuag yn ôl, gan wneud ffyrdd a llwybrau gwlad Belg yn un bedd agored. Darlun erchyll, torcalonnus, er gwaethaf y negeseuon o ewyllys da, heddwch yn ein byd a heddwch – a feiddiem feddwl amdano? – yn ein hoes.

Er hyn oll, roeddem am groesawu 1945 gyda gwên. Oni fyddai'r Rhyfel drosodd cyn y Calan nesaf? Wedi blynyddoedd o ddagrau ac anobaith, roedd angen ychydig o olau.

Roeddem yn y barics yn Allenby yn Jerwsalem (casgliad anferth o unedau milwrol a phob dim rhyfela arall) ac roedd dawns i'w drefnu, dawns arbennig iawn. Roeddem wedi sicrhau gwasanaeth band gwych o offerynwyr a oedd wedi dysgu'u crefft gyda'r hwyr cyn y Rhyfel yn ninasoedd y Balcanau; cymysgedd ryfedd o ffidlwyr (Iddewon a Sipswn yn bennaf) a thrwmpedwyr o dras a ffyddlondeb amheus. Ta waeth. Roeddynt wedi ffoi rhag yr Almaenwyr wrth iddynt feddiannu gwlad eu mebyd, yn aml mewn hen gychod gwael ac ar y funud olaf. Wedi'u hynysu yn y

Dwyrain Agos, daethant at ei gilydd i ffurfio band ac ennill eu tamaid drwy greu adloniant i filwyr a sifiliaid fel ei gilydd. Roedd Band Menashke wedi ymgartrefu yn Haifa, o fantais fawr i ni bobl ifainc y blynyddoedd hanesyddol hynny. Testun balchder oedd dawnsio i Fand Menashke cyn hyd yn oed gadael yr ysgol.

Roedd y neuadd (a arferai weld cyfarfodydd milwrol cyfrin) wedi'i chlirio o gelfi a ffeiliau'r Fyddin; tynnwyd y mapiau o'r muriau, yna'u golchi'n lân a'u peintio'n lliwgar a di-chwaeth, ac addurnwyd y cyfan ar gyfer derbyn y cyhoedd a wisgai'u dillad gorau. Roedd y pwyllgor wedi penderfynu *nad* oedd hawl gwisgo lifrai; felly dyma flas bach o hyfrydwch y bywyd sifil a oedd i ddod.

Fel sêr Swyddfa Addysg y Fyddin, roeddwn i a'm cydweith-wyr wedi ein dewis i drefnu'r 'Digwyddiad' gan roi'r gorau i'm swydd ddyddiol o arddangos Diwylliant (gyda D fawr!) i ddyn-ion a merched croengaled y Fyddin. Wrth i ddydd (a noson) yr Achlysur agosáu, edrychem ymlaen, un ac oll, at ben llanw'n trefniadau.

Yn y pen draw, nid oeddwn i fwynhau ffrwyth fy llafur. Rhoddodd y 'peiriant diwyneb' (fy enw i ar fiwrocratiaeth y Fyddin) orchymyn i mi ar ran Pencadlys Cyffredion Lluoedd y Dwyrain Canol yn Cairo i fynd i farics Kaser-el-Nil yn y ddinas honno yn gynnar ar brynhawn Dydd Calan. Hen dric brwnt os bu un erioed! Prin oedd gennyf yr amser i ysgrifennu ymddiheuriad am f'absenoldeb. Ar frys, cefais archwiliad gan y Swyddog Meddygol ar gyfer fy nhystysgrif 'FFI' (*Free From Infection*), yna darbwyllais y *Dhobie* i olchi fy nillad i cyn rhai pawb arall. Roedd y *Dhobie* yn y barics yn Allenby yn gyfaill da a ffyddlon, felly nid oedd hir i aros cyn cael fy nillad glân. Er taw *serge* y gwisgwn yn y gaeaf, roedd angen fy sgert, siaced, rhyfelwisg, crysau a theiau'n lân ac wedi'u smwddio.

Wedi cael y dillad glân a'u pacio, cael a chael oedd hi i ddal trên y prynhawn, yr *express* araf i brifddinas yr Aifft.

Wrth bwyso a mesur manylion bywyd merch ifanc yn y Fyddin, dyma geisio dal awyrgylch y cyfnod. 'Rhyng-gyfnod' ydoedd: roedd y Rhyfel wedi symud i Ewrop, gan adael Camlas Suez a'r cyffiniau yn ddiogel o fwledi a dyheadau'r gelyn. Nid oedd heddwch o bell ffordd rhwng y Prydeinwyr ym Mhalesteina (sef y

Grym Mandad o hyd) a'r *Yishuv* (Iddewon y wlad), ond eto roedd elfen o frawdgarwch, hyd yn oed peth ewyllys da rhwng y ddwy ochr. Cyfnod o dawelwch rhag anghydfodau'r gorffennol a stormydd y dyfodol i ddod. Roedd yn hwyl i fi – fel un o'r 'tu fewn' yn eu gwylio tra oeddwn yn un o'r 'tu allan' o ran fy nghalon – i weld ffyrdd meddwl y Prydeinwyr a reolai o ran arferion a blaenoriaethau ac ati.

Ar y trên roedd milwyr ar eu ffordd i Port-Said ac Alecsandria er mwyn ymuno â llongau i'w dychwelyd i *Blighty* cyn eu trosglwyddo i unedau ymladd. Roedd y Swyddfa Ryfel wedi penderfynu y byddent o fwy o werth yn Ewrop, a chan fod nifer ohonynt eisoes wedi meddwi, nid oeddwn yn edrych ymlaen at y siwrnai. Ond roedd ffawd o'm plaid, oherwydd ar yr un trên â minnau roedd Yael Weizman a'i gŵr, uwchgapten gyda'r Peirianwyr Brenhinol – apwyntiwyd ef fel Swyddog *Royal Transport* am y dydd.

Chwaer Yael oedd Ezer, hen gyfaill i mi, ac felly cynigwyd yr ystafell nesaf i'r pâr priod i mi, a hwythau ar eu mis mêl mewn gwirionedd. Cefais wahoddiad ganddynt i rannu pryd o fwyd ac i groesawu'r Calan yn eu cwmni. Albanwyr oedd nifer o'r milwyr meddw ar y trên, ac roedd yr uwchgapten – Albanwr sobor – wedi penderfynu f'amddiffyn rhag sylw ei gyd-wladwyr. Diolchais yn fawr iddo!

Cawsom noson hyfryd, barchus. Gan nad oeddwn yn gyfarwydd â diod, ffugiais flinder ar ôl prin lwnc o'r gwydr, ac euthum i'r gwely gan gysgu'n bell i mewn i'r bore, pan gyrhaeddodd y trên orsaf fyrlymus Cairo. Ac roedd yn arllwys y glaw! Prin yw glaw mân yn Cairo, heb sôn am law trwm. Syllem yn anghredadwy – beth nesaf?

Roedd ochr draw'r sgwâr o flaen yr orsaf dan ei sang gyda *fiacres* gwlyb iawn, yn gollwng siŵr o fod, gyda'r ceffylau mor wlyb i'w croen fel y troent eu pennau'n anghyffyrddus i bob cyfeiriad. Nid oeddent yn gyfarwydd â glaw, er gwaethaf y rhyddhad rhag y gwres llethol. Ond sut i gyrraedd y *fiacres* ar ochr arall y sgwâr? Wrth eistedd ar y trên yn ystyried y broblem drwy ffenestri'r trên, gwelsom y porthorion yn cael diwrnod i'r brenin! Dyna oedd yr ateb gorau – yr unig ateb. Nid oedd yn gyfforddus nac yn barchus, ond doedd dim dwyffordd amdani ond i ni gael ein cario ar gefnau'r porthorion, ac aros yn y *fiacres* tila wrth iddynt fynd yn ôl am ein bagiau – gan obeithio'n ddirfawr na fyddent yn diflannu gyda nhw.

Roedd barics Kaser-el-Nil, a godwyd gan y Twrciaid pan oedd yr ymerodraeth Ottoman ar ei hanterth, yn lle anferth, anniben a hyll a amgylchynai sgwâr mawr. Lle digon digalon hyd yn oed yng ngolau'r haul, ond yn ganmil gwaeth yn oerfel annisgwyl Ionawr – ac nid oedd stôf i'w gweld yn unman.

Doedd dim dewis ond ymolchi yn y dŵr rhewedig, newid i'n lifrai glân, cael cinio cyflym a di-nod, yna cyflwyno'n hunain yn ôl y gorchmynion – roedd dros ddeugain ohonom. A beth oeddem yn ei wneud mewn hen farics Twrciaidd wrth afon Nîl ar galan mis cyntaf y flwyddyn newydd?

Nid dyma oedd fy nhro cyntaf yn yr Aifft, ond roedd gweld y ddinas mewn amgylchiadau anghyfarwydd o law a chymylau wedi fy nhaflu oddi ar echel gyfarwydd. Ond prin oedd cyfle i adael y barics, heb sôn am ymweld â'r mannau enwog. Gwaith llawn-amser oedd cael ein dewis (neu beidio yn achos rhai) ar gyfer yr OCTU (*Officer-Cadet Training Unit*). Nid ein dewis ni oedd hyn, ond cael ein hargymell gan eraill dienw, ac nid oedd syniad gennym ychwaith beth yr oeddem wedi'i wneud i haeddu'r anrhydedd hon. Roedd rhaid i ni brofi'n gwerth: asesiad IQ, archwiliad seicolegol, annerch ar fympwy ar destun wedi'i dynnu o het, datrys 'sefyllfa' arweinyddiaeth amrywiol, arholiadau diddiwedd ar bob testun dan haul o ddewis anrhagweladwy'r Bwrdd, ynghyd â llwyth o ffurflenni i'w llanw'n fanwl, gan roi hanes ein bywyd o'r groth ymlaen . . .

Ac felly y bu, dydd ar ôl dydd, nos ar ôl nos – gwaith llawn-amser gydag ond amser i fwyta, cael cawod a noson fer o gwsg trwm.

Diolch i'r drefn, nid oedd rhaid i ni ddrilio gyda'r wawr ar sgwâr gwyntog Kaser-el-Nil; penderfynwyd (yn gywir) gan ein bod o Sarafand – sef *y* gwersyll hyfforddi ar gyfer recriwtiaid ym Mhalesteina – ein bod wedi ein hyfforddi eisoes ar sut i orym-deithio'n drefnus.

Roedd y system o ddethol yn syml. Ar unrhyw adeg, ac am ba reswm bynnag, byddai'r rhai hynny a farnwyd yn anaddas yn cael eu hanfon yn ddiseremoni yn ôl i'w hunedau. Ni ddywed-wyd hyn wrthych, felly roedd wastad torf wrth yr hysbysfwrdd wrth Ystafell yr Ysbytÿwr. Os oedd eich enw o dan RTU (*Return to Unit*), yna disgwyliwyd i chi gasglu'ch pas a'ch tocyn teithio drannoeth. Heblaw am hynny, aeth bywyd yn ei flaen – yn gwbl ddi-ffws a diffwdan.

Roedd cyfaill ysgol i mi, Tami Shoham, wedi dychwelyd o Loegr ar gyfer y cyn-OCTU. Fel fi, roedd Tami yn Sarjant mewn Addysg – ond nid oedd mwy na hynny o debygrwydd rhyngom. Roedd Tami yn Seisnig iawn o ran pryd a gwedd, *sabra* penderfynol oeddwn i. Gan ein bod yn adnabod ein gilydd erstalwm, treuliem dipyn o'n amser hamdden gyda'n gilydd. Roedd yn ddefnyddiol gallu cymharu nodiadau gyda rhywun o gefndir cyfarwydd. Cawsom ein hunain yno tan y diwedd, gydag ond y cyfweliad gwleidyddol i'w gwblhau – doedd dim llawer ohonom ar ôl.

Dros baned o goffi, gofynnodd Tami: 'Sut wyt ti'n mynd i fynd ati efo hwn?'

'Sut wnest ti?' oedd f'ateb. Hen arfer Israelaidd yw ateb cwestiwn gyda chwestiwn yn lle ateb syth.

Gofynnodd Tami: 'Wel, wyt ti *eisiau* comisiwn?' yn ddi-flewyn-ar-dafod fel arfer; er i ni fod yn gyfoedion ysgol, ni theimlwn yn agos ati.

Atebais: 'Na, dim llawer. Rwy'n berffaith hapus yn yr Adran Addysg yn Jerwsalem, diolch, neu ble bynnag y maent yn gweld yn dda i 'ngyrru i. Pam wyt ti'n gofyn?'

Wrth gynnu sigarét, cytunodd Tami: 'Ti'n iawn, mae'n siŵr.'

'Beth amdanat ti?' gofynnais eto.

'Fi? . . . O, mi wrthodais i'r anrhydedd, cyn brecwast.'

Rhewais gyda'r fath ateb annisgwyl, a cheisiais ofyn yn ddi-hid: 'Sut lwyddaist ti i wneud hynny?'

Gwenodd Tami: 'Fel y gwyddost, rwy'n . . .' Damwain oedd ei geni yn Llundain – roedd ei mam yn digwydd bod yno ar y pryd – ac felly roedd yn Ddinesig Prydeinig, ac wedi dioddef herian o'r herwydd ers dyddiau ysgol.

'Ryden ni i gyd yn gwybod beth wyt ti . . . felly?' atebais yn bigog.

'Felly? Mae gen i wybodaeth nad oes gennyt ti â dy fath, ffrind!' Chwarddodd Tami ac fe wnes innau'r un fath.

Dywedais: 'A! Y modd y gwneir pethau yn y "famwlad"? Rwy'n deall. Diolch am y rhybudd.'

Nid oedd diddordeb gennyf mewn dychwelyd i Sarafand i'w lordio hi dros y recriwtiaid newydd – dyna fyddai fy swydd gyntaf wedi derbyn comisiwn. Roedd posibiliadau'r Adran Addysg yn llawer mwy diddorol, rhywle lle gallai staff-sarjant fwynhau manteision swyddogion comisiwn heb y 'malu cachu', os maddeuwch i mi am ddweud hynny, ddarllenydd!

Drannoeth, yn fy nghyfweliad, roeddwn yn barod. Gallwn fwynhau bod fy hunan naturiol, heb geisio creu argraff nac osgoi ateb.

Roedd yn syml iawn.

Nid cyfrinach oedd fy marn am bolisïau Prydain, yn enwedig yn y Dwyrain Canol, ac fe weithiodd.

'Chi'ch dwy yw f'ymgeiswyr gorau,' cwynodd yr Uwchfrigadydd o ochr draw'r ford, 'Pam na allwch chi gadw'ch barn gwrth-Brydeinig yn breifat?'

Gwenais yn edifar, gan wybod nad oedd ganddo'r dewis ond ein datgan yn anaddas ar gyfer Comisiwn y Brenin.

'A fyddai'n well gennych glywed ein celwyddau?' gofynnais yn gyfeillgar.

'Mae hynny'n posiwn, wyddoch chi,' atebodd yr un mor gyfeillgar. 'Rydym yn ymwybodol iawn nad yw ein hymgeiswyr gorau gant y cant ar ein hochr . . .'

Cefais dri diwrnod o ryddid, ac euthum yn syth i amgueddfa newydd Cairo, gyda'i drysorau henebol o aur a cherrig gwerthfawr yn dynodi gogoniant yr hen Aifft i'w gweld unwaith yn rhagor. Cadwyd y trysorau o'r golwg yn ystod yr ymladd yn Anialwch y Gorllewin a fygythiodd y ddinas.

Gwelais yr amgueddfa cyn y Rhyfel ar ymweliad ysgol i Cairo gyda'n tîm pêl-fasged. Bellach yn hŷn ac efallai'n gallach, roeddwn am edrych yn fanylach – efallai na fyddai cyfle arall. Erbyn hyn disodlwyd y gaeaf gan dywydd heulog cynnes.

Ac wrth y fynedfa roedd fy hen gyfaill ffyddlon Yasha Sobol, er nad oeddem yn gyfeillion gwleidyddol. Fel ei dad a'i ddau frawd, roedd Yasha yn aelod ffyddlon o *Etzel*, cangen aden dde ddirgel o *Beitar* (yr aden wleidyddol) – heb fod yn annhebyg i gyfuniad gogledd Iwerddon o wleidyddiaeth trais-a-phleidlais – ac felly'n annerbyniol i fwyafrif y boblogaeth.

Treuliodd Yasha a minnau oriau yn dadlau cywirdeb ac anghywirdeb (yr olaf yn bennaf, yn fy marn i) ei ddelfrydau, gan alw'n gilydd yn bob math o enwau anghwrtais. Ar wahân i'w obsesiwn parhaol â gwleidyddiaeth, roedd Yasha a finnau'n gyfeillion; fel yr oedd ein rhieni, a adnabu ei gilydd yn ifainc yn Odesa'r Wcrain.

Yn dal ac yn denau, a wastad yn gwenu, roedd gan Yasha doreth o chwedlau llenyddol, a gallai adrodd cyfrolau o farddoniaeth mewn sawl iaith. Fel cydymaith doniol nid oedd ganddo ond ychydig o wendidau – ond rhai pwysig. Yn bennaf oedd ei gredo unffurf, ac yn ail ei obsesiwn gyda fi. Roeddem yn cytuno ar y cyfan, er bod cyfnodau o 'beidio siarad' . . .

'Wel wel!' meddai Yasha Sobol. 'A beth sy'n dod â ti i'r ddinas ddrwg hon?'

Dywedais wrtho am y cyn-OCTU, 'A tithau?'

Esboniodd Yash iddo adael fy 'hen gwmni' drwy ymuno â'r fyddin Brydeinig, yn erbyn ewyllys ei dad. Roedd ag amser rhydd cyn cael ei anfon i'r Eidal.

'Pam nad est ti adref?' gofynnais yn hallt.

'Mae'n rhy bell dim ond am dri diwrnod . . . Ble wyt ti'n gorsafu?'

Anwybyddais y newid pwnc, nid oeddwn am iddo deimlo'n anghyffyrddus y noson cyn iddo adael.

Deallais fod Yasha mewn gwersyll tramwy yn Port-Said yn disgwyl y llong. Roedd y ddau ohonom ag amser rhydd, felly dyma benderfynu ei dreulio gyda'n gilydd, gan deithio i Port-Said efallai. Tair blwydd oed oeddwn pan oeddwn yno ddiwethaf. Byddwn yn cymryd y trên yn ôl i Jerwsalem o Port-Fuad, man mwyaf deheuol Anialwch Sinai.

Pam y cytunais i briodi Yasha, ddealla i fyth. Wrth edrych yn ôl ar y digwyddiadau rhyfedd a ddilynodd fy rhyddhad o farics Kaser-el-Nil, rwy'n rhoi'r bai yn llwyr ar wres diysbaid y dyddiau a'r wythnosau blaenorol. Barics Kaser-el-Nil oedd yr agosaf y bu'r un ohonom at garchar. Yn wir, roedd rhannau o'r adeilad fel daeargell.

Treuliodd Yasha a minnau ddiwrnod rhydd a hyfryd yn Cairo, yn cynnwys ciniawa yng ngwesty'r Sheperd moethus, cerdded pontydd y Nîl, ymweld â'r sw, chwarae tenis yng nghlwb Gezira, a dringo'r pyramidiau. Yna te bach yn Gropy's, gyda'i theisennau hufen anferthol arbennig – mewn gair chwarae'r twrist.

Ceisiais anwybyddu'r arwyddion cynyddol yn ymddygiad rhamantus Yasha. Awgrymais gymryd y trên araf i Port-Said hyd yn oed, yn y gobaith y byddai hynny'n oeri'i chwantau, ond yn ofer. Trodd Yasha yn ddagreuol iawn, er mawr cywilydd i mi. Ar fympwy, dywedais y byddwn yn ei briodi, ac ar yr un pryd, teflais ei becyn olaf o sigaréts allan drwy'r ffenest.

'Pryd?' gofynnodd yn eiddgar, gan chwilio'n ofer yn ei bocedi.

'Drennydd, mae'n siŵr, sef diwrnod olaf fy seibiant,' atebais yn ysgafn, ond gan ddifaru fy nifaterwch.

Cytunais i briodi Yasha gan wybod y byddai'n mynd ymhen dim, am gyfnod hir yn fwy na thebyg. Doedd hyn ddim yn argoeli'n dda.

Dywedodd 'O . . .' a dim mwy, gan ddeall na fyddai bron dim amser gyda'n gilydd.

'Ond bydd rhaid cael caniatâd yn gyntaf . . .' ychwanegais yn ymarferol.

'Dim problem i fi,' meddai, gan fethu penderfynu a oedd hyn yn fater gwg neu wên. 'Beth amdanat ti?'

Yn hytrach nag ateb, dywedais, 'Mae un peth arall, mae'n rhaid i ti drefnu ystafell mewn gwesty yn Port-Said ar gyfer heno.'

Druan bach, doedd ganddo ddim dewis ond goddef fy mympwy. 'A finnau i fynd yn ôl i'm lluestfa?' gofynnodd yn dawel. Gwyddai fy mod o ddifrif.

Roedd *rhaid* cael caniatâd i briodi; y Fyddin oedd meistr ein corff a'n henaid. (Yn ddiweddarach, wrth i Jonah a minnau baratoi i briodi, darganfuom fod ffordd o gwmpas y rheol.)

Roedd Yasha yn eithriadol o siomedig . . . a dweud y lleiaf! Nid oeddwn i'n gallu mynd yn ôl ar fy ngair, felly gwnes y peth gorau nesaf: ceisiais newid meddwl Yasha drwy greu hanner-gwirion-eddau drwg am fy nghymeriad ac ymddygiad, felly ni fyddwn yn wraig addas! Ond yn ofer . . .

'Ni chefais gamargraff ohonot,' oedd ymateb annisgwyl Yasha, hyd yn oed iddo ef ei hun.

O'r diwedd, cyrhaeddom pen y daith. Ond roedd pob gwesty – o'r gorau i'r gwaethaf – wedi bolltio pob drws am y nos rhag meddwon a chymeriadau *wir* annymunol.

Fel porthladd llewyrchus, roedd Port-Said yn enwog ymysg rhai heglwyr – nid y lle gorau i fod am un y bore. Nid oedd dewis ond chwilio am ystafell yn ardal 'coch' y ddinas. Nid oeddwn yn hapus.

Gan gyflwyno fi fel ei ddyweddi (ni sylweddolais hynny'n gynt), mynnodd Yasha weld yr arlwy. Rhaid oedd cael ystafell gyda baddon, ar y llawr uchaf, a byddai'r unig allwedd yn aros gyda fi.

'Bydda i'n ôl gyda'r wawr,' rhybuddiodd Yasha'r perchennog cysglyd, 'ac os bydd unrhyw ddwli,' dangosodd ei chwe throedfedd a dwy fodfedd militaraidd, 'mi fydd yna le yma!'

Trefnom i gwrdd amser brecwast ar gyfer parhau gyda'r trefniadau. Ysgydwon ddwylo (nid oeddem wedi cusanu), cloais drws yr ystafell ddwywaith drosodd yna sefais wrth y ffenest a gwylio Yasha yn cerdded oddi wrthyf.

Cefais gawod a choffi (rhan o'r gwasanaeth) ac es i'r gwely ar gyfer yr hyn oedd yn weddill o'r nos.

Dihunais yn sydyn.

Roedd rhywun yn curo ar ran uchaf y drws. Nid oeddwn wedi sylwi mai drws stabl ydoedd, gyda'r rhan uchaf heb glo. Yr oedd yn anodd i'w gyrraedd hefyd. Clustfeiniais a sylweddoli taw ffon oedd yn curo'r drws. Gan fy mod yn gymharol ddiogel yn fy lloches amheus, gwyddwn na fyddai rhagor o gwsg i mi pe bai'r sŵn tu fas yn parhau.

'Beth wyt ti'n ei wneud yma?'

Yn ôl ei air, roedd Yasha yn y cyntedd gyda'r wawr. Edrychais o gwmpas a dod i'r farn taw crair o'r gorffennol mwy bonheddig oedd y gwesty amheus; roedd y cyntedd yn eithaf mawreddog ac mor wahanol i statws amheus presennol y lle.

Roeddwn wedi bod yn eistedd tu ôl y ddesg ers dwy awr, oherwydd fod gormod o ofn arnaf i ddychwelyd i'm hystafell.

Ni ddywedais ddim, dim ond edrych ar Yasha gyda llygaid blinedig.

'Gest ti ddim cwsg?' gofynnodd ar ôl syllu arna i.

Syllais yn ôl yn gadarn, heb gredu gormod yn y gofal oedd yn ei lais.

'Ie, rwy'n gwybod bod golwg ofnadw arna i,' gwatwarais ef. 'Felly? Mae apwyntiad gwallt gyda fi ar ôl brecwast . . .'

'Ond beth *ddigwyddodd*?' gofynnodd Yasha eto, gan syllu arnaf heb ddeall.

'Mae'r lle yma'n *wallgof*, os oes rhaid i ti gael gwybod. Dyna beth sydd o'i le. 'Dwy ddim eisiau siarad am y peth. Rwy eisiau bwyd, wyt ti?' Daeth y perchennog allan o'i gwtsh, wedi'i ddihuno gan y ffrae, a mynnais wybod a oedd brecwast yn barod.

Gan lygadu'r creadur anniben, ategodd Yasha, 'Ateba'r ferch, wnei di? Glywaist ti'n iawn! Neu oes raid i mi alw Heddlu'r Fyddin?' Gyda'r fath berfformiad awdurdodol, Yasha ddylai fynd i OCTU, nid y fi.

'Ar unwaith, Corporal!' atebodd y perchennog cysglyd, gyda'i lygaid yn gwibio mewn ofn. 'Af i baratoi, Corporal . . .' meddai ar frys, gan barchu'r stribyn ar lewys Yasha.

'Paid â thrafferthu!' mynegais wrth sefyll. 'Dere mas o'r twll yma. A phaid talu. Does gan le fel hyn ddim hawl i'r enw "gwesty", waeth pa mor isel ac amharchus ydyw.' Codais fy falîs, ac allan â fi trwy'r drysau troi i haul hyfryd y bore, gyda Yasha'n dilyn.

Er nad oedd yn deall, gwyddai Yasha'n well nag i'm holi rhagor am fanylion. Doedd dim chwant arnaf i drafod digwyddiadau'r nos, yn bennaf oherwydd nad oeddwn yn eu deall fy hun. Roeddwn wedi dianc, dyna'r cwbl, ac roedd hynny'n hen ddigon.

Wrth edrych yn ôl, gwn taw profiad seicadelig ydoedd, boed yn ffrwyth dychymyg ai peidio.

Oedd e wedi digwydd?

Efallai fod rhywbeth yn y coffi a yfais cyn cwympo i gysgu. Efallai nad oedd dim byd wedi digwydd. Wn i ddim hyd heddiw ond . . . *roedd rhywun yn curo ar y drws.* Rwy'n sicr o hynny. Pwy bynnag oedd y creadur, rwy'n sicr iddo weithredu mewn ffydd a gobaith – os dyna'r ymadrodd cywir! Wedi'r cyfan, roedd person oedd wrth ei hun mewn gwesty yn awgrymu ei bod 'ar gael' . . . efallai am dâl. Byddai dod o hyd i ddrws cloëdig yn groes i ddisgwyliadau ardal porthladdol fel hon, felly fe fyddai'n naturiol yn protestio yn erbyn y drws caeëdig.

Wrth bendroni yn fy ngwely sylweddolais yn sydyn fod rhywun yn syllu arnaf uwch fy mhen. Neidiais ond fe'm dallwyd gan olau fflachlamp.

Gan ddilyn rhesymau'r mewnfudwr unwaith eto, o ddarganfod merch wrth ei hun, fyddai dim dewis gyda bachgen rhwystredig ond torri ei ffordd i mewn, neu o leiaf gyhoeddi'i bresenoldeb.

Gan gydio yn fy kimono, diflannais i'r ystafell molchi lle roedd fy nillad ers y noson cynt gan i mi fod yn rhy flinedig i'w plygu dros gadair ar ôl dadwisgo. Gwisgais yn gyflym, a chan boeni, dychwelais i'm hystafell. Gyda golau gwan y fflachlamp, teflais bopeth i'r falîs, a daliais yn dynn yn fy AB (*Army Book*). Rhaid oedd cario Llyfr y Fyddin AB64 drwy'r amser, meddai'r rheol, gyda chosb pe bai'n syrthio i ddwylo ysbïwyr.

Roedd y curo ar y drws yn ddi-baid, ac yn gwaethygu.

Eisteddais ar y gwely, yn aros fy nghyfle. Doedd dim syniad gen i am faint yr arhosais felly, bron heb anadlu a heb symud blewyn.

Yn sydyn, daeth golau ymlaen yn y coridor, a datguddiwyd person tal (ar gadair mae'n rhaid) wedi'i wisgo i giniawa, gyda sgarff wen wedi'i chlymu'n rhydd o gwmpas gwddf tew, gwallt cyrliog llwyd, wyneb croenddu gyda llygaid cas yn syllu arnaf. Dangosodd y grechwen (nid gwên ydoedd) ddannedd miniog ac anwastad. Roedd golwg y llygaid yn annynol. Ni welais y fath olwg ar neb cyn nag ar ôl hynny.

Roedd y rhith mor debyg i hunllef, ond roedd yn *rhy* arbennig, yn rhy gofiadwy.

Syllom at ein gilydd ar draws y bwlch. Gweddïais fod bwlch ucha'r drws yn rhy gul iddo wasgu drwyddo.

Nid golygfa bob dydd oedd yr anghenfil hwn. Ond doedd dim dwywaith ei fod *yno*.

Nid wy'n cofio am faint o amser yr oeddem wedi rhewi felly, fel ffigyrau gwêr. Byddai sgrechian yn dda i ddim, a holais fy hun a oedd yr ymweliad yn gosb am gamarwain Yasha gydag addewid o briodas.

Byddwn yn ei ystyried maes o law. Cyn hynny, rhaid oedd dianc o'r ystafell – rywsut.

Yn sydyn, diffoddodd y golau, gyda'r ystafell mewn tywyllwch croesawgar ac amddiffynnol unwaith eto. Cyn hir, daeth fy llygaid yn gyfarwydd â'r gwyll.

Disgynnodd rhywbeth wrth fy nhraed. Adnabûm ef yn syth. Roedd fy nhad wastad yn smygu sigaréts *555 State Express* allan o duniau o hanner cant. *Oeddwn* i'n breuddwydio?

Efallai fy mod. Nid oeddwn yn poeni bellach.

Mae'n rhaid fy mod wedi cysgu yn plygu dros fy magiau, efallai am eiliadau, efallai'n hirach. Pan agorais fy llygaid, doedd neb wrth y drws. Pecyn cardfwrdd du o sigaréts *Player's* oedd y tun crwn bellach. Roedd y tawelwch yn annioddefol.

Rhuthrais i ddianc o'r ystafell, gan faglu i lawr y grisiau heb garped a gwthio fy ffordd i'r dderbynfa. Gorchmynnais y perchennog i adael, *fi* oedd yng ngofal y siop nawr. Cytunodd ar unwaith, roedd angerdd fy llais wedi codi ofn arno.

Yn y fan honno, a dim ond yn y fan honno, y teimlais yn ddiogel, er bod fy nghalon yn curo'n wyllt, fy nwylo'n crynu a'm tafod yn sych gan ofn. Doedd neb wedi cyffwrdd â mi – ac roeddwn mor ddiolchgar am hynny.

Gyda rhyddhad, daliais y trên hwyr yn Port-Fuad, gyda Yasha'r ffyddlon yn canu'n iach.

'Fyddai pethau fyth wedi gweithio,' dywedais yn rhesymol, 'maddau i mi, os gweli di'n dda . . .'

Yn anobeithiol, ni allai Yasha ddweud dim.

'Wel, rwy *yn* mynd i ffwrdd wedi'r cwbl, falle nad oedd cystal syniad â hynny. Mae'n debyg y bydd rhaid i ni aros?'

Ni allwn oddef y fath obaith, ond nid oedd y galon gennyf i'w amddifadu o'i optimistiaeth. 'Bydd Yasha yn cwrdd â rhywun ac yn anghofio amdana i,' ailadroddais wrthyf fy hun.

'Pob hwyl,' sibrydais gyda chywilydd wrth i ni ffarwelio.

Sefais wrth y ffenest am amser hir ar ôl i'r cysgod tal a thrist fynd o'r golwg.

Nid oeddwn wedi sôn wrth Yasha am 'Paganini' (yr enw a roddais ar f'ymwelydd hwyrol), ac ni fyddwn yn gwneud hynny ychwaith.

Cyfieithwyd gan Leigh Verrill-Rhys.

Cymry Eraill ar Wasgar

~

Mair Williams

Digon hawdd dod o hyd i Gymro neu Gymraes mewn torf. Dim ond gweiddi 'Taff!', ac oes oedd 'na un o Gymru yn y cyffiniau, roeddech yn siŵr o gael ymateb. Wedi ymuno â'r ATS a chael pob pigiad posib yn y chwe wythnos o uffern a alwyd yn *Primary Training and Selection*, dyma bedair ohonom yn cael ein gyrru i'r Eil o' Man i wneud cyrsiau arbennig ar gyfer gwaith cyfrinachol efo'r Swyddfa Ryfel. Wel, dyma ni'n pedair, bwndeli *khaki* o'r corun i'r sawdl, testun tosturi, yn cael cryn drafferth i ddod o hyd i le ar y trên yn Crewe. *Kitbags*, helmedau, masgiau nwy – o! am gael chwythu i'r Eil o' Man mewn padell ffrio . . . wel . . . Be i'w wneud? Gwaeddais 'Taff! Taff!' – ac ar y floeddiad, dyma hanner dwsin o bennau'n troi ata' i a help parod wrth law. Fe gawsom seddi a brechdanau, te a hwyl iawn yn eu cwmpeini. Fe weithiodd alw'r arwyddair yn ddi-ffael imi dros Ewrop gyfan yn ystod y tair blynedd nesaf.

Yn ôl i'r Eil o' Man. Bu gwneud Addysg Gorfforol, nofio, achub bywyd ac yn y blaen yn rhan o'r cwrs yn naturiol, yn cydredeg efo'r cwrs cyfrinachol. Ymunais â'r Clwb Athletau hefyd, gan fod y pen-arweiniwr yno'n digwydd bod yn Gymro hardd iawn! Gwae fi! Roedd yn benderfynol i Gymraes fach ragori ar bawb yno, a bu raid imi neidio a dringo fel mwnci. Un noson fyth-gofiadwy, dyma fe'n penderfynu cynnal sioe o '*Flying Angels*' – ac i fyny ac i fyny â mi at *spring board* rhywle'n agos at nenfwd y neuadd.

'Neidia fel wennol, hanner *somersaults* ac ati, a landia ar y *cocomatting* yn daclus. Tyrd â'r sbectol 'na imi'i dal,' medde fe'r 'arwr'.

Iawn iddo fe – ond heb y sbectol roeddwn mewn niwl tew, a

methu gweld y *cocomatting*. Mi neidiais fel wennol ac ati, ond yn lle landio ar y mat, dyma fi'n landio ar wrestler blewog! – a'i nocio allan! 'Diawl! Uffern!' medde fe'r wrestler – a minnau'n ebychian, 'Nefoedd annwyl!' Dyma Gymro arall – a hwyl iawn i'w gael gydag ef hefyd. Aeth y stori ar led hyd yr ynys, a daeth 'na ddau o hen ffrindiau Coleg Aberystwyth draw i'r Clwb, yn ffyddiog mai fi oedd y ferch dan sylw, gan iddynt glywed fy mod ar yr ynys. Grêt!

Deuthum ar draws Cymry eraill o ddiddordeb ond rhaid cyfaddef i mi fethu â'u cyfarfod yn y cnawd. *Radio Monitors* oedd ein gwaith, grŵp y Swyddfa Ryfel, a digonedd o bobl gyda gynnau a chŵn yn ein gwarchod.

Wedi diwedd y Rhyfel yn Ewrop, fe wnes *Jungle Morse* y Japaneaid, a Morse Rwsia ac ati, felly roeddwn yn cael 'archwilio' tonnau radio'r byd. Un noson fe ddaeth galwad o *Control* i fonitro rhywle newydd – *'a very very fast sender'*. Mi gefais y gwaith o gymryd y signals, a chlerces wrth f'ochr yn cael y *signal-pads* a'r *carbons* yn barod i mi. Whew! Roedd y boi yna gystal ac yn gyflymach na'r Japaneaid! Wrth sylwi ar gymaint o lafariaid oedd yn y neges, fe roes rwydd hynt i'm pensel.

A dyma'r bensel yn trosglwyddo *Cymraeg* i'r pads! Tebyg mai aelodau o'r *Special Languages Units* oedd y gyrrwr a'r derbynnydd – bu defnyddio llawer o Gymry yn yr unedau arbennig, a siaradwyr y Gaeleg hefyd. Tybed oedd ganddynt ryw syniad bod 'na Gymraes fach â hiraeth fel rwdins yn rhedeg i lawr ei bochau wrthi'n dehongli'r sgwrs rhyngddynt y noson honno? Rwy'n cofio un frawddeg yn arbennig – y gyrrwr yn sôn am ryw ferch yn 'gymorth hawdd ei chael mewn cyfyngder'. Tipyn o dderyn, felly! I gloi'r stori, ysgrifennais dros y pads *'Very friendly Welshman'* a'u gyrru nhw at y *Control*.

Mi gefais neges yn ôl gan *Control*: 'Diolch yn fawr iawn!'

Mae Bod yn Fyw yn Fawr Ryfeddod
Pennod 9 o'r nofel

~

Fflorens Roberts

. . . Wedi'r ffarwelio eisteddodd Nerys yn y coridor. Gwyliai'r staff yn mynd a dod wrth iddi ddisgwyl am y Sister oedd yn gyfrifol amdani. Aeth ei meddwl yn ôl i'r amser hwnnw pan ddisgwyliai am Sister Price yn Sant Nefydd. Arswydai wrth gofio am y newid oedd wedi digwydd iddi hi a'r byd yn gyffredinol. Cyrhaeddodd ei nod, sef bod yn nyrs yn dilyn pedair blynedd o lafur caled, er bod y byd oddi allan wedi mynd o'i bwyll, yr holl ladd a marw. Ac i beth? – i fodloni mympwy un dyn. Prysurai'r nyrsys heibio fel ar ddechrau ei gyrfa, heddiw siglai masgiau nwy oddi ar eu hysgwyddau.

Daeth y Sister i'w chyrchu yn y man: 'Rwy'n gweld fod eich masg nwy gennych. Peidiwch â chyffroi pan glywch sgrech y seiren, rhybudd ydyw y bydd cyrch awyr ar ddigwydd hwyrach. Yna pan fydd y perygl drosodd daw sŵn hir main o'r hwter, dyna'r rhybudd "cwbl drosodd". Fe'ch gelwir am saith y bore, brecwast am hanner awr wedi saith a chludiant wedi ei drefnu i fynd â chi i'r ysbyty, ac mae eisiau i chi roi cyfrif ohonoch eich hun yn Ward C1. Dyma eich gwisg erbyn y bore a pheidiwch ag anghofio eich masg nwy, rhag ofn.' Dangosodd yr ystafell fwyta a'r lolfa iddi.

Daeth yn ôl ac ychwanegu, 'Bydd swper am wyth o'r gloch yn yr ystafell fwyta.'

Nid oedd Nerys yn rhy siŵr a oedd i gludo'r masg i'r ystafell fwyta ai peidio, ond tybiai y byddai yn edrych yn fwy tebyg i'r staff wrth ei gludo.

Pan gyrhaeddodd yr ystafell fwyta petrusodd ble i eistedd. Cododd un o'r nyrsys ei llaw arni.

'Hei, dewch i eistedd wrth fy ochr i. Dwynwen Hughes ydw i.'

'Diolch yn fawr, Nyrs Nerys Pugh ydw innau.'

'O ble?'

'O Sir Aberteifi. Ysbytai Sant Nefydd a Choed y Brenin, Abertawe.'

'A minnau o Ysbyty Aberystwyth. Pa rif ydi'ch ystafell?'

'Rhif naw.'

'Ar ôl gorffen swper af â chi yno, yn rhif deuddeg ydw i, bron gyferbyn. Cofiwch ddod drosodd os ydych am wybod unrhyw beth ynglŷn â'r lle 'ma.'

'Diolch yn fawr, Dwynwen.'

'Well inni fynd i orffwys cyn i'r seiren ein deffro. Ni fu angen mynd i'r seler hyd yma.'

Cydgerddodd y ddwy tuag at eu hystafelloedd.

'Dyma chi, Nerys, cysgwch yn dawel – os medrwch chi'r noson gyntaf fel hyn.'

'Nos da, Dwynwen, a llawer o ddiolch unwaith eto.'

Teimlai'n unig iawn.

Aeth i'w gwely yn syth a chyn pen dim roedd yn cysgu'n drwm.

Yn oriau mân y bore deffrodd i glywed yr udo mwyaf dolefus yn codi i fyny ac i lawr, fel rhyw fwystfil mewn poenau arteithiol. Yna distawodd y swn a chlywodd furmur pell fel gwenyn di-rif a pom-pom y gynnau mawr yn rhybuddio'r gelyn, mae'n debyg, eu bod ar eu trywydd.

Rhwng cwsg ac effro a hithau'n anwybodol o'r peryglon, gwelai Goed y Brenin, gwyrddni ffres blagur y coed, cân yr adar, llain tir wedi ei orchuddio â blodau, yr haul yn gwenu ac yn taflu cysgod ar yr afon fach a hithau yn cerdded yng nghwmni Caradog. Yna i dorri ar hyn, daeth swn main yr hwter – 'y cyfan drosodd'. Ysbeidiol fu ei chwsg am weddill y noson.

Yn y bore rhoddodd fodrwy Caradog ar gadwyn o dan ei gwisg yn gysur.

Gofalodd Dwynwen fod Nerys mewn pryd i'w brecwast, ac yn ddiweddarach aeth â hi i'r ward a'i chyflwyno i Sister Smith.

'Bore da, Nyrs Pugh, gwell i chi yn gyntaf roi cyfrif ohonoch eich hun i Metron,' yna trodd at Dwynwen, 'Nyrs Hughes, ewch â Nyrs Pugh i swyddfa'r Metron a dowch yn ôl wedyn.'

Roedd y Metron yn wraig fechan o gorffolaeth er y tybiai Nerys nad oedd ei maint yn tynnu'r mymryn lleiaf oddi wrth ei phersonoliaeth gref. Gan ei bod yn edrych allan drwy'r ffenestr cerddodd yn urddasol ar draws yr ystafell a gosod ei hun tu ôl i'w desg.

'Bore da, Nyrs Pugh.'

'Bore da, Metron.'

'Beth a'ch parodd chwi i ddod yma i Lerpwl o heddwch y wlad?' meddai'n syth.

'Fel y gwyddoch roeddwn yn Nyrs-Staff Hŷn yn Theatr Coed y Brenin a Sant Nefydd cyn hynny ac yn awyddus i ymgymryd â chwrs mamolaeth yn yr ysbyty yma, felly gallaf roi cynnig wedyn am swydd Sister Iau yn y Theatr. Hefyd mae gennyf fodryb heb fod ymhell oddi yma.'

'Felly.' Estynnodd ffurflen i Nerys ac arwyddodd hithau'r ddogfen.

'Nid oes gennyf ond dymuno pob llwyddiant yn eich gyrfa. Rwy'n ofni eich bod wedi dewis amser cythryblus iawn. Byddwch yn ofalus. Bendith arnoch.' Edrychodd yn dosturiol arni.

'Diolch yn fawr, Metron.'

Yn ôl yn y ward eisteddai rhai o'r mamau yn rhadlon braf a chwpaned o de yn eu dwylo ar ôl cyflawni'r wyrth ryfeddol honno o roddi genedigaeth, tra edrychai ambell un arall yn dra phryderus wrth i'r etifedd ruo a neb yn cymryd y sylw lleiaf. Gwyddai'r nyrsys yn eithaf da y buasai'r rhai bach yn distewi ond o gael eu codi.

Rhwng y babanod a'r mamau roedd gwaith ar y dechrau'n galed a dieithr a da o beth fod enw'r baban ar ddarn o dâp o gwmpas ei arddwrn neu fe âi ar ei llw y byddai wedi eu cymysgu. Dim rhyfedd yn y byd fod rhai o'r mamau'n anodd eu trin a hawdd eu cyffroi pan ddeuai amheuaeth 'beth petai, beth petase' wrth weld menywod ar eu prentisiaeth yn cymhennu eu hepil bach. Ar y llaw arall gall fod rhybudd cyrch awyr y noswaith cynt a rhoddi genedigaeth wedi atal eu cwsg. Gwelodd Nerys wewyr genedigaeth a llawenydd y mamau wedi'r esgor wrth iddynt fynwesu'r baban. Gwyrth yn wir.

Daeth i arfer â'r cyrchoedd awyr a phan ddeuai angen byddai Dwynwen yn gofalu ei bod yn mynd i lawr i'r seler a addaswyd yn lloches i'r meddygon a'r nyrsys yn y Neuadd.

Yn aml am naw o'r gloch rhoddai Caradog ganiad iddi, ni lwyddodd Hitler na neb arall iddi ganslo'r ychydig funudau prin, a meddai wrthi un tro: 'Beth ddyliet ti? Bûm ym Mhorth Llwchwr ddoe gyda Meredith yn tynnu'r offer oddi ar *Yr Wylan*.'

Ni ddatgelodd fwy, ond gwyddai hi yn ddiweddarach fod *Yr Wylan* yn un o'r cannoedd o gychod bach a gynorthwyodd yn yr ymgiliad o Dunkirk. Oherwydd eu bychander roedd y gelyn yn ei chael yn amhosibl bron i anelu yn union at y smotiau bach oedd yn croesi o borthladdoedd Ffrainc i borthladdoedd Prydain.

'Tybed,' meddyliodd Nerys, 'a oedd y Sefydliad yn Llundain yn sylweddoli'r ing a barai hynny i un fel Mr Meredith drwy iddynt hawlio ei degan. Eto a gredai neb fod y bitw bach yna ymysg llawer yn fodd i achub cymaint o fywydau?'

Ni roddai Nerys y syniad lleiaf i Caradog o'r pryder oedd ym mynwes pobl Lerpwl a nosweithiau lloergan mis Medi ar y trothwy. Treuliai hi ei nosweithiau rhydd yn nhŷ ei Modryb Siân a rhoddodd hynny gysur mawr i Caradog a'i rhieni. Er nid oedd Abertawe chwaith heb brofi'r gyflafan.

Gan fod milwyr Prydain wedi gorfod cilio o Dunkirk a Hitler yn prysur oresgyn gwledydd Ewrop dyma a glywai ar y weirles: 'Mae llu awyr Prydain wedi dechrau o ddifrif ar ymgyrchoedd dros yr Almaen, felly nid oes ond disgwyl dial am hyn gan y gelyn.'

Wrth edrych i fyny ar leuad y 'naw nos olau' sylweddolodd mai'r un lloer a welent yng Nghaer Aeron. Yno caent fedi llond eu hysguboriau yn y llewyrch, yma ffoi oddi wrth ei disgleirdeb i'r cysgodion. Gwyddai Nerys a phawb arall mor sicr ag y torrai'r wawr y deuai'r Lufftwaffe drosodd. Eto nid oedd ganddi ofn. Rhuthro i gyrraedd y Neuadd Breswyl neu'r ysbyty mewn pryd 'cyn y seiren' oedd hanes Dwynwen a hithau. Noson ar ôl noson digwyddai'r rhyferthwy bron i'r funud.

Sylwai ar y bobl yn crwydro'r heolydd â llygaid pwl, eu hwynebau yn ddi-wên. Roedd Lerpwl fel dinas Hamelin, dim clochdar plant yn chwarae, y seiren wedi eu hudo i ddiddosrwydd cefn gwlad Cymru a Lloegr. Ni chlywid chwaith dinc chwerthiniad cariadon. Roedd rhamant wedi gadael y tir. Anelai pawb am lochesau yn y strydoedd. Ni fu erioed gymaint o weddïo am y wawr na chroeso i sgrech y 'cwbl drosodd'. Cerddai bywyd ac angau ochr yn ochr, a bywyd ond megis chwa o wynt.

Ond deuai amser i ymlacio hefyd. Weithiau pan oeddynt ar eu ffordd i ddyletswydd nos ac amser ganddynt byddai cwpl o'r meddygon a Dwynwen a Nerys yn ymweld â'r sinema gyfagos a phawb yno yn ymwybodol fod criw yr ysbyty wedi cyrraedd gan iddynt glywed cloncian eu hetiau dur wrth iddynt ymbalfalu am eu seddau yn y tywyllwch. Edrychid arnynt fel eu hangylion gwarcheidiol.

Gan na chlywid y seiren ynghanol dwndwr y ffilm deuai rhybudd ar y sgrin fod ymgyrch awyr ar ddigwydd. Mewn eiliad byddai'r pedwar allan, yn rhedeg law yn llaw i lawr i'r ysbyty. Weithiau pan welent fflach neu glywed sŵn un o'r mwynau-tir aent ar eu hwynebau. Codent a mynd ymlaen fel pe bai dim wedi digwydd a'u chwerthin braf yn atsain: 'Doedd ein henw ni ddim ar honna.'

Wedi dychwelyd i'r ysbyty, byddai'r mamau i lawr yn y seler a addaswyd erbyn hyn i fod yn ward barhaol, rhai ohonynt mewn gwahanol gyflwr a disgwylid rhagor i mewn. Yn wir credai rhai o'r nyrsys fod y lleuad yn cael rhyw effaith arnynt a disgwylid dylifiad ar noson lleuad lawn, a mwy na hynny tystient fod mwy o fechgyn yn cael eu geni adeg rhyfel. 'Rhyfedd o fyd,' meddyliai Nerys, 'ac ofergoelion nyrsys yn parhau o hyd.' Er hynny roedd yn rhaid rhoi genedigaeth.

Gwaethygodd y gyflafan ar un noson arbennig, a chan ei bod hithau yn gweithio yn y ward oddi tan y ddaear nid oedd yn ymwybodol o'r dinistr aruthrol uwchben a hithau yn dod oddi ar ddyletswydd dydd am naw o'r gloch. Wrth iddi gerdded i fyny tuag at y Neuadd Breswyl roedd cysgodion yn crynhoi ar ôl y machlud, a'r lloergan clir yn dangos targedi i'r gelyn yn fwy pendant na'r haul ganol dydd.

Ei bwriad hi oedd newid o'i dillad swyddogol er mwyn treulio ei noswaith rydd yn nhŷ ei modryb, ond roedd yr Unben Hitler wedi gwneud ei waethaf y noson hon. Sylweddolodd Nerys nad oedd yr hwter wedi swnio'r 'cwbl drosodd' ond cerddodd ymlaen. Rhuthrodd sawl ambiwlans heibio iddi, eu clychau'n datseinio dros y lle a'r peiriannau tân yn ceisio eu gorau i ddiffodd fflamau. Gwelai'r awyr tua'r gorllewin yn waetgoch, pinc a melyn, oherwydd y milltiroedd o danau ar hyd y dociau.

Cyrhaeddodd yn agos i'r Neuadd a'r lle wedi ei wacáu, dim creadur byw yn unman, dim ond tyllau anferth oddi allan a chortynnau o'u hamgylch lle ffrwydrodd y bomiau. Cerddodd fel un mewn llesmair. Gwnaeth ymchwiliad a chafodd wybod o'r diwedd fod posibilrwydd y byddai ei chyfoedion mewn neuadd gyfagos ond ni chanfu neb yno chwaith. Penderfynodd gerdded i dŷ ei modryb, er nad oedd ganddi geiniog goch y delyn yn ei phoced gan fod ei ychydig eiddo yn y Neuadd. Teimlai er hynny fod y byd yn eiddo iddi y noswaith honno. Roedd yn fyw. Diolchodd i'r Hollalluog 'ei bod yn fyw yn fawr ryfeddod'.

Â'r strydoedd wedi eu rhychu gan y bomiau, cerddodd a hanner cwympo bob yn ail nes cyrraedd lloches. Er ei braw gwelodd fod y noddfa honno wedi cael ergyd unionsyth, brics a mortar, llwch a rwbel ym mhobman a'r arogl mwyaf pwdr oedd yn gysylltiedig â bomiau yn yr awyr. Roedd gwŷr yr ambiwlans wedi gwneud eu gorau i'r ychydig oedd wedi goroesi'r drychineb.

Safodd am ennyd mewn cyfyng-gyngor beth i'w wneud nesaf, ai dychwelyd i'r ysbyty ynteu mynd yn ei blaen? Yn rhyfedd iawn cymhellwyd hi gan rywbeth goruwchnaturiol i gerdded ymlaen, 'Rhaid i mi anelu am dŷ Modryb Siân, doed a ddelo. Caradog, Mam a 'nhad, beth ddywedan nhw . . .' Roedd ei thraed ar ddiffygio, cafodd nerth o rywle a'i sbardunodd. Ar yr un pryd clywodd sŵn uwchben, nid pom-pom y gwarchae mo hwnna ond y gelyn yn mynd yn fwy hyf ac yn disbyddu eu cydau.

Bob yn ail â rhedeg ac ymollwng i lawr ar ei hwyneb pan glywai ruthr y bomiau, cyrhaeddodd loches arall. Anfadwaith oedd yn y fan honno hefyd, a mwy nac un ambiwlans yn prysur lenwi goroeswyr a gwirfoddolwyr yn blith draphlith, gwaed a griddfannau a phawb yn rhy brysur i gymryd sylw ohoni hi, er yn sylweddoli fod help llaw ychwanegol wedi cyrraedd. Anghofiodd Nerys gyflwr ei thraed ac am ei Modryb Siân. Roedd greddf y nyrs yn rhy gryf ynddi. Rhoddodd air o gysur i ambell un a chymorth cyntaf i eraill, hynny orau gallai o dan yr amgylchiadau erchyll.

O'r gwyll clywodd lais yn galw, 'Nerys, Nerys.' Ymbalfalodd yn y tywyllwch, ac aeth i gyfeiriad y llais. 'Nerys,' galwodd y llais wedyn. Yno yn swpyn ar y llawr roedd Dwynwen.

'Dwynwen fach!' Aeth ar ei gliniau wrth ymyl ei ffrind.

'Ar y ffordd o dŷ Ann fy nghyfnither bûm yn ddigon anffodus i fod yn darged yn fan hyn i ddarn o sharpnel, ond diolch byth rwy'n fyw . . . fy nghoes! Fy nghoes!'

Cydiodd Nerys yn ei llaw gan sibrwd wrthi ei hun, 'Tybed ai dyma pam y'm cymhellwyd i gerdded ymlaen. Ai cyd-ddigwydd-iad ynteu . . .? P'run bynnag, diolch i'r drefn neu ragluniaeth, dyma fi.'

Yng ngolau'r ambiwlans cafodd olwg ar ei grudd. Nid gwelwder a welai ond y gwyrddni oedd yn nodweddiadol o'r sylffwr yn y ffrwydriad.

Galwodd Nerys ar un o'r cynorthwywyr i ddod i'w helpu. Gafaelodd y ddau'n ofalus ynddi a rhoddodd Dwynwen ei phen ar ei mynwes. Sylweddolwyd ei bod wedi ei hanafu'n ddifrifol. Diolchodd Nerys fod y sioc yn gwneud y claf yn ddiymadferth am rywfaint o amser.

'Perthynas, Miss?' meddai'r gwrda heb sylwi ar wisg Nerys.

'Na ffrind. Af gyda hi i'r Adran Cymorth Cyntaf. Hwyrach y caf ddod yn ôl gyda chi?'

Edrychodd arni'n dosturiol. 'Wrth gwrs, wrth gwrs.'

Ar ôl cyflwyno Dwynwen i ofal meddyg yr Adran a hysbysu'r Sister yn yr ysbyty o'r ddamwain, canfu fod gyrrwr yr ambiwlans yn parhau i ddisgwyl. Wrth ddychwelyd i fyny'r heol cylchdroai'r cerbyd wrth geisio osgoi'r tyllau a'r rhychau, roedd fel pe yn gwau drwy labrinth.

Wedi cyrraedd croesffordd meddai'r gyrrwr, 'Rhaid i mi eich gadael fan hyn, Miss. Rhwydd hynt i chi. Dan eich bendith.' Ac i ffwrdd yr aeth, ei gynorthwywyr ac yntau i gymryd trugaredd ar ragor o drueiniaid a'u bywyd hwythau yn y fantol yn amlach na pheidio.

Roedd y wawr ar dorri a'r nos wedi bod yn hir. O un lloches i'r llall a'r rhyferthwy uwchben yn parhau, llwyddodd i gyrraedd tŷ ei modryb yn ddianaf. Ni allai leoli'r gloch, dyrnodd y drws a phan agorwyd disgynnodd i freichiau Siân Humphrey. Rhoddodd honno un edrychiad arni a'i gosod ar glwth a gorchudd drosti.

Ni chlywodd y seiren yn cyhoeddi 'cwbl drosodd'. Cysgodd tan yn hwyr i'r bore. Deffrodd yn sydyn a dwy fraich Caradog yn dynn amdani. Meddyliodd yn siŵr mai breuddwydio yr oedd. Yna daeth ei Modryb i mewn â chwpaned o de i'r ddau.

'Ble rydw i? Y bomio 'na – Dwynwen, Caradog, Modryb Siân?' estynnodd ei llaw tuag ati. Yna gwasgodd ei hun i gôl Caradog.

'Mae popeth yn iawn, 'mechan i. Rhagluniaeth neu beth a fynni, roedd Caradog ar ei ffordd i dy weld. Dy fam wedi rhoi caniad ar ôl clywed ar y weirles am yr ymgyrchoedd dieflig ar Lerpwl. Fe ddaw yna haul ar fryn eto. Dim ond atgofion fydd hyn yn y man gei di weld.'

Cyhoeddwyd y nofel yn wreiddiol gan Gwasg Gee, 1996.

Yn yr ATS: W/PAL

~

Judith Maro

Nid oedd mis Awst 1939 y mis Awst gorau i feddwl am y dyfodol, ond dyna'r cyngor a gawsom. Ar drothwy rhyfel byd, nid oed modd teithio tramor. Gwell i'r rhai ohonom a oedd â'n bryd ar fynd i'r brifysgol fyddai achub ar ein cyfle, gan weithio ar draethawd hir penodol a'i bostio i Jerwsalem cyn mis Medi. Dim ond wrth wneud hynny y byddem yn sicr o gael lle ym mhen y rhawd. Gellid cyfrif y nifer o sefydliadau astudiaethau uwch ym Mhalestina ar y pryd â bysedd un llaw, ac felly'r cyntaf i'r felin gâi falu.

Wrth gwrs, nid ar waith academaidd yr oedd ein bryd yr adeg honno. Gan ein bod wastad wedi byw yn rhyddid digwestiwn y Wlad Sanctaidd, roeddem wedi llyncu gwleidyddiaeth gyda llaeth y fron. Nid oedd pen draw ar angerdd a thanbeidrwydd ein hymrwymiad ifanc. Sut arall y gallai fod?

Prin saith mlwydd oed oeddwn i pan ddaeth Hitler i rym, a phrin yn ddeg pan ddechreuodd y Rhyfel Cartref yn Sbaen. Bûm yn dyst i'r 'ffwdan' a'r tywallt gwaed yn yr hen Jerwsalem cyn fy mod yn dair blwydd oed a bûm yn aelod gweithredol o'r *Haganah* (ein byddin hunanamddiffynnol danddaearol) am dair blynedd, gan wneud fy nyletswydd fel gard, dysgu sut i drin arfau, cymryd rhan wrth landio 'mewnfudwyr anghyfreithlon' (fel y'u gelwid) o gymunedau a oedd o dan fygythiad yn Ewrop. Ymosodid arnom o bob tu, ac wedi inni gael ein hynysu yn ein hawr ddreng, roeddem wedi dysgu'n go fuan na ddôi neb i'r adwy atom ni pan ymosodem ar bawb, yr Albion dwyllodrus yn ogystal â Phrif Fufti Jerwsalem, ein harch-elyn a ddefnyddiai'r mosg i bregethu *jihad* yn ein herbyn. O oeddem, roeddem wedi gweld hyn i gyd yn digwydd o'r blaen.

Roedd yr haf yn un gwresog, gwresocach oherwydd y tensiwn cynyddol. Byddai'n deg dweud bod llawer ohonom wedi rhoi'r gorau i'n traethodau, oherwydd noson ar ôl noson, gwrando ar y radio o brifddinasoedd Ewrop y byddem. Safai'r byd a'i wynt yn ei ddwrn.

Am flynyddoedd, cofiai pobl ymhle roeddent pan laddwyd yr Arlywydd Kennedy, yn union fel petae'r hyn yr oeddynt yn ei wneud yn gallu effeithio ar y digwyddiad cataclysmig hwnnw. Ond onid oedd yn llawer mwy trychinebus i'r genhedlaeth honno a allai gofio lle roeddent pan gyhoeddwyd dechrau'r Ail Ryfel Byd – cenhedlaeth sydd erbyn hyn yn cyflym leihau?

Bore poeth ym mis Medi oedd hi, am un ar ddeg o'r gloch ar fore Sul. Roeddwn i yn Bat-Galim (maestref fodern glan-môr yn Haifa lle'm ganwyd), mewn pwll nofio tu allan ac wrthi'n cael fy hyfforddi gan fy ysgol, y Reali, ar gyfer cystadleuaeth rhyng-ddinesig.

Nid oedd yr wythnosau blaenorol wedi bod heb eu trawma wrth i'r radio barhau i boeri rhefru gorffwyll Hitler yn erbyn ei gymydog i'r dwyrain o'r Oder. Roeddem yn boenus o ymwybodol bod y Rhyfel ar fin dechrau, a Duw a'n helpo, roeddem yn ddigon ifanc i deimlo'r cynnwrf gwaharddedig wrth feddwl am hynny.

Ar doriad gwawr y bore ar y cyntaf o Fedi, dechreuodd yr arfau Almaenig arllwys ar draws y ffin i Wlad Pwyl, a'r Luftwaffe hithau yn prysur ddinistrio awyrennau Gwlad Pwyl ar lawr. Llosgodd hen ddinas Warsaw yn ddidrugaredd, wrth iddi gael ei bomio'n ddi-dor ddydd a nos. Syrthiodd yr adeiladau tal fel pecynnau o gardiau, gan gladdu eu dinasyddion yn fyw. Gorweddodd y rheiny a glwyfwyd yn ddiymgeledd lle syrthient, ac ni chleddid y meirw. Ai *dyma* a fyddai darlun y rhyfela modern? Wedi'r cyfan, roedd y Rhyfel Cartref yn Sbaen (a oedd newydd gael ei ennill gan Franco), wedi rhoi rhagflas ohono. Tybed oedd gennym ni, yn ein harddegau, y gras i deimlo cywilydd am inni gael ein suo i gredu yn rhamant rhyfel?

Dros y tonfeddi ar y set *transistor* fawr ym mhen pellaf y pwll nofio, roedd llais Chamberlain yn swnio'n fychan, yn ymddiheuro bron. Ac yntau wedi ymffrostio gymaint gyda'i *'Peace in our time'* a'r darn papur twyllodrus â llofnod Herr Hitler arno! Gallai plentyn fod wedi dweud wrth arweinydd y cyfaddawdu na ellid digoni archwaeth Hitler drwy roi Tsiecoslofacia iddo. Ai naïf a fuodd ynteu twyllodrus?

Ymfalchïai Ysgol Reali yn ei dulliau blaengar o ddysgu, a gwireddid hyn yn y gwersi hanes drwy astudiaeth 'drylwyr' o ddigwyddiadau'r byd wrth iddynt ddigwydd. Rhoddai'r 'hanes yn cael ei lunio' hwn y ffon fesur mawr ei angen inni allu cloriannu tueddiadau a phersonoliaethau yng nghyd-destun rhyfel cynharach, yn y rhesymau drosto a'r canlyniadau iddo. Drwy hyn gallai pob disgybl ddirnad y ganrif gythryblus a ddadorchuddiwyd o flaen ein llygaid. I'r rhai ohonom a fagwyd yn rhyddid heulog Palestina (rhywbeth y credem oedd yn ddyledus inni), gobeithid yn ddirfawr y byddai'r wybodaeth gyffredinol a enillwyd gennym yn mynd i'n paratoi i wynebu ein dyfodol ein hunain a'i ofynion, mewn gwlad lle roedd hanes a daearyddiaeth yn llawer rhy brin.

Helpodd y trydydd o Fedi 1939 ni i ganolbwyntio. Beth am ein dyfodol *ni*? A fyddai gennym ddyfodol? Hyd yn hyn, fe'i cymerwyd yn ganiataol. Ond nid bellach. Beth am y miliynau yn Ewrop a fyddai'n syrthio'n fuan yn ysglyfaeth i esgid y Natsi? Pa ddyfodol fyddai iddynt *hwy*? Yn wir a fyddai yna ddyfodol o unrhyw fath i Iddewon Ewrop?

Er bod hyn yn ymddangos yn rhyfedd, roeddem yn wybyddus am *Mein Kampf*. Er nad oedd gorfodaeth arnom i'w ddarllen (sut hynny?) byddai ein gwybodusion yn dadlau nad melys fyddai anwybodaeth o gynlluniau Hitler. Roedd yn rhaid inni gyfarwyddo â'r gwaethaf os oeddem yn mynd i ddeall y ffeithiau anllad a'r dewisiadau mileinig y byddai'n rhaid inni eu gwneud os oeddem am oroesi fel pobl. I ni'r *Sabras* (brodorion Israel a enwyd ar ôl cactws cydnerth yr anialwch), roedd hyn yn aruthrol bwysig.

Ni chawsom ein herlid o'r blaen, ni wyddem beth oedd ansicrwydd na diawlineb gwrth-semitiaeth. Roeddem yn anoddefgar o Iddewon y *diaspora* am iddynt gymryd eu dilorni heb gwyno a byddem yn ystyried ein hunain uwchlaw Iddewon Ewrop. A agorodd ein hathrawon ein llygaid a'n meddyliau i'w tranc? Ni wn hyd heddiw. Ond beth bynnag a deimlem, ni fyddem byth yn osgoi ein dyletswydd pan elwid arnom i gwrdd â'r 'bobl anghyfreithlon' a gyrhaeddai'r mannau tawel ar hyd ein traethau, a'u cludo'n chwim i ddiogelwch cyn i'r Fyddin Brydeinig gyrraedd i'n rhwystro rhag eu hachub.

Roedd ein cweryl gyda Phrydain Fawr, y pŵer a'n rheolai, wedi para ers ugain mlynedd fwy neu lai. Ni ellir esbonio na deall hyn heb wybod am Gytundeb Versailles a benderfynodd nid yn unig sut i rannu gwledydd Ewrop ond hefyd a rannodd y Dwyrain Canol yn ddarnau o dan lywodraethau gwahanol. Cyn hir, roedd Cynghrair y Cenhedloedd a fodolai ar y pryd wedi gosod sêl ei fendith ar y trefniadau, ac wedi rhoi Mandad i Ffrainc dros Syria a'r Lebanon, i Brydain dros Balesteina (a gynhwysai Draws-Iorddonen, Teyrnas *Hashemite* yr Iorddonen yn ddiweddarach), Irac ac, i bob pwrpas, llaw rydd yn yr Aifft. Roedd Camlas Suez dan gyd-reolaeth Ffrainc a Phrydain.

Trefedigaeth Brydeinig oeddem ni ym Mhalestina ym mhopeth ond enw, yn cael ein llywodraethu o dan gyfraith Prydain. Nid oeddem yn hoffi'r sefyllfa hon. Nid oeddem yn wir yn ei chydnabod. Drwy gyfrwng y Mandad, ymddiriedolwyd y pwrpas o weithredu Datganiad Balfour 1917 i Brydain, a addawai hyrwyddo ein Cartref Cenedlaethol tra oedd ar yr un pryd yn diogelu hawliau'r Palesteiniaid. Roedd gan Brydain, fodd bynnag, ei blaenoriaethau ei hunan: Camlas Suez, olew Arabia, a thaith rwydd i India oedd yn dal 'Y Gem yn y Goron'!

Yr un oedd bywyd yr un fath ag o'r blaen yn ein rhan ni o'r byd. Deuai'r newyddion trwodd o Wlad Pwyl ranedig, ond o'r rhan Rwsaidd yn unig. Roedd ysgarmesoedd yn Sgandinafia, ond roeddent yn rhy bell i ffwrdd i effeithio ar ganlyniad y Rhyfel. Fel arall, roedd hi'n dawel, seibiant cyn y storm, pan wynebai'r Almaenwyr a lluoedd y Cynghreiriaid ei gilydd ar draws llinellau Maginot a Siegfried. Yn fuan, drylliwyd y ffug-heddwch. Aeth Vichy ati i gymryd meddiant o Syria a Lebanon, a'r Almaenwyr ar ddyletswydd yn y meysydd awyr ac yn y mannau allweddol, ac ymunodd yr Eidal â Hitler gan obeithio cael siâr o enillion y Rhyfel. Enillodd lluoedd y Cynghreiriaid rai brwydrau hawdd yn erbyn yr Eidal yn Ethiopia, Somali ac Eritrea, ond materion eilradd yn unig oedd y rhain wrth i Rommel ymbaratoi.

Yn y cyfamser, roedd yn rhaid i fywyd fynd yn ei flaen. Cefais fy nerbyn i Brifysgol Jerwsalem i ddarllen y Gyfraith ac Astudiaethau Dwyreiniol gan feddwl am y dyfodol. Rhyw ddiwrnod byddai'r Prydeinwyr yn gadael o dan fomentwm y gwrth-goloneiddio wedi'r Rhyfel. Pan ddigwyddai hynny, hwyrach y caem wlad i ni'n hunain. Byddai'r gyfraith yn fy mharatoi ar gyfer gwaith diplomataidd (gobeithiwn!) tra byddai medru'r iaith Arabaidd a gwybodaeth am ei diwylliant yn gymorth i adeiladu'r pontydd rhyngom a'n cymdogion. Yn ifanc ac yn ffyddiog, daliem i gredu mewn ewyllys da rhwng cenhedloedd.

Dechreuais ar fy astudiaethau yn y gyfraith ym mis Tachwedd 1941. Cyfraith Prydain ydoedd yn bennaf, rhaid dweud, er bod iddo sylfeini cadarn o gyfraith yr Ottoman (yr Ottoman oedd wedi rheoli Palestina am bron i bedair canrif).

Drwy'r adeg roedd y peiriant rhyfela Almaenig yn agosáu'n ddi-ildio. Roedd si ar led bod Prydain wedi gwneud cynlluniau wrth gefn i ddianc petae'n rhaid iddynt, a gadael y Dwyrain Agos er mwyn canolbwyntio ar eu hymdrechion i achub yr India, a fygythid yn ei thro gan Japan. Ni theimlem yn ddiogel bellach yn ein cornel fechan ni. Roedd yr Aifft (dan law'r Brenin Farouk) yn bleidiol dros fuddugoliaeth yr Echel (yr Almaen–yr Eidal), ac roedd lluoedd y gelyn ar fin ymosod ar Balestina o Syria, a lluoedd Rommel yn gwasgu'n nes ac yn nes at yr Aifft. Ar ben hyn oll, bu chwyldro o du uwch-swyddogion Irac o blaid y Natsïaid. Roedd dyddiau ein rhyddid ar fin dod i ben.

Sefyllfa annaturiol a dychrynllyd ydoedd. Rhoesom y gorau i'n hastudiaethau oherwydd fod hyfforddiant parafilitaraidd yn y rheng flaenaf o'n holl weithgareddau. Yng nghanol cymaint o amhendantrwydd, un peth oedd yn bendant: os âi pethau i'r pen, ni chaem ein dwyn fel ŵyn yn ddiniwed i'r lladdfa. Fe'n dysgwyd i amddiffyn ein hunain ers pan oeddem yn blant, gwyddem sut i ddefnyddio arfau a sut i ymarfer ar faes y frwydr, gan warchod ein rhyddid i'r eithaf. Yn yr unig wlad y gallem ei galw'n eiddo i ni, *ni* ddilynem yr un llwybr a ddilynodd yr Iddewon yn Ewrop gaeth. Roeddem yn hyfforddi, yn gwylio, yn aros yn effro ar ein gwyliadwriaeth yn hytrach nag yn digalonni. Ni fu bywyd cyn nac wedi hynny erioed mor werthfawr. Credaf yn sicr mai byw mewn gobaith a wnaethom, efallai oherwydd pan fo rhywun yn ddwy ar bymtheg oed, nid yw'n bosibl derbyn bod bywyd ar fin dod i ben.

Nid oedd modd inni wybod maint y drychineb a oedd yn godd-iweddyd ein pobl yng Ngwlad Pwyl a Hwngari, yn Rwmania ac Awstria, yn Ffrainc, yr Almaen nac yn Tsiecoslofacia. Ond nid oeddem o dan unrhyw gamargraff. Ni wawriodd erchylltra llawn yr Holocawst ar fyd anghrediniol am dair blynedd arall.

Doedd dim amheuaeth wrth gwrs, yn y Rhyfel yn erbyn yr Almaen Natsïaidd, mai Prydain oedd ein cyfaill naturiol. Yng ngeiriau David Ben-Gurion, a fyddai'n fuan yn Brif Weinidog cyntaf Israel: 'Byddwn yn ymladd y Rhyfel fel pe na bai Papur Gwyn yn bod, a byddwn yn ymladd y Papur Gwyn fel pe na bai Rhyfel yn bod.' Dyna anodd yn wir. Brad oedd Papur Gwyn Palestina, a gyhoeddwyd yng ngwanwyn 1939, rhyw ôl-gynnyrch o Munich ac enghraifft arall o bolisi cyfaddawdu tila Chamberlain. Yn y Papur, gwobrwywyd y Mufti a'i gefnogwyr am eu terfysg yn erbyn Prydain, ac yn ein dirwyo *ni* drwy rwystro bron bob mewnfudiad gan Iddewon i Balestina ar drothwy'r Rhyfel pan fyddai cannoedd o filoedd ohonynt wedi gallu derbyn noddfa. Y gobaith oedd y byddai'r Arabiaid yn cynorthwyo Lluoedd y Cynghreiriaid petae'r Rhyfel yn dechrau. Fel y digwyddodd, ni wnaeth yr Arabiaid unrhyw beth o'r fath. Roeddem ni wedi tyngu i ymladd i'r carn yn erbyn y Papur Gwyn a rwystrai ein rhyddid. Ond roedd yn rhaid concro Hitler yn gyntaf.

Sut yr ymunais â'r ATS? A pham? Dyma gwestiwn na allaf fyth mo'i ateb. Nid oedd yn benderfyniad a ystyriais yn iawn, ond yn hytrach roedd yn benderfyniad sydyn, mympwyol. Un bore, cerddais i mewn i'r swyddfa recriwtio ac ymunais.

Roedd Sarafand yn fwy na gwersyll milwrol, yn fwy na *depot* hyfforddi recriwtiaid newydd (y mwyaf o'i fath yn y Dwyrain Agos), roedd yn ddinas enfawr wasgaredig i'r dwyrain o Jaffa, i'r gorllewin o Jerwsalem ac i'r de o winllannoedd Rishon-Lezion (o'i gyfieithu'n llythrennol, 'y cyntaf yn Seion').[1] Erbyn y pedwar degau,

---

1. Y noson cyn ein hannibyniaeth ym mis Mai 1948, roeddem wedi ceisio cael trafodaethau ag Ernest Bevin (yr Ysgrifennydd Tramor ar y pryd) i brynu Sarafand am £2 filiwn. Ni chadwodd Bevin at ei air, a rhoddodd Sarafand i Leng Arabaidd yr Iorddonen. Felly, dyma ni'n cipio Sarafand un noson ac yn danfon *wire* i Bevin yn diolch iddo am ein harbed rhag gwario £2 filiwn. Ni ddaeth yr un ateb.

roedd Rishon yn gymuned gyfoethog, sefydledig, amaethyddol. Adeiladwyd y ddinas ar y gwastadedd o fewn tafliad carreg i Ramlah a maes awyr Lod. Roedd tri phorth i Sarafand: Porth Jaffa, Porth Jerwsalem a Phorth Rishon.

Nid oeddwn wedi hysbysu fy rhieni o'm bwriad i ymuno â'r ATS. Pan gyrhaeddais Sarafand, gorfu i mi ddweud fy mod yn un ar hugain oed, neu byddai gan fy rhieni yr hawl i'm gorfodi i ddychwelyd adref, er na fyddent yn debyg o fod wedi gwneud hynny. Ar fy noson gyntaf yno, ysgrifennais at fy rhieni a gofidiais lawer wrth i mi ddisgwyl derbyn eu hymateb. Ni ddylwn fod wedi poeni. Dymunodd fy nhad yn dda i mi yn ôl ei arfer, gan fy nghynghori yn erbyn gor-eiddgarwch yn fy mywyd newydd. 'Mae gwellt yn llosgi'n gyflym,' cynghorodd yn ddoeth. Ymataliol a maddeugar oedd fy mam hefyd, gan beri i mi gywilyddio.

Cefais fwy o dril, nifer o chwistrelliadau a brechiadau i'm hamddiffyn rhag heintiau, a chael *kit* y Fyddin a'r iwnifform newydd, un hyll eithriadol. Sut yn y byd y gallai ein cyd-filwyr Prydeinig ddioddef yr iwnifform heb gwyno? Ond roeddem eisoes wedi canfod eu bod yn griw tawedog, ufudd! Er bod rhai ohonynt yn ceisio ein rhoi ni'r 'brodorion' yn ein lle, am y credent ein bod yn perthyn i ryw drefn israddol yn yr hil ddynol, nid oedd gennym fawr o feddwl o'u hagwedd nawddoglyd hunanhonedig. Ar y dechrau, roedd y swyddogion-ar-gomisiwn a'r *NCOs* (*Corporals* a *Sergeants*) yn Brydeinwyr i gyd. Ond gydag amser, wrth i ni ddod yn fwy cymwys ac ennill hyder, nid oedd yn amhosibl i ninnau fod yn rheolwyr ar adegau. Cesglais mai rhyw gysyniad a or-bwysleisiwyd oedd y Fyddin Brydeinig. Ond am nad oedd dihangfa i mi oddi wrthi, rhaid oedd i mi wneud y gorau ohoni.

Fy ffrind gorau (a'r unig un) yn Sarafand oedd hogan ddel o'r enw Noga, a hoffai gwyno. Yn wir, roedd cwyno yn ddiddordeb dilys ym Myddin ei Fawrhydi! 'Rwyf wedi cael llond bol,' cwynai Noga, 'amser te yn barhaus a bwlshit! Fedran' nhw ddim hyd yn oed ennill y Rhyfel!' Roedd Noga yn gwneud i mi chwerthin ac roedd hynny'n chwa o awyr iach yng nghanol yr hyfforddiant di-baid. Dysgwyd ni i gyfarch yn dwt, sut i gyfarch y rhengoedd a oedd yn uwch na ni, a thrwyddi-draw, cawsom ddysgu *slang* defnyddiol (hyd yn oed os na ellir ei ailadrodd). Achubwyd rhai geiriau o'r Rhyfel Byd Cyntaf, megis *latrines* ac *ablutions.* Ni roddwyd inni unrhyw ragorfreintiau, dim hyd yn oed pàs i adael y gwersyll ar ddiwrnod rhydd. Yn wir, caem ein trin fel troseddwyr ac nid gwirfoddolwyr. Fel Noga, roeddwn innau wedi laru.

Teimlais fod yn rhaid i mi wario diwrnod yn rhydd o Sarafand. Unwaith y gwyddech eich ffordd o gwmpas y lle, hawdd oedd mynd 'ar goll' yno. Dyna a benderfynais ei wneud un pnawn Sul. Roeddwn wedi bod yn y *depot* ers tair wythnos. Gwariais y diwrnod yn hyfforddi, yn gwneud dril, neu *pt* (fel y'i gelwid bryd hynny), yn cael gwersi gyrru, ac yn dysgu Saesneg elfennol. Ni'm darganfuwyd ar fy nhaith slei i Rishon ac ymlusgais yn ôl i'r *compound* merched-yn-unig heb i neb sylwi arnaf yn y tywyllwch. Penderfynais nad ymwelwn â Rishon eto, wedi i mi wario prynhawn yn ddi-hid am y rhybuddion mai 'fy niwedd fyddai priodi Prydeiniwr'. Doedd gen i mo'r bwriad i wneud dim o'r fath!

Roedd rhyw ddeugain o recriwtiaid newydd yn cysgu mewn ystafell faracs cynllun-agored, a rhaid i mi gyfaddef 'mod i'n teimlo bod eu cwmni yn ddiflas. Nid oedd gennym breifatrwydd o unrhyw fath a'r peth caletaf i'w ddioddef oedd cwmni merched yn unig heb amrywiaeth arno. Yn gymaint felly, mewn gwirionedd, pan welem henwr o *frigadier* yn cyrraedd, byddem yn chwibanu arno fel y gwnâi dynion fel arfer.

Roedd yn bryd i mi wneud rhywbeth. Brasgamais i ystafell yr *Orderly* ar ôl swper a mynnu cael *gwaith*. Roeddwn yn ffodus, a chydnabu'r swyddog cydymdeimladol ar ddyletswydd fy angen. Byddai, byddai'n edrych i mewn i'r peth: sut grap oedd gen i ar yr Arabeg? Roedd llond dwrn o ferched Arabaidd yn Sarafand, ac nid oeddent yn gallu siarad Saesneg. A fyddwn i'n fodlon cyfieithu gorchmynion beunyddiol i'r Arabeg iddynt? Gwnawn, â phleser, atebais, gan obeithio'r gorau na fedrai'r un ohonynt ddarllen! Roedd fy Arabeg, mor rhugl ag yr oedd o ran hynny, ym mhell o fod yn wych. A oedd yno eiriadur? Cafwyd hyd i un, o'r cyfnod cyn Allenby. Byddai'n rhaid iddo fod yn ddigon da. Gosodwyd y canlyniad gennyf ar y mur yn dwt ac yn broffesiynol. Roedd fy ysgrifen Arabaidd yn ddel. Os gallai'r merched Arabaidd ddarllen, nid aethant i'r drafferth. Cefais fy achub.

Deuthum i ben â'u perswadio i'm hanfon wedyn i uned *camouflage* a oedd yn union y tu allan i'r *depot*. Wyddwn i fawr ddim am y gwaith, ond derbyniwn *unrhyw beth* i gael dianc am ychydig oriau o'r drefn ddyddiol. Y brif dasg ymhlith ein dyletswyddau oedd gwneud ein gwelyau. Roedd y gwelyau mewn tair rhan a adnabyddid fel 'bisgedi', un ar ben y llall wedi eu plygu ym mlancedi'r fyddin. Nid oedd gennym gynfasau gwely yn Sarafand.

Dau air arall a ddysgwyd gennym yn ystod yr wythnosau diffrwyth (ran amlaf) yn y *depot* hyfforddi yn Sarafand, oedd *wangling* a *scrounge*: byddech yn clywed y milwyr profiadol yn datgan eu bod *'on the scrounge'* pan fyddent yn mynd o gwmpas eu pethau, yn gyfreithlon neu'n anghyfreithlon! Yr anghyfreithlon a enillodd ei dir ymhen y rhawd pan dderbyniwyd finnau i mewn i *Corps* Addysg elitaidd y Fyddin.

Bu fy mhrofiad cynnar o *'wanglo'* yn llwyddiannus pan oeddwn yn dal 'ar hyfforddiant' (gweithgarwch araf ar y gorau a guddiai lu o bechodau!), a byddai o fantais i mi unwaith y gadawsom y weiren bigog, y mynedfeydd a'r sentri yn Sarafand. Euthum i Gaza o bobman yn gyntaf: i Dirsunid i fod yn fanwl gywir, ychydig gilomedrau o'r arfordir i'r gogledd o Ddinas Samson. Roedd traeth agored bendigedig yn Gaza, a thywod meddal yn ymestyn am filltiroedd, a'r ceffylau gorau erioed y gellid eu marchogaeth ar doriad gwawr. Pentref bychan cysglyd, diddrwg ei olwg. Ond gorweddai'r ffanatigiaeth gyfarwydd o dan yr wyneb, ynghwsg 'hyd y diwedd'.

O dro i dro, byddwn yn deffro yn y bore ac yn fy mhinsio fy hun: 'Judith o Haifa, beth yn y byd wyt *ti'n* ei wneud yn gwisgo'r lifrai drefedigaethol yma?' Beth yn wir! Wedi canfod fod yr ATS Prydeinig yn ffroenuchel, yn ddiddychymyg ac yn ddiddiolch, aethom ati yn y man i sefydlu ein bywyd cymdeithasol ein hunain. Ni chydnabyddid milwyr Palestina yn uned genedlaethol ar wahân, er caniatáu iddynt – dan gwynfan – wasanaethu yn rhan o Fyddin y Brenin.

Roeddem ninnau'n 'bobl Palestina', ac yn cael ein hystyried felly gan ein meistri Prydeinig, gan nad oedd gennym unrhyw hunaniaeth arall, yn eu tyb hwy. Am fod gwirfoddolwyr Arabaidd yn brin, roedd y label a wisgem gyda balchder ar ein hysgwyddau yn eiddo i ni oherwydd fod gennym hawl iddo. Am inni gael ein geni a'n magu yn naear gras Palestina, wel, dyna oeddem ni. Nid yn aml y mae enw Palestina yn ymddangos mewn cyfrolau hanesyddol. Roedd *Provincia Palestina* yn bodoli wedi i'r Rhufeiniaid ein concro yn 70OC. Yna, wedi gofod o ganrifoedd, adferodd Allenby'r enw. Roedd pobl

Ottoman yn cyfeirio at y wlad fel Syria Fwyaf, a chynhwysai ddwy lan afon yr Iorddonen, Syria a Lebanon heddiw. Byddai Assad, teyrn Syria, yn falch iawn o glywed hynny!

Wedi'r cyfnod yng Nghanolfan Hyfforddi'r Dwyrain Canol yn Disunid – do, cefais fwy o hyfforddiant! – ac am fy mod bellach yn arbenigydd amheus ar ymladd â nwy ac ag arfau, anfonwyd fi i dref fy mreuddwydion: i Alecsandria. Ar gyrion yr anialwch, a'i lliwiau mud, yr hen a'r newydd yn cydgymysgu yn union fel y gwna'r hiliau a'r credoau, mae Alecsandria yn butain ac yn gyn-forwyn ill dwy, yn hardd ac yn hyll, yn gysegredig ac yn anghysegredig.

Yna, cefais y lleoliad rhyfeddaf o'r cwbl, ag iddo'r fantais ychwanegol o fod o fewn cyrraedd pum munud ar droed i gartref fy rhieni ar Fynydd Carmel. Galwyd arnaf i wasanaethu'n ysgrifenyddes i Brif Gaplan y Fyddin – a chefais un streipen i ddathlu'r anrhydedd! Roeddwn yn 'is-gorpral lleol digyflogedig' yng ngeiriau'r fyddin. Teg fyddai cymharu fy meistr ag esgob, un Anglicanaidd wrth gwrs, ond un a warchodai bobl o amryw enwad a ffydd nad oeddent i gyd yn perthyn i'r ffydd Gristnogol.

Cywilydd o beth yw sôn yn ddrwg am y meirw, ond rhaid i mi ddatgan yn glir mai ganddo ef y cefais fy mhrofiad cyntaf o wrth-Semitiaeth. Am na wyddwn fawr am y dolur, cymerodd fisoedd i mi sylweddoli'r ffaith sylfaenol erchyll hon. Ac nid oedd y Caplan yn unigryw. Roedd y Prydeinwyr yn amlwg yn amheus ohonom am ein bod yn awyddus i gymryd rhan yn yr ymladd. Wedi ymgyrchoedd y Lleng Iddewig yn ymgyrch Gallipoli yn y Rhyfel Mawr, cyfrannodd ein hymdrechion ni tuag at sicrhau Datganiad Balfour – cyfraniad ddim llai na darganfyddiadau gwyddonol Weizman.

'Y peth gwaethaf a ddigwyddodd erioed!' arferai'r *padre* (y Prif Gaplan) ddweud. Dysgais yn fuan i beidio â'i wrth-ddweud. 'Beth bynnag,' dywedai wedyn, 'nid yw'r Iddewon yn fodlon ymladd!' Brathwn innau fy nhafod rhag ofn y dywedwn ormod.

Byddwn ymhen fawr o dro yn ymgeisio i gael fy nanfon i feysydd mwy cynhyrchiol. Y gwir yw nad oedd fawr o waith i'w wneud yn y sefydliad eglwysig crand. Weithiau byddwn yn ysgrifennu pregethau ar gyfer y Sul, er mwyn dal ati i ymarfer. Heblaw hynny, darllenwn yn eang, ysgrifennwn lythyrau at ystod eang o bobl y bu imi ddod ar eu traws yn y llefydd blaenorol y danfonwyd mi

iddynt ac arhosais. O ran yr ysgrifennu llythyron, rhaid esbonio.
Bywyd tawel, diflas, undonog ar y cyfan yw bywyd yn y Fyddin,
oni bai am bytiau o weithgarwch gwyllt. O'r herwydd mae'r person
sy'n mwynhau ysgrifennu llythyron yn berson hapus. Gall dderbyn
llythyr annisgwyl wir wneud y diwrnod yn un heulog. Ar ddiwrnod
'gwag' ar y llaw arall, diwrnod dan gwmwl a gawn. Yna cefais
syniad. Cysylltais â'r Cyrnol Allen yn yr AEC – yr *Army Education
Corps*. Gofynnais iddo fy helpu i drefnu llyfrgell fenthyg. Wrth lwc,
roedd Allen wedi bod yn disgwyl am un! Roeddwn yn ei adnabod
ers fy mlwyddyn olaf yn yr ysgol, pan ydoedd, yn ôl pob sôn, yn
ffrind *platonig* i'n hathrawes Saesneg, Miss L. Roedd Allen yn briod
ac yn ddyn o arddeliad, ac roedd Miss L yn cytuno â'i safbwynt.
'Iawn, 'te, 'merch i,' atebodd Allen, yn frwdfrydig yn ôl ei arfer.
'Rwy'n addo gwneud fy rhan i os wnei di addo ymuno â'n cwmni
ni. Mae dy le di gydag Addysg nid gyda'r clerigwyr!' Addewais
ymuno. Ond yn gyntaf roedd yn rhaid i mi sefyll fy arholiadau
canolradd yn y gyfraith. Addawodd Allen y byddai'n sicrhau fy
mod yn cael ychydig o wythnosau'n rhydd.

Doedd cael eich cyflogi gan y Prif Gaplan ddim yn beth drwg i
gyd. Rhaid cydnabod bod i'r parchedig ei ochr gymdeithasol, llon.
Roedd yn ddyn mawr a llais uchel ganddo, a gallai fod yn gwmnïwr
digon diddan, yn ddyn hael a llawn dychymyg wrth groesawu pobl.
Roedd ef yn fy hoffi i yn fwy nag yr oeddwn i yn ei hoffi ef, ond ni
ddaliwn hynny yn ei erbyn! Gallai ei hiwmor fod braidd yn *risqué*.
Cymerwch y *bidet* er enghraifft. Wedi rhyddhau Ardal HQ 15 (a
gynhwysai Haifa a'r gogledd a Syria a'r Lebanon) gan uned
Commando ar y cyd rhwng Awstralia a Phrydain, ynghyd â phlatŵn
gwych yr *Haganah* o dan arweiniad Moshe Dayan, roedd y llwch
bellach wedi setlo, ac roedd y swyddogion yn chwilio am lety am
fod eu nifer wedi cynyddu. Fi, yn naturiol, a gafodd y swydd!
Roeddwn yn gyfarwydd â'r gymdogaeth, roedd fy nghlust yn agos
at y ddaear a gwyddwn fod tŷ o'r maint cywir ar fin gorffen cael
ei godi. Roedd ei berchnogion yn fwy na bodlon gosod y plasty hwn
i'r fyddin. Yn ddi-os, roedd yr adeilad yn un modern a chysurus,
fel yr oedd y mwyafrif o'r tai yng Ngharmel ar y pryd; roedd balconi
yn perthyn i bob ystafell ac roeddynt oll yn *en-suite* (hwyrach mai'r
bwriad oedd ei ddefnyddio'n westy).

Roedd hefyd *bidet* newydd sbon danlli yn yr ystafelloedd ymolchi.

Roeddwn wedi gweld y fath beth o'r blaen wrth gwrs, ond heb fynd i'r drafferth o ganfod beth oedd ei bwrpas. Hwyrach fy mod yn dal yn naïf. Wrth ddangos y lle i'r *padre*, ni fedrwn ymatal.

'Ai i 'molchi'r babi ynddo mae hwn?' gofynnais yn gwrtais.

Bloeddiad o chwerthiniad budur a gefais yn ateb. 'Nage, 'merch i, i olchi'r babi *allan!*'

Roeddwn yn awr yn deall.

Yn y pen draw, Winston Churchill, hen ffrind ffyddiog Seioniaeth, a'n tywysodd dros y trothwy drwy ddadlau mai o'r holl wledydd a ymladdai yn erbyn Hitler, yr Iddewon oedd i gael y dewis cyntaf a chael ymladd o dan ei baner wen a glas yn eu huned eu hunain, gyda phob swyddog ynddi – o'r uchaf i'r isaf – yn Iddew. Felly ganwyd y *Brigada* ym 1943 ac aeth i ymladd yn yr Eidal a'r Almaen, ac a roes gyfrif gwych ohono'i hun. Ymladdodd Churchill ei frwydr faith, flin ei hun yn erbyn yr Arabiaid ar y tir ac yn erbyn y lobi a oedd o blaid yr Arabiaid yn y Swyddfa Dramor, lobi a oedd mor bwerus a rhagfarnllyd y pryd hynny ag y maent heddiw.

Ac felly y cyrhaeddwn 1944. Roedd yr ymladd yn ffyrnig ac yn filain. Roedd fel petae Pwerau'r Echel yn deall na allent bara lawer yn hirach a'u bod yn benderfynol o wneud cymaint o niwed a lladd cymaint o bobl â phosibl. Ac wrth gwrs roedd yna benderfyniad cryf o blaid yr Ildio Diamod.

Gadawodd yr Eidal y Rhyfel, a daeth y byddinoedd Almaenig gyda'u tanciau a'u hawyrennau a'u pŵer bomio i lenwi'r bwlch. Tynhawyd yr ymladd. Câi ein milwyr a anafwyd eu hedfan adref o faes y gad i adennill eu cryfder ac yna i ddychwelyd unwaith eto.

Ac felly, un bore clir a rhewllyd, wrth ymestyn fy mhen allan drwy ffenest y swyddfa teimlais gyffro prin y *Sabra* wrth weld eira ar gopa Mynydd Hermon yn y pellter i gyfeiriad y gogledd. Roedd y cyrch wedi cychwyn: amodau delfrydol. Byddai Avrahem, hen ffrind i mi, yn dychwelyd i Salerno drannoeth, felly heddiw amdani, neu fyth wedyn. Arhosais nes clywais gorn cyfarwydd ein hanner-tryc nid ail ond bedwaredd-llaw. Rwyf wedi anghofio sawl un ohonom a oedd â siâr yn y tryc hwnnw!

Daeth y *padre* i mewn. Cariai amlen fawr frown ac edrychai'n sarrug. Oedd argyfwng ar y gorwel? Doedd dim amser i ddadlau. Cesglais fy mag llaw a'm côt ac agorais y drws. Daeth y *padre* ataf a safodd yn fy ymyl.

'Edrychwch ar gynnwys hwn, wnewch chi, os gwelwch yn dda?' Pentyrrau o gyrff llosgedig a'r ffotograff yn amlwg wedi'i dynnu yn y dirgel ac mewn perygl dirfawr. Dyma'r llun cyntaf o'r fath a welais erioed.

'Propaganda'r Seioniaid!' crechwenodd y parchedig.

Rhoddais y ffotograff yn ôl yn yr amlen a'i dychwelyd ato.

'Nid propaganda, syr,' meddwn yn dawel. Roeddwn allan o'r ystafell cyn iddo fy ngorfodi i aros.

Drwy gydol y diwrnod oer bendigedig hwnnw ar Fynydd Hermon roedd y cyrff llosgedig yn dal i'm haflonyddu. Ddywedais i'r un gair, am na fynnwn ddifetha diwrnod Avrahem, ond chwaraeant ar fy meddwl: a allent fod yn rhai gwir?

Dyna'r amser gorau a gefais, yn Adran Addysg y Fyddin. Wedi imi gael fy nanfon i amrywiol lefydd, cyrhaeddais Jerwsalem a bu'n rhaid i mi droedio'n gywir iawn rhwng yr enwadau Cristnogol di-rif, a gwaetha'r modd, yn brin o frawdgarwch!

'Pam fi?' gofynnais yn anghrediniol.

'Yn y lle cyntaf, am nad wyt ti'n Gristion, does gen ti ddim cwyn yn eu herbyn, a phan fydd angen mi alli di daro pennau un neu ddau barchedig at ei gilydd! Yn gelli?' Nid oedd y Cyrnol yn rhy siŵr erbyn hyn.

'O gallaf, â phleser! A wnaiff hynny unrhyw les?'

Cododd yntau ei ysgwydd. 'Hwyrach. Yr ail reswm dros dy anfon yw dy fod yn gartrefol ym mhobman ac yn medru siarad yr ieithoedd yn rhugl. Bydd y pererinion yn teimlo eu bod yn derbyn gofal da.'

Tybed sut y buasent yn teimlo o'm clywed yn rhegi, myfyriais.

Felly y cyflwynodd dwsin o Efengylwyr a minnau ein hunain wrth fynediad y *Nativity* ym Methlehem un pnawn Sul poeth, a pherson main yng ngwisg Heddlu Palestina yn codi ar ei draed yn ddioglyd fel sgorpion i'n cyfarch.

'Ddrwg gen i, cariad, fedrwch chi ddim mynd i mewn,' glafoeriodd.

'Pam? Does dim gwasanaeth ymlaen.'

Ysgydwodd ei ben, gan edrych arnaf o'i daldra chwe throedfedd a hanner. 'Rwyt ti'n iawn. Ond mae yna ymryson i'r esgyrn yn digwydd yno,' gan amneidio at y *grotto*. 'Groegiaid, Coptiaid, Armeniaid, unrhyw rai o'r rheiny, ti'n deall, un yn haeru fod y llall wedi dwyn ei ganhwyllau, ac mae hynny wedi digwydd cyn hyn! Pawb yn cweryla!'

'A phwy wyt ti?'

'Fi sy'n gyfrifol yma – ryw fath, offeiriad a ddifwynwyd ydw i, felly maen nhw'n fy nghyfrif cystal â neb am ddatod y cwlwm. Does 'na fawr o obaith!'

Aeth yr Efengylwyr a minnau i mewn pryd ond edifar fuom am hynny!

Ac yn awr, yn syfrdanol, roedd y Rhyfel ar ben. *VE Day* yn gyntaf ar yr wythfed o Fai 1945 a *VJ Day* dri mis yn ddiweddarach ar y pymthegfed o Awst. Y ddau fom atomig a achosodd yr olaf. Er ein bod yn anniddig am y gost uchel, roeddem eto'n dathlu: daeth chwe blynedd o'r ymladd gwaethaf a welodd y byd erioed i ben. Ond roedd y cyfrif i ddod.

Yn y cyfamser, roedd fy nghyfaill a'm mentor, y Major Allen o Adran Addysg y Fyddin, wedi cynllunio fy nyfodol agos.

'Gwranda, ferch,' cyhoeddodd, yn fawreddog fel arfer, 'gorffennaist dy dasg yn y Fyddin ac mae'n bryd i ti feddwl am dy ddyfodol. Rwy'n mynd â ti allan i swper i roi gwybod i ti!'

Roedd yr Adran Addysg wedi gofyn am gael ein canolfan Chweched Dosbarth ar fan uchaf Mynydd Carmel, lle o'r enw Beit-Biram, a enwyd ar ôl sefydlydd Ysgol Uwchradd Reali.

Roeddwn i fynychu cyrsiau cyn-gweithio am ychydig wythnosau er mwyn denu fy meddwl academaidd (os oedd yn dal yno) yn ôl i'w le wedi iddo grwydro ar ddyletswyddau'r fyddin dros y tair blynedd diwethaf. Addawodd y cawn gysgu gartref hyd yn oed!

'Ac,' meddai, a hyn oedd y *pièce-de-résistance*, 'Mae gen i syrpreis i ti!' gan godi ei wydr i'm cyfarch.

'Syrpreis?'

'Mae'n hen bryd i ti beidio mynd allan gyda dynion priod, ddaw 'na ddim da o hynny!'

Chwarddais yn uchel. 'Pa ddynion priod? Fe wyddoch yn iawn nad oes yr un ohonynt o ddifri'!'

'Mi geisiais dy berswadio di i ymddiddori mewn bachgen ifanc hawddgar, ond i ddim pwrpas.' Am resymau na wyddai neb ond ef ei hun, penderfynodd Allen ei fod am gael cymar i mi.

'Mae'n ddrwg gen i, ond doeddwn i ddim yn ei hoffi, doedd o mo 'nheip i.'

'Wel, mi fyddi di'n hoffi hwn.'

Huw Wheldon oedd y dyn hawddgar y soniai amdano ac yn wir fe ddaeth ef yn un o'n ffrindiau pennaf. Ni chredaf i'r un ohonon ni ddifaru fy mod wedi ei wrthod!

Hwn oedd y mis Chwefror gwlypaf, mwyaf gwyntog a gofiwn. Yn fy hen ystafell ddosbarth y cynhaliwyd cwrs y bore ar farddoniaeth metaffisegol. Roedd y stôf olew yn mygu'n ddiddiwedd. Wedi stryffaglio, llwyddais i'w chynnau. Roedd y ddarlith ar fin dechrau.

Drwy'r drws daeth person newydd gan ddwyn corwynt gydag ef a galwyni o ddŵr a mwy fyth o fwg. Syllais arno. *Kalanit* (anemoni) oedd yno, yn gwisgo arwyddlun catrawd parasiwt – catrawd a symudwyd o Burma i ymladd yn ein herbyn *ni* yn ôl y sôn. *Kalanit* golygus oedd e hefyd, roedd yn rhaid i mi gyfaddef, er fy mod yn gandryll.

Dylwn fod yn fy ngwely am fod gennyf yr annwyd gwaethaf erioed. Damia!

Syllais arno eto. Wel, sibrydodd llais yn fy mhen, rwyt ti'n mynd i briodi hwn! Cariad ar yr olwg gyntaf? Mwy fel gwybod hynny.

Nawr fod y Rhyfel ar ben roedd ein brwydr ni yn erbyn yr Ymerodraeth Brydeinig yn parhau o ddifrif calon. Syniadau aruchel. Âi pethau o ddrwg i waeth, ond ar hyn o bryd roedd pethau'n dawel.

Glaniodd comisiwn Eingl-Americanaidd Truman y bore hwnnw. Am tua phedair wythnos, byddent yn casglu gwybodaeth. Eu brîff: perswadio Ysgrifennydd Tramor Plaid Lafur Prydain, yr Ernest Bevin ystyfnig, y byddai o fantais iddo dderbyn yn ddidelerau i Balestina 100,000 o Iddewon o wersylloedd 'pobl ddigartref', gan symud pob rhwystr a oedd yn eu herbyn.

Byddai'r cadoediad yn fyrhoedlog, seibiant ar y gorau.

Wrth gwrs, gwrthod a wnâi Bevin, a byddai meri-go-rownd y bobl anghyfreithlon a gâi eu dal gan lynges Prydain yn hwylio'r moroedd a'u hanfon i Gyprus yn ailddechrau unwaith eto.

Mwy o arestio, mwy o weithredoedd terfysgol gan grwpiau hollt gwrthwynebol, mwy o ddiarddel, mwy o ddienyddio.

Nid dyma'r amser i ystyried hyd yn oed trefnu priodas! Ond fe'n priodwyd ar y pumed o Fedi 1946 gan ddyn annwyl, y Comisiynydd Prydeinig Rhanbarthol yn Haifa. Perswadiodd Jonah ef i adael inni briodi heb ganiatâd swyddogol y Fyddin, a fyddai wedi ein gwrthod. Wedi'r cyfan, am nad oedd llawer o amser wedi mynd heibio ers fy niswyddiad anrhydeddus o'r Fyddin, fe'm labelwyd yn 'elyn y bobl' – am resymau da. Roedd fy nheyrngarwch yn llwyr ar ochr fy nghenedl.

Treuliwyd chwe mis yn dadlau pam na ddylem briodi, rhesymau da iawn. Byddem yn cwrdd mewn man dirgel y tu allan i'r weiren bigog ger Beit-Biram lle'r oeddwn i. Roedd Jonah yn wych ar ddod mewn a mynd allan heb i neb sylwi arno, ac roedd ffrindiau ganddo o fewn Coleg Trefnu'r Fyddin – coleg a oedd yn dal i ddwyn arwyddair ei sylfaenydd, y Cyrnol Allen: 'Yma byddwn yn dadlau ac yn cytuno i anghytuno, yma byddwn yn trin ein gilydd â pharch.'

Chwifiai tair baner o'r to: hen Jac yr Undeb, baner las a gwyn Israel a'r Faner Goch! Dyna ddyddiau oedd y rheiny. Ni fyddai fawr neb yn ymffrostio yn y Faner Goch heddiw!

Roedd y cyfan yn rhamantaidd ac yn beryglus, a ninnau'n chwarae pethau yn rhy glòs at yr asgwrn er cysur inni. Ef oedd gelyn fy nghenedl (y *paras* a fyddai'n greulon archwilio'r *kibbutzim* heddychlon ac yn ymladd mewnfudwyr blinedig a wrthodai adael eu llong cyn eu trosglwyddo, y nefoedd a ŵyr i ble! Yno yr oeddent ac yno yr arhosent). A pham fy mod i hyd yn oed yn trafod priodi? Wel, mae gan y galon ei rheswm. Fodd bynnag, meddwn wrthyf fy hun, fe rown i gynnig arni am ddwy flynedd, a dim mwy. Ychydig a wyddwn.

Daliai'r llongau i gyrraedd, yn ein hatgoffa bob bore wrth inni edrych tua'r porthladd bod diwrnod trwm ac wythnos drom yn ein haros. Roedd Jonah yn cydymdeimlo'n llawn â'n hymdrechion fel yr oedd y rhai deallus ymhlith swyddogion Prydain a'r *NCOs*. Oni bai am hynny, ni fyddwn wedi dechrau. Yna ym mis Tachwedd, treuliasom fis yn Cyprus, ein mis mêl hwyr. Yna i'r Aifft, i Lerpwl ar y *Donata Castle*, ac i'r hen Gymru annwyl. Un myfyrdod sy'n dal i hofran uwch fy mhen: bu eironi terfynol Hiroshima, yn ein hachos ni, yn fendith.

Cyfieithwyd gan Eurwen Booth.

Diwrnod yn fy Mywyd

~

Mair Williams

Rhaid cyfaddef mai tipyn o dôn gron yw gwaith gwraig tŷ – gwneud bwyd, golchi, smwddio a glanhau yn eu tro. Pob diwrnod yn brysur, yn bleserus, yn fuddiol, ie, ac yn hapus. Serch hynny, wrth weinyddu dros fynydd uchel o lestri i'w golchi, ac Everest arall o ddillad i'w smwddio, natur dynes yw breudd-wydio am y dyfodol neu synfyfyrio am y gorffennol. Beth yn y byd, dywedwch wrthyf, ydwyf i yn dda yma ymhell o'm cynefin? Daw'r ateb yn syml. Rhyw gymysgedd o ddigwyddiadau ar ryw ddiwrnod arbennig erstalwm a barodd imi selio fy ffawd!

Diwrnod oerddu gaeaf 1946 oedd y diwrnod pwysig. Diwrnod hamddenol – gŵyl annisgwyl, ac i goroni popeth, cyfarfod â rhywun arbennig gyda'r nos. Penderfynais fynd gyda dwy o'm cyfeillion i gael gwneud fy ngwallt. Dyna'r tair ohonom yn barod i fynd i'r ddinas fawr. Berets, sgarffiau, hosanau tewach na wisgodd fy nain erioed, *jerkins* o ledr lliw *khaki*, cotiau dyffl gwyn, menig o ffwr gwyn – ac fel y dywedais, dyna ni! A'r ddinas? Hamburg.

Cawsom ein cludo gan un o foduron y Fyddin i'r ddinas. Cymro oedd y gyrrwr, ac wrth inni sgwrsio, siaradai fy ffrindiau yn y Sbaeneg. Hyd yn oed mewn cwmni difyr, digon anghyffyrddus i gorff ac enaid oedd y daith – y lôn yn dyllau, a phob ochr i'r lôn roedd adfeilion a galanas y bomio. Heddiw roedd carthen dew o eira'n gorwedd drostynt.

Arhosodd y modur wrth ymyl yr YWCA yn y Ganzemarkt, ac i mewn â ni. Cyn pen pum munud, roedd y tair ohonom o dan yr ewyn, ac Anna yn rhoi *shampoos* inni. Medraf gofio wyneb Anna hyd heddiw – rhyw blisgyn o Almaenes heb ysbryd at fyw, wedi colli ei theulu cyfan yn y bomio. Tŵr Babel oedd yr YWCA, merched o bob gwlad ac iaith yn cael bwyd, setio gwallt, neu'n darllen, os oedd 'na ddigon o olau trydan ar gael.

Hedfanodd y bore, ac ar ôl cinio aethom ar un o'r trams at siop glociau lle roedd y perchennog yn atgyweirio fy nghloc larwm. Iddewes dlos iawn oedd ei wraig, a honno'n dioddef o'r TB yn ddigon amlwg, yn sgil arhosiad mewn gwersyll hyll. Rhaid fy mod wedi weindio'r cloc a'r larwm heb feddwl, a thrwy gydol y prynhawn – tic-toc, tic-toc, fel crocodeil Peter Pan aethom drwy hen ddinas yr Hansa. I ffureta yn y *Victory Club* aethom nesaf, a phrynu sebon, pinnau gwallt amhrisiadwy, powdwr o Baris a siocled.

Ta waeth am yr eira tew, i'r Parc *Planten und Blomen* â ni, er nad oedd na 'planten' na 'blomen' i'w gweld. Tywynnodd yr haul am orig fechan, a chefndir y parc yn berffaith i dynnu lluniau. Dim perygl inni wastraffu'n *shampoo and set* – rhaid oedd cael prawf y camera ein bod yn ddigon o ryfeddod o ddel!

Erbyn hyn, roeddwn am ddal y trên i Farmsen, ond ymbiliodd fy ffrindiau arnaf i'w helpu. Roedd Emita o Peru am imi holi ymhle roedd ei nain, Almaenes o Hamburg wedi'i chladdu, ac ymhle roedd aelodau o'i theulu'n byw yn y ddinas. Roedd Gloria, merch i farnwr Sbaeneg, am weld y gwesty mawr lle bu ei thad yn aros lawer tro cyn y Rhyfel. Helpais gyda'm Halmaeneg, a buom yn llwyddiannus yn ein cwest.

Diflannodd yr amser a rhaid oedd dal y trên. 'Fe wnaiff e aros amdanoch,' meddai'r ddwy – hwyrach!

Clywsom fod pedair troedfedd o iâ ar lyn yr Alster Fechan, ac i arbed amser cerddodd y tair ohonom ar draws yr hanner milltir o rew. Beth oedd ar ein pennau? Crac-Crac-Crac – *sŵn* erchyll yn unig, ond dyma ddechrau hel meddyliau. Dywed pobl Gwlad yr Iâ mai mynd at y dduwies Ran fyddai pobl wedi boddi. Teimlais fod Ran yn gymdoges agos! O'r diwedd, dyma gyrraedd heol gerrig yn lle'r un gwydr, a chael troedio fel merched eto, nid fel ieir.

Ffarweliais â'm ffrindiau er mwyn cael rhedeg i ddal y trên. Heibio darpar safle adeilad Woolworths; gweld lôn ddeniadol fel ffordd gynt, ac yno sylwi ar hen Almaenwr yn syrthio ar ei hyd wrth geisio codi sigarét boeth. Cariais ef, mor denau, mor ysgafn ei gorff, allan o'r gwynt main. 'Af i chwilio am blismon.' Crynodd wrth glywed y gair *'Polizei'*. *'Arzt? Krankenhaus?'* gofynnais. Crefodd arnaf i'w arwain at ei gartref. Uchelgais y tlawd oedd byw a marw'n ddinod. Trwy lwybrau dyrys, heibio hen dai ac adfeilion yr aethom yn araf deg. Nid oedd am imi fynd yn rhy agos i'w 'gartref', a rhag fy nghywilydd, roedd ofn arnaf, ofn croesi trothwy'r catacwmau lle roedd 'na gannoedd yn trigo. Er tawelu fy nghydwybod rhoddais y siocled a'r matsys iddo a gofyn i ddwy ddynes oedd wrth ymyl i'w warchod. Rhennais y pinnau gwallt rhyngddynt, a chanais yn iach i'r tri yn ysgafnach fy meddwl a'm pac.

Ble yn Hamburg a'r byd mawr oeddwn i? Ni allwn weld neb arall o gwmpas, er imi deimlo llygaid o bob cwr yn fy ngwylio i. Cefais gipolwg ar fachgen bach. 'Dangoswch imi'r ffordd i Orsaf Stefanzplatz,' meddwn wrtho.

'*Kaue-gummi, Fraulein?*'

Wel, nid oedd gennyf *chewing gum*, ond dangosais y sebon carbolig iddo, gwerthfawr ar y Farchnad Ddu. Cipiodd y cnaf y sebon ac i ffwrdd ag ef, y diawl bach chwech oed.

Doedd dim diben mewn eistedd i grio, roedd yn oer iawn ac yn tywyllu. Pobman a phopeth yn tywyllu, a dyma finnau ar goll ac yn siŵr o golli gafael ar rywun pwysig dros ben imi. A dyna ddiwedd arnaf i, yn hen ferch am byth!

'*What the xx are you xx xx doing here – er Miss?*' meddai llais anferth o'r cysgodion. '*Come with us, Miss*,' llais arall, a chwith-dde, chwith-dde, dyma'r *Military Police* yn dod i helpu – am unwaith!

Ymadewais â'r ieithegwyr wrth orsaf Stefanzplatz. Rhedais i lawr y grisiau i ddal y trên, a chwiliais am Brydeiniwr ynghanol y dorf. Dim un ar gael fel cwmni, na hyd yn oed Almaenes ychwaith. Anelais at ddau Almaenwr tew, caredig yr olwg. Herr Clustog a Herr Gobennydd y gelwais hwynt.

Dyma'r trên trydan i mewn. Symudai yn araf deg i ddechrau, ond cyn bo hir dyma ni i gyd yn cael ein siglo yn ôl ac ymlaen oherwydd wib y trên. Aeth yn boeth iawn, a'r aroglau Almaenig yn fy llethu. O na fyddai'r hen gloc larwm yn peidio â thician mor uchel! Teimlais fy hun yn toddi, a'r trên yn dal i siglo, siglo. Gwnes rigwm am fy nghyd-deithwyr i siglad y trên:

> Dynion dannedd metel, lliw arian,
> Dynion dannedd aur, lliw'r haul,
> Dynion dannedd gwyn fel china,
> Dynion heb ddannedd.

Hmmm, nid wyf yn fawr o rigymwr.

Rheswm annwyl, yn sydyn roedd pawb yn pwyntio ataf, 'Farmsen, Farmsen,' gwaeddent. 'Diolch. Diolch,' atebais, a thynnodd f'ysbryd egwan fy nghorff gwannach o'r trên.

Arhosais ennyd i fagu nerth cyn cerdded y filltir i'r gwersyll, a hithau'n dywyllwch dudew chwech o'r gloch canol-gaeaf erbyn hyn. Amrwd iawn oedd yr heol, yn dyllau i gyd a charthffos agored yn rhedeg ar hyd un ochr. Baglais yn fy mlaen, fy nych-ymyg yn gwibio o un peth erchyll at un gwaeth.

'Gute Nacht,' chwyrnodd llais isel yn fy nghlust. 'Nos da,' sgrechiais, a heibio aeth dyn ar ei feic trwm.

Faint o lathenni at y gwersyll tybed? Amser od i wneud syms. Ys gwn i a fyddai ef wedi blino disgwyl amdanaf?

'Gute Nacht,' chwyrnodd y llais isel eto – a oedd hwn yn fy nilyn? Sychais ddagrau ofn o'm hwyneb cyn iddynt rewi.

Agorodd drws ffermdy a daeth rhywun allan. 'Hilde, Brunhilde?' a gafaelodd crafanc yn fy mraich. 'Nein, nein, nicht Hilde,' gwaeddais, gan redeg yn fy mlaen.

Ust! Beth oedd y trampio traed? Cedwais o'r golwg, y cloc yn tician fel *time bomb*. Merch oedd hon? Hilde efallai. Ar yr eiliad dyma gloch y larwm yn canu fel y trwmp olaf! Neidiais mewn sioc a braw. Gwelodd Hilde fi yn fy nghôt wen a golwg ysbryd arnaf! 'Waa-aaa-a,' llefodd nerth esgyrn ei phen gan garlamu ymaith nerth ei thraed.

I ffwrdd â mi gan lithro a syrthio at oleuadau'r gwersyll. Ceisiais ysgwyd fy hun, ceisiais ddistewi fy nychymyg a dweud wrthyf fy hun fy mod yn ugain oed bellach! Erbyn cyrraedd y gatiau roeddwn yn berffaith dawel, ac yn medru gwenu yn wannaidd ar y *sentries*.

Hwyliais yn fawreddog i fyny'r heol, ond fel llong yn dryllio ar graig a distrych y don yn tasgu i bob man, syrthiais yn bendram-wnwgl i ryw das eira.

'Beth wyt ti'n ei wneud yn y fan hyn, fy nhlws-eira?' chwarddodd llais y tu ôl imi. 'Tyrd yn dy flaen, mae gennyf docynnau i'r opera wedi'r cyfan, ac os deui di o'r eira reit sydyn fe ddaliwn y trên i Hamburg.'

Holïodd fi gerfydd fy nghôt, a brwsiodd yr eira i ffwrdd. Mynd i ddinas Hamburg a'i galanas eto? Cerdded ar hyd y ffordd garegog i'r orsaf? Er mwyn clywed Mozart fe awn ymhellach o lawer, a fodd bynnag petasai'r llais wedi crybwyll mynd i'r lleuad – wel, y lleuad amdani.

Lleuad – Llŷn? Wel, i Lŷn cefais gynnig, a dyma fi yno yn gwneud bwyd, golchi a smwddio. Tôn gron? Hwyrach, ond tôn gron hapus iawn yw pob diwrnod yn fy mywyd.

'Hiya, Honey!'

~

Roberta Powell (née Bowen)

[Yn ystod y Rhyfel, ysgrifennodd Roberta Bowen lythyron at gyfaill ei thad (Wncl Dan) yn Fallon, Nevada. Cyhoeddwyd ei llythyron a rhai ei thad (W. T. Bowen) yn y papur newydd *The Fallon Eagle*, a dyfynnir rhai ohonynt yma.]

Aberpennar
Ebrill 1940

Annwyl Dan,

Os bydd y dinesydd Americanaidd cyffredin yn myfyrio ar y rheswm pam ei fod yn mwynhau ei ryddid, bydd yn rhaid iddo ddod i'r casgliad bod ei etifeddiaeth yn rhan o hanes y genedl Brydeinig, ynghyd â'i gwendidau. Cyfreithiau cyffredin Lloegr yw cyfreithiau cyffredin America. Darllenwch enwau'r sawl a arwyddodd y Datganiad Annibyniaeth. Pwy ydynt? Prydeinwyr ydynt bron bob un.

Dylai'r ffeithiau hyn beri i bob Americanwr ystyried a meddwl yn ffyrnig. Efallai fy mod wedi dweud gormod i blesio'r Ymynyswyr, ond mae'r ffeithiau yn rhai ystyfnig na ellir eu newid.

Rhaid i chi fy nghredu pan ddywedaf fod y flashpoint *bron â chyrraedd yn eich gwlad chi. Dim ond sbarc sydd eisiau i achosi tanchwa. A all yr Americanwyr sefyll o'r neilltu a dweud, 'Rydym ni 3,000 milltir i ffwrdd. Pam y dylem ni boeni?'*

Bydd rhai o'r pethau sy'n digwydd ar hyn o bryd yn hen hanes pan fydd y llythyr hwn yn eich cyrraedd. Druan o Norwy! Duw a helpo Ddenmarc!

Wrth i mi ysgrifennu hyn o lythyr, ar fore Ebrill digwmwl, mae'r drudwy, yr aderyn du a'r ehedydd yn canu, ac mae'r dderwen, y fedwen a'r gastanwydden yn dechrau blaguro – ac eto, 'mae gweithredoedd annynol dynion yn erbyn ei gilydd yn peri bod miloedd ar filoedd mewn galar.'

Dymuniadau gorau i chi a'ch teulu ac i bawb yn Fallon,
W. T. Bowen

'Cartrefi Aberpennar yn cadw'r drysau yn agored i fechgyn Fallon.' Dyma'r pennawd a ymddangosodd yn The Fallon Eagle ym mis Gorffennaf 1942. Tra oedd y Rhyfel ar ei anterth, daliai fy llythyron i gael eu sensora cyn iddynt gyrraedd Fallon o Aberpennar ar draws yr Iwerydd. Yn y cyfamser, byddai copïau o'r Eagle yn syrthio'n rheolaidd drwy'n drws, ar ddiwedd taith filoedd o filltiroedd ar draws cefnfor yn llawn peryglon llongau distryw a llongau tanfor y gelyn.

Ym mis Tachwedd 1941, dyma'r hyn a ysgrifennodd y golygydd, A. K. Dalby: 'Mae gweithredu yn awr yn hanfodol. Ni allwn fyw mewn paradwys ffŵl mwyach heb beryglu'r canlyniadau.' Ar yr un pryd, ysgrifennodd fy nhad o Aberpennar i Fallon: 'Rydych yn nes at ryfel nag y mae mwyafrif eich pobl yn sylweddoli.' Gwireddwyd geiriau'r golygydd ym mis Rhagfyr 1941 pan ymosodwyd ar Pearl Harbor.

Aberpennar
Gorffennaf 1942

Annwyl Wncwl Dan,
    Mae Dad a Mam wedi gofyn i mi ddweud bod ein drws ar agor led y pen i unrhyw un o Nevada. Clywsom lawer yn ddiweddar am filwyr America yn glanio yn ein gwlad ac yn ceisio cyfarwyddo â hi. Rhaid bod hynny'n cymryd tipyn o amser a gwyddom eu bod yn teimlo'n unig, mae'n siŵr, weithiau mewn gwlad ddieithr ymhell oddi wrth eu cartrefi a'u teuluoedd. Gobeithiwn y bydd y bechgyn o Fallon yn dod i wario'u hamser rhydd yma gyda ni yn Aberpennar lle byddant yn siŵr o gael pobl barod iawn i fod yn ffrindiau iddynt.

Rwy'n gweithio ar waith y Rhyfel ar hyn o bryd wrth aros i ddechrau hyfforddiant yng Ngholeg Fferylliaeth Cymru. Rwyf yn adran allgleifion ein hysbyty ni yma ac rwy'n hoffi'r gwaith yn well na dim a wnes erioed o'r blaen. Mor braf yw medru cerdded i'r gwaith bob bore drwy'r goedwig, yn enwedig yr adeg hon pan fydd y fronfraith a'r aderyn du yn canu yn y coed derw tal.

Clywsom eu bod wedi chwifio'r baneri yn Llundain ac wedi codi calon y milwyr Americanaidd gyda'r croeso Prydeinig am y tro cyntaf. Buont yn gorymdeithio drwy'r strydoedd cyn cael cinio gyda'r Arglwydd Faer, a dywedodd yntau wrthynt fod pobl Llundain 'yn paratoi croeso cynnes i'r bechgyn o'r ochr draw a adawodd eu cartrefi i ymuno â ni yn y frwydr a rannwn.' I fintai fawr o'n cymrodyr – rhoddwn groeso cystal ag un Llundain iddynt.

Hoffem wneud yr un fath i'r bechgyn o Fallon. Mae bywydau pobl gyffredin mewn trefi bychain fel Fallon ac Aberpennar, hapusrwydd a rhyddid ein cartrefi, y gobeithion am yr holl bethau y byddant yn gallu eu mwynhau pan fydd hyn drosodd – dyma'r pethau sy'n cyfrif mwy na'r holl wleidyddiaeth yn y byd. Er ein bod ni'n byw mor bell i ffwrdd, gyda chefnfor a chyfandir rhyngom, mae pobl Aberpennar a Fallon yn glòs at ei gilydd yn y pethau sy'n cyfrif mewn gwirionedd. Felly, dywedwch wrthynt y caiff eu bechgyn groeso yma gyda ni, a rhwydd hynt i bawb ohonynt.

Yr eiddoch yn gywir,
Bobbie.

'Say, I'm from Nevada.' Safai'r bachgen cyntaf o Fallon yn ofnus wrth ddrws y ffrynt. John oedd y rhyfelwr cyntaf i ymddangos yn ein tref fechan ni, felly fe'i tywyswyd yn bersonol o orsaf y rheilffordd gan arolygydd yn yr heddlu lleol.

Ymhen dim, roedd John yn y gegin yn yfed te wrth y tân. Er iddi synnu ei weld yn cyrraedd mor ddirybudd, daliodd fy mam i rowlio toes y darten oedd ar fin mynd i'r ffwrn lo. Roedd yn ceisio dyfalu beth yn y byd y gallai ei roi iddynt 'fory. Wrth sgwrsio'n hamddenol y bore hwnnw o Fedi, ni allai hyd yn oed freuddwydio beth oedd yn ei haros. John, yn eistedd yno'n dawel yng ngwisg anghyfarwydd llywiwr yn yr Wythfed Llu Awyr, oedd awel gyntaf y rhyferthwy a ddeuai i chwythu ar ein traws. Mewn dim o dro cyrhaeddent fel corwynt. Wes a Russ, Nick ac Earl, Glenn a Barney, a hyd yn oed Virgie, Sally a Zola! Ar ôl teithio deng mil o filltiroedd dros dir a môr, dyma nhw'n dechrau galw heibio i'n gweld, gan ddod â ffresni ucheldir y Sierras atom yn eu ffordd hwyliog o siarad, yn eu dull diffwdan, yn eu haelioni a'u cwrteisi henffasiwn. Fe'n goddiweddwyd ganddynt: blodau i Mam, candi a neilons i mi, a *cognac* i 'nhad.

Byddai'r bechgyn yn dal i gael eu gwahodd i'n tŷ agored. Daeth un liwtenant ifanc atom heb gysylltiad o unrhyw fath â ni. Jim Carswell oedd ei enw. Sut y cafodd ein cyfeiriad, wyddem ni ddim, ond prif nod ei ymweliad oedd dod o hyd i *'Welsh witch'*. Am na allem ddiwallu'r angen hwn cawsom ein gorfodi i adrodd hanesion am ddrychiolaethau, cŵn Annwn a thoili wrtho. Cedwid ystafell o'r neilltu ar gyfer y gwesteion hynny a gyrhaeddai yn sydyn ar *furlough*. Byddai fy mam yn ymestyn y dognau, a'i dewis ddull o wneud hynny oedd gyda phlatiad mawr o bastai. Am y byddai'r ddogn yn mynd yn fain erbyn diwedd y pum niwrnod pàs, byddai'n rhaid iddi greu ryseitiau anarferol iawn. Rywsut, roedd gennym goffi bob amser, diolch i'r *percolator* gwydr anferth a'r coffi a ddanfonai Wncwl Dan o Galiffornia drwy law Hills Bros Coffee Co (Inc).

'Canmoliaeth uchel i Aberpennar gan y bachgen o Fallon,' fu un pennawd yn y papur a dyma'r geiriau oddi tano a ysgrifennwyd gan John Winder o Fallon wedi iddo wario pum niwrnod o'i *furlough* yn Aberpennar:

Nid oes gennym eirfa i ddisgrifio pa mor ardderchog yw pobl Aberpennar. Os byddaf fyw nes fy mod yn gant, anghofiaf i fyth mohonynt. Cefais fy nhrin fel petaent wedi fy adnabod erioed.

Mewn rhifyn arall o *The Fallon Eagle* cafwyd llythyr gan fy nhad:

Bu un o fechgyn Fallon gyda ni ddwywaith. Rydym yn clywed yn aml oddi wrthynt i gyd, eu bod yn dymuno dod i'n gweld ni, ond nid yw'n hawdd cael amser rhydd y dyddiau hyn. Mae pawb yn cynllunio'r 'DIGWYDDIAD' mawr. Mae eich milwyr yn cael hyfforddiant caled, dwys a diddiwedd.

> *Canodd Côr Meibion Aberpennar 'Wŷr Harlech' i'r Arlywydd*
> *Theodore Roosevelt yn y Tŷ Gwyn. Meddai'r Arlywydd, 'Nid yw'r*
> *sawl nad ymladdai wedi clywed y gân ysbrydoledig hon yn haeddu*
> *byw.'*
>
> *Rydym mewn twll anodd ar hyn o bryd, ond fe ddown ohono yn*
> *fuddugoliaethus.*

Yn y darn golygyddol, dyma a ysgrifennodd A. K. Dalby:

> *Golyga hyn lawer i filwyr sydd â hiraeth am gartref.*
> *Ni fydd pobl Aberpennar yn Ne Cymru fyth yn sylweddoli faint*
> *o hapusrwydd y maent yn ei roi i rai o fechgyn Nevada sydd ym*
> *Mhrydain ac i'w teuluoedd gartref. Ar ôl i'w meibion gael blas o'r*
> *bywyd cartrefol a adawsant, byddant yn dychwelyd i'r gwersyll*
> *wedi ymgryfhau, ac wedi adennill dewrder i wynebu'r dyddiau*
> *sydd o'u blaenau. Bydd y bechgyn a'u teuluoedd yn fythol ddiolch-*
> *gar i bobl Aberpennar. Mae yna ysbryd arbennig a diddiffodd yng*
> *nghalonnau'r bobl sydd, er eu bod wedi dioddef eu hunain, yn rhoi*
> *eu hamser i rannu eu bywydau a'u cartrefi gyda thramorwyr*
> *dieithr.*

Arferem ddangos llefydd o ddiddordeb iddynt, o ganol disglair Caerdydd i fedd Guto Nyth Brân ar y mynydd – arwr y werin a redodd 12 milltir mewn 53 munud ym 1737. Cerddem gyda nhw dros fynyddoedd a thrwy goedwigoedd, gan ymfalchïo yn y pleser a gaem wrth glywed eu sylwadau am wyrddni ein cwm, *'how green was our valley.'* Dangosodd fy nhad yr ysbyty iddynt, yr ysgol ramadeg, y batri chwiloleuadau, a byddai'n mynd â hwy i ambell gyngerdd ac yn eu cyflwyno i'w ffrindiau a dalai am ddiod iddynt. Byddent, yn eu tro, yn tyngu cyfeillgarwch am oes. Fin nos, byddem yn tynnu'r atlas allan, a byddai Dad yn ail-fyw ei fentrau cynnar ym Montana a Wyoming. Byddent yn dangos Carson City, Las Vegas a Llyn Tahoe iddo yntau, gan gyfrif y milltiroedd a oedd oddi yno i'w cartrefi. Gan bwysleisio mor llwm oedd tirlun yr anialwch, byddent yn gwneud jôcs am y *ranches* a berchenogai eu tadau, am y nadroedd a'r tywod, a byddent yn disgrifio'r sêr yno fin nos – roeddent mor fawr nes y gallech eu gafael yn hawdd yn eich dwylo.

Aberpennar
Medi 1942

Annwyl Wncwl Dan,

. . . Yr unig beth sy'n ein pryderu am eich bechgyn chi sydd draw yma yw nad ydynt yn camddeall, gobeithio, y swildod sy'n rhan o'r cymeriad Prydeinig. Er bod pobl yma yn dymuno i'r Americanwyr deimlo'n gartrefol, efallai nad ydynt yn mynd atynt yn union ac yn gwneud ffrindiau ar unwaith. Yn lle hynny, maent yn dweud, 'gan ein bod yn mynd i gynnig croeso i'r Americanwyr, gadewch inni wneud hynny yn y ffordd briodol.' Felly maent yn ethol pwyllgor i drefnu croesawu'r milwyr Americanaidd. Ffurfiwyd cynllun 'Rhowch groeso i Americanwr i'ch cartref' mewn rhai dinasoedd ac o ganlyniad, cynigiodd llawer iawn o bobl groeso i'r bechgyn Americanaidd hyn. Mae'n wir ein bod ni fel teuluoedd yn methu rhoi telerau fel y blackout, y dogni a'r rhwystrau rhag teithio, ond gwyddom eu bod yn deall hynny.

Ychydig o deithio a wnawn y dyddiau hyn am fod angen defnyddio'r rheilffyrdd ar gyfer cludiant hanfodol yn ymwneud â'r Rhyfel, ac mae minteioedd o filwyr ar y trenau. Rhaid gostwng y nifer sydd ar y ffyrdd hefyd, ac oni bai fod eich taith yn wir angenrheidiol, gwell peidio teithio neu gallech fethu dychwelyd a gorfod aros noson oddi cartref.

Gwyddom fod bechgyn America sydd yma yn gweld bywyd yn rhyfedd o wahanol, filoedd o filltiroedd oddi cartref, a hwythau wedi arfer gweld goleuadau llawn ynghynn yn y nos. Byddwn yn ymdrechu gorau gallwn i wneud ein tai ledled strydoedd a lonydd Cymru yn gartrefi ail orau iddynt yn lle'r rhai a adawsant ar eu hôl.

O'n cwmpas, amddifadwyd llethrau ein mynyddoedd o'u coedydd er mwyn eu defnyddio yn y glofeydd i ddal y nenfwd. Arferai'r rhan fwyaf o'r coed gael eu cludo o Norwy, ond am na all hyn ddigwydd mwyach, rhaid i'n coed ni ddiflannu. Ac eto mae'r grug yn dal ar y bryniau a'r eithin yn blodeuo'n felyn. Mae'r plant yn casglu mwyar o'r cloddiau. Gwnaeth Mam ddigon o darten mwyar eleni. Hoffem pe gallech ei flasu, mae'n ardderchog . . .

O.N. Hei was, rydym yn mynd i ennill y frwydr hon gyda'n gilydd! Does gennym ddim llawer ond rydym yn fodlon rhannu'r hyn sydd gennym gyda bechgyn Nevada. Maent yn fechgyn dirodres *a hyfryd. Rhown yr allwedd i Aberpennar iddynt, a chynifer byth ag a ddaw, os daw'r fintai gyfan o Nevada, byddwn yn siŵr o chwilio am le iddynt yn ein cartrefi ac yn ein calonnau.*

Mae'r drws yn agored led y pen. Dywedwch wrthynt am ddod i'n gweld.

W.T.B.

Crynai fy mam yn fewnol gyda'r geiriau hyn, am y rhagwelai fataliwn yn cyrraedd ein tŷ ni. Roedd y *GIs* hyn yn cyrraedd Prydain *en masse*, yn gyrru o gwmpas lonydd cefn gwlad yn eu *jeeps* lliwgar fel rocedi cŵn Annwn, yn gweiddi *'Hiya, Honey!'* ar bob merch a âi heibio. Pêl-fas oedd eu gêm ac nid criced, a nhw oedd yn dwyn y merched pertaf. Barn ein dynion ni amdanynt oedd eu bod yn *'overpaid, oversexed and over here'*. Ond nid oedd hyn yn wir am y bechgyn o Fallon a âi i drampio drwy'r grug yn niwl y mynyddoedd, ac a sychai eu sanau gwlybion o flaen y tân yn y gegin orau. Cerddwn innau gyda nhw, fe'u cyflwynwn i'm ffrindiau benywaidd ac ysgrifennwn lythyron hir atynt.

Doedd gen i ddim siawns o gael mynd yn *'GI Bride'*, er bod hynny beunydd yn croesi meddwl fy mam a ofnai fy ngholli. Pan fyddai pethau'n agosáu at hynny, byddai fy nhad yn eu cipio i'r dafarn, ac yn y dyddiau hynny ni allai merched neis ein tref ni fynd i'r fath le. Roedd yn diriogaeth a waherddid, yn *forbidden territory*. Byddai Nick ac Earl a Barney a'r lleill yn cynnig llwnc destun i Dai a Ginger a Caradoc Williams 'Dogs': ffrindiau fy nhad.

Yn ddi-ffael, dro ar ôl tro, byddent yn dal i ddod o hyd i'n tref fechan anghysbell, er bod Nick wedi gadael y trên chwe gorsaf i lawr y lein, gan feddwl mai diwedd y lein oedd Ffynnon Taf. Byddai Wes yn dod â *Life Magazine*, siocled o'r *'PX'* a blodau inni, gan ofyn, dan deimlad, sut yn y byd y gallai ddychwelyd i Nevada tra arhosai ei galon yng Nghymru? Daliwyd Russ gan yr Almaen-wyr a'i ddanfon i garchar Stalag Luft 111. Anfonai negeseuon byrion oddi yno mewn pensel ar gerdyn post i ddweud ei fod yn *OK* (tanddatganiad yn sicr o gofio bod 47 o filwyr y Cynghreiriaid newydd gael eu saethu yno). Anafwyd Nick yng nglaniad Normandi ac ni chlywyd oddi wrtho mwy. Aeth Ern adre oherwydd iddo gael addewid gan ei dad y câi geffyl *thorobred* o'r *ranch*. Er mai enw'r anifail hwnnw oedd Cymro (fy newis i), ni chafodd fyth ddod yn eiddo i mi. Ymwelodd Glenn a Barney â ni gymaint o weithiau nes i mi orfod creu esgus i'w roi i'r Sister er mwyn cael fy ngollwng o'r gwaith 'i gael gweld fy mrodyr'! Daeth Virgie, Sally a Zola atom i edmygu ein mynyddoedd gwyrddion, i yfed te yn y gegin orau ac i ddwyn llwythi grug yn ôl i'r gwersyll.

Daliodd Earl, uwchgapten yn y Llu Awyr Americanaidd, at ei addewid i ymweld â ni'r eilwaith, gan ein sicrhau y byddai'n dod ag anrhegion i chwyddo'n hadnoddau prin adeg y Rhyfel. Yna, ar fyr rybudd, danfonwyd ef ar un o'r cyrchoedd mwyaf erioed a fu ar yr Almaen liw dydd gan yr *'American flying fortresses'*. Roedd ef yn rhan o'r cyrch. Cafodd brofiadau erchyll, ond dychwelodd am i beiriant yr awyren gael niwed dan law'r gelyn. Glaniodd, nid yn ei faes awyr ei hun, ond yn rhywle arall filltiroedd i ffwrdd (ond yn nes atom ni). Ffoniodd er mwyn cael rhywun i ddod i'w gynorthwyo, a hwnnw a hedfanodd yr awyren yn ôl i'w phriod le. Cyrhaeddodd ef ein tŷ ni mewn car cyflym ddim ond ychydig oriau yn hwyr. Rhaid ei fod wedi cael ei eni yn optimist, oherwydd daeth â'r hanner dwsin o wyau a'r tun o eog a fu gydag ef ar y cyrch!

Roedd John wedyn mor bell o'i waith arferol yn arolygu'r ffyrdd yn yr anialwch yn yr America nes ei fod eisoes dan straen oherwydd yr hedfan diflino. Anfonodd delegram i ddweud ei fod yn cael ei ddanfon dramor. Cyrhaeddai ei lythyron yn ddiweddarach o uffern yr ymladd ffyrnig yn yr Eidal ac o ddiffeithwch Gogledd Affrica. Teimlem fod rhywun o hyd yn dweud ffarwél wrth rywun arall ar fore rhewllyd dan olau'r lloer. Byddai'r trenau didrugaredd yn eu dwyn ymaith ar deithiau i lefydd anghysbell ac anghyfarwydd, a theimlem na welem nhw byth eto. Roedd y profiad poenus o fod yn ifanc a heb fedru rheoli ein ffawd yn un caled ac anorfod. Rhuthrodd yr Americanwyr arnom yn llon gyda'u dywediadau lliwgar a'u dymuniadau i'n plesio; diflannu a wnaent yn ddiymgeledd dramor mor sydyn â'u cyrraedd. Cawsom ein tarfu y bore hwnnw o fis Medi 1942. Ni fu bywyd wedyn byth yr un fath.

Ymhen llai na dwy flynedd, roedd *D Day* ar y gorwel, yr ymladd ffyrnig yn dilyn a'r colledion yn erchyll. Yn 1944, byddai'r lampau'n cael eu cynnau eto ledled y wlad er mai prin y gallem gredu hynny wedi'r pum mlynedd o dywyllwch. Yn y cyfamser, roeddem yn parhau i dreulio ein hamser yn mudlosgi yn nhân marwaidd y Rhyfel.

Cyhoeddwyd y darn hwn yng nghyfrol Roberta Powell An Ocean Apart (*Village Publishing, 1988*).

Cyfieithwyd gan Eurwen Booth.